ワードマップ

質的研究法マッピング

特徴をつかみ、活用するために

サトウタツヤ・春日秀朗・神崎真実 編

新曜社

はじめに

■質的研究の広がりと進展

二〇一二年、アメリカ心理学会から“*APA Handbook of Research Methods in Psychology*”が発刊され、第一章に「質的研究法の認識論的基礎に関する展望」が掲載された。このことについて、日本での質的研究を牽引してきた先達が「ずいぶんと変わりましたね」「すごいことですね」と仰っていたことを鮮烈に覚えている。当時、私はまだ学部を卒業したばかりで同じように実感することはできなかったが、時が経ち、わずかばかりの経験と想像力を身につけた今なら、その重みがずしりと感じとれる。

知識生産と方法論の問題は切っても切り離すことができない。たかが方法、されど方法なのである。心理学は、精神を科学的に扱うことでその学範（ディシプリン）を広げてきたため[1]、人びとの経験や意味づけよりも、有意差のある部分を知識とみなす傾向がある。そうした見方がいま以上に「常識」であった時代に、質的研究に着手し、質的研究の枠がない雑誌に論文を投稿し、日本質的心理学会（二〇〇四年設立）

[1] サトウタツヤ 2013『質的心理学の展望』新曜社

を立ち上げ、質的研究を広めてきた先達の取り組みのうえに現在の質的研究がある。[2]おかげで質的研究への関心は領域を超えて拡大し、方法論的進化がつづいている。[3]

[2] 日本の質的研究を牽引してきた先達の歩みについては、やまだようこ・麻生武・サトウタツヤ・能智正博・秋田喜代美・矢守克也（編）『質的心理学ハンドブック』2013（新曜社）第一章（pp.2-94）を参照。

[3] 二〇一八年には、"*American Psychologist*" 誌上に質的研究の評価基準が掲載された。

■質的研究法の学びにくさ

質的研究はおもしろい。私は、人びとの暮らしに接近し、そのなかで自身の見方・視点が変わっていくことが楽しくて、研究を続けている。しかし、研究の道に入ったころを振り返ると、質的研究は、とっつきにくく、学びにくいものでもあった。

質的研究の学びにくさの理由として、次の三つの要因が考えられる。第一に、質的研究は、一つの研究法を試みるのにも、膨大な時間がかかること。データ収集や分析の「手法」だけでなく、研究の焦点やものの見方を方向づけるような「理論」がセットになっているためである。第二に、質的研究法の手続きは、量的研究のように明瞭ではないこと。量的研究であれば、調査したいと考えている事象に対して、とりうる（とるべき）手続きはある程度決まっているが、質的研究の手続きには、多分に「ニュアンス」が含まれる。そのため、そのニュアンスを読み取りながら学んでいかなければならないし、それぞれの研究法に精通した指導者が必要となる場合が多い。第三に、質的研究では、研究法同士の関係があまり整理されておらず、研究法の選択が困難であること。量的研究の場合、研究したい事柄に応じて、研究法を明確に使い分けることができる。良くも悪くも、研究法同士の関係がしっかりと構造化されているし、研究法ありきで調査・実験計画が進められるのだ。ところが質的研究の場合、研究したい事柄に対するアプローチの仕方はさまざまである。そのため研究法を使い分けることが難しい。料理でたとえるならば、レシピのマニュアル通りに作るのが量的研究、おおよその材料だけ揃えて味見をしながら作るのが質的研究、ということになるかもしれない。量的研究では、誰が作ってもおいしくなるように、包丁の研ぎ方から落とし蓋をするタイミングまで、すべてのレシピがマニュアル化される。[4] 一方の質的研究は、材料の状態に合わせて柔軟に料理ができるように、調整の仕方が明文化されることが少ない。その結果、手続きが明瞭ではなく、使い分けが難しく、習得や実施に時間がかかるのである。

[4] もちろん、素材の選び方や組み合わせ方、調理をするときの心配りなどで、できあがった料理の「質」には大きな差が生まれるであろう。

■質的研究法のマッピング

学習に時間がかかることや、手続きが明確ではないことは、質的研究の性質上、避けられないものである。人間の豊かな生に迫ろうとするのであるから、時間がかかって当然であるし、手続きを機械化・マニュアル化すればよいという話でもない。しかし、研究法の整理がなされるのであれば、学ぶ際の敷居を少しでも低くすることができるのではないだろうか。本書は、それぞれの研究法がどのような現象を扱うことを得意とするのか・重視するのかという観点から整理を試みたものである。[5] はじめて質的研究法を学ぶ人、さまざまな質的研究法について知りたい人はもちろんのこと、質

[5] 本書「序章」で詳述されている。

的研究に従事してきた人にも活用していただける内容であると信じたい。

もちろん、本書の整理法は絶対的なものではない。理論的系譜や、量的研究との関係から整理する方法もあるだろう。執筆者の先生方が、必ずしも本書の整理法を受け入れているわけではないことは特に強調しておきたい。しかし、それにもかかわらず執筆していただいたことで、さらなる考察の道が拓かれたことと思う。本書を手に取ってくださった方が思い思いにマップを活用していただけることを願っている。

本書の編集過程では、新曜社の大谷裕子さんに、多大なるサポートをいただいた。編集の「へ」の字もわからない私に対して、次の見通しを立てて説明し、確認するポイントをわかりやすく提示していただくなど、まさに編集作業のマップを作ってお示しいただいた。この場を借りて、感謝を申し上げたい。

二〇一九年八月

編者を代表して　神崎真実

質的研究法マッピング —— 目次

2章「構造×実存性」——記述のコード化　51

3章「構造×理念性」——理論構築　101

装幀＝加藤光太郎

序章　質的研究法を理解する枠組みの提案

本書の構想

■質的研究の対象

本書は、質的研究法について独自の観点から整理を試み、それぞれの方法について、最良の著者を得て解説を付すものである。質的研究法の相互の関連を考えながら読むことで、これから研究を行う読者が、その目的にあった方法を選ぶことができるように心がけた。一方で、方法がおもしろそうだから、何か使ってやってみたい！というような読者が誕生することも大歓迎である。

むろん、方法を選ぶ前に問題にすべきなのは、質的研究の対象とは何か、ということである。ヴント（Wilhelm M. Wundt）による心理学が意識を対象にし、ワトソン（John B. Watson）の行動主義が行動を対象にしたと宣言したように、心理学者は対象を明確にし、その方法をも明確にするようしつけられているのかもしれない（しつけと学範は同じ discipline の訳である）。

そこで、本書では質的研究の対象として「**経験**」をおくことにした（図1）。出来事でもなく、体験でもなく、経験である。経験については、文化心理学におけるヴァ

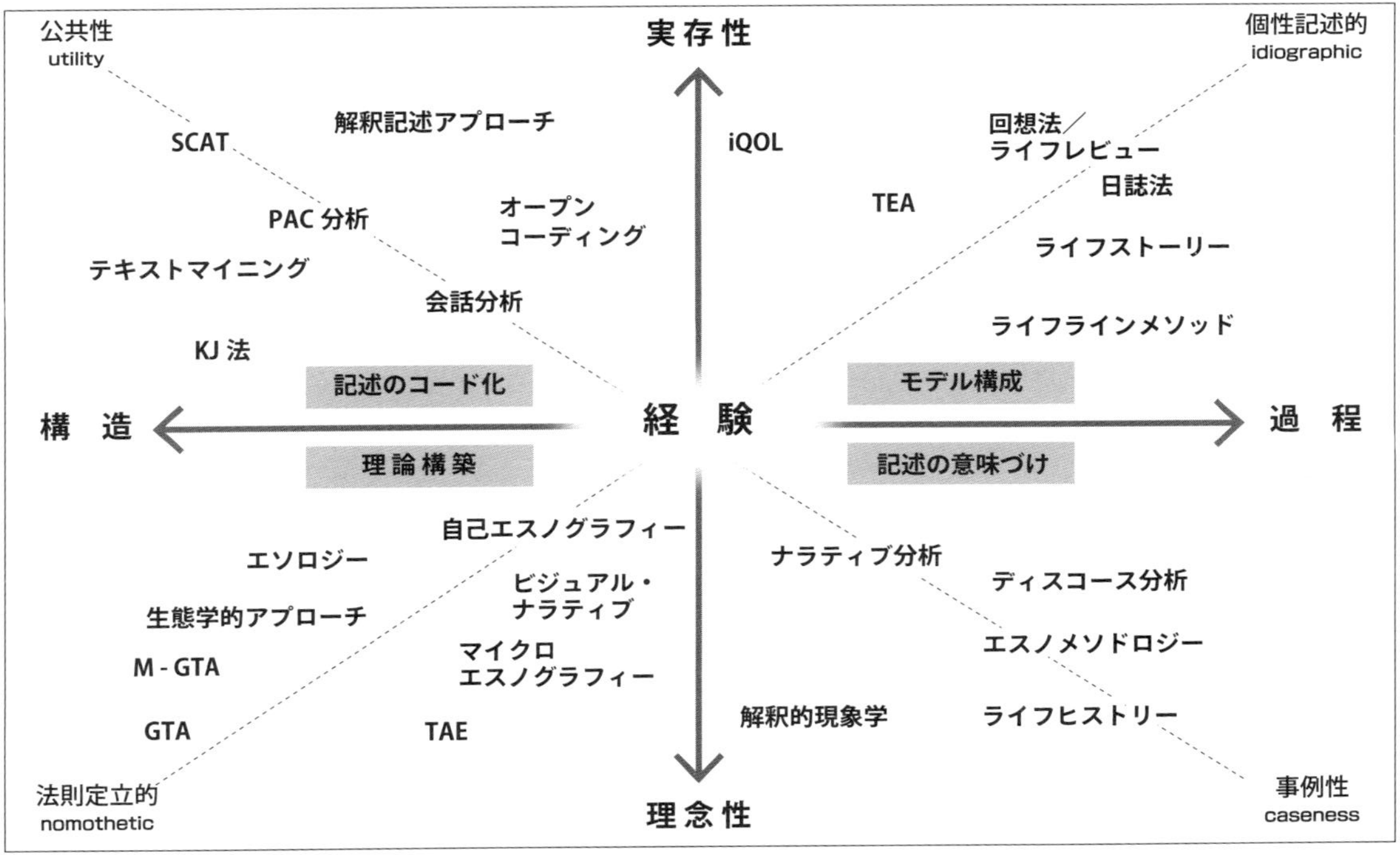

図１　質的研究法マッピング

GTA：グラウンデッド・セオリー・アプローチ、iQOL：個人の生活の質、M - GTA：修正版グラウンデッド・セオリー・アプローチ、PAC：個人別態度構造、SCAT：Steps for Coding and Theorization、TAE：Thinking At the Edge、TEA：複線径路等至性アプローチ。

ルシナー（Jaan Valsiner）らの「深い経験（deep experience）」や「深い経験づけ（deep experiencing）」の議論が参考になっていく。[1] 私たちが日常的に体験する出来事が経験として蓄積されるのは「深い経験づけ」という内化過程だという考え方である。[2]

■質的研究法を整理する二つの次元

研究法を整理する（秩序づける）ための次元として何をおいたらいいのだろうか。ここでは二つの次元を考えることにした。人間は二次元を認識するのが得意であるという事情にもよる。

まず、その研究法が、「**構造**」を扱うのが得意なのか、「**過程**」を扱うのが得意なのか、という次元である（図1での横軸）。これは、私が学部生のときに卒業論文においてKJ法を用いていたこと、その二十年後にTEA（複線径路等至性アプローチ）を開発したことと無関係ではない。ここで、KJ法が「構造」しか捉えられず「過程」について理解することができないと言っているわけではない。KJ法を用いて「過程」を捉えている研究論文や書籍は少なくない。しかし、KJ法で表された結果において、たとえ「過程」の要素が描かれているとしても、時間の流れは書かれていないことが多い。時間を読み取っているのは読み手なのである。一方で、TEAが「過程」しか捉えられないわけでもない。TEAにおいては非可逆的時間の矢印をひ

[1] Lehmann, O. V. & Valsiner, J. (Eds.) 2017 *Deep experiencing: Dialogues within the self.* Cham, Switzerland: Springer.

[2] サトウタツヤ 2019「記号と「言葉で表現できない経験」――更《さら》一般化された意味フィールド」木戸彩恵・サトウタツヤ（編）『文化心理学――理論・各論・方法論』（pp.49-51）ちとせプレス

き、時間を捨象しない記述を行うが、ある個人やシステムが何かを選択していく過程において、どのような環境、社会の「構造」が存在しているのかを理解させてもくれる。

もう一つの次元の定義づけにはかなり苦労した。そこで、「実際に存在することを理解するのか」「現象の背後にある本質的なことを理解するのか」という学問の姿勢から立ち上げることにした。すなわち、「**実存性**」を重視するのか、「**理念性**」を重視するのかである（図1での縦軸）。ここでも、ある研究法が、どちらかだけしかできない、ということを意味するものではない。

このようにして、質的研究のさまざまな手法を整理する枠組みができたのだが、枠組みありきで研究法を位置づけていったのではない。実際には、それぞれの特徴を考えて仮想的に配置しながら、二つの軸の意味にも立ち返り、検討を重ねた上で図1にあるようなかたちに落ち着いたのである。本書を手に取った皆さんのなかには違和感をもつ人もいるだろう。本書をもとに考えるきっかけになることを願っている。

■質的研究とその意義

多くのテキストがそうであるように、質的研究を定義するよりも量的研究を定義するほうが簡単である。

量的研究は数値データを扱うか、もしくは、データを数値化した上で、数値を計算して結果を導く手法である。たとえば祖父母が健在かどうかは量的なデータではないが、健在な祖父母の数を数えれば数値データ（量）になり、一人でも健在であれば「1」を、一人も健在でなければ「0」を割り振る場合にはデータの数値化を行っていることになる。そして数値を四則演算して結果を導くのが量的研究である。

一方で質的研究は、そうした数値化や演算を行わず、結果についても文章によって記述するものである。近年公開されたAPA（アメリカ心理学会）の「APA出版物とコミュニケーション委員会タスクフォースの報告」は、質的研究に対して比較的明確な定義を与えている。[3]

> 質的研究という用語は、自然言語（すなわち単語）や経験の表現（たとえば社会的相互作用や芸術的表現）の形式をもつデータを分析するさまざまな一連のアプローチを記述するために用いられる。（p.27, 筆者訳）

そもそも心理学が扱う出来事や現象は、物理的な法則に依拠する場合、つまり、因果関係で説明できる現象もあるが、そうでない場合もある。[4] また、ある現象がもたらす結果も因果関係で記述できない場合がある。ある出来事が起きる経緯や、その出来事の結果によってもたらされたことの「因果的成分」は量的研究が取り出してきた。「偶有的成分＝非因果的成分」については、質的探究によって取り出すことで理解の

[3] Levitt, H. M., Bamberg, M., Creswell, J. W., Frost, D. M., Josselson, R., & Suárez-Orozco, C. 2018 Journal article reporting standards for qualitative primary, qualitative meta-analytic, and mixed methods research in psychology: The APA publications and communications board task force report. *American Psychologist*, 73(1), 26–46.

[4] 因果関係を示さない事象の関係的あり方について contingency という語を用いることがある。この語は心理学（の中の行動分析学）では随伴性、社会学では偶有性と訳されるが、いずれにせよ、出来事間の結びつきが、何かと何かの「原因‐結果」という関係で起きているわけではない、ということを意味する。

幅が広がるのではないだろうか。

■本書の意義とは ― 質的研究法を具体的に整理する

本書で紹介されるさまざまな研究法は図1のとおり、「**過程×実存性**」「**構造×実存性**」「**構造×理念性**」「**過程×理念性**」のどこかの象限に位置づけられており、それが章のタイトルになっている。さらに対角線をひき、右上と左下をむすぶ線を「**個性記述的 idiographic–法則定立的 nomothetic**」とし、左上と右下をむすぶ線を「**公共性 utility–事例性 caseness**」と命名した。Utility は利便性と訳すこともできるが、ここでは公共性とした。各象限の意味を端的に表現するものとして「**モデル構成**」「**記述のコード化**」「**理論構築**」「**記述の意味づけ**」というラベルをはった。繰り返しになるが、こうした対角線もラベルも試行的なものである。

むろん、こうした整理法について反論もあるだろう。一例を挙げれば、「ＧＴＡやＭ－ＧＴＡは構造だけではなく過程を捉えることもできる」というようなものである。これに対しては「これらの手法が捉えているのは「過程の構造」であって過程そのものではない」と返すことができる。こうした考えのズレがどちらかの考えに収斂《しゅうれん》していくのか、ズレたままなのか、それともこのズレが新しい考え方を作っていくのか、いずれにせよ本書が生産的な議論の第一歩になることを願っている。

なお、本書を構成するにあたっては、以上の4章に加えて「質的研究の方法論的基礎」「質的研究の広がりと可能性」という章も立てることとした。前者には、フィールドエントリー、インタビュー、観察、倫理など、特定の方法というよりは質的研究法を下支えするような知識や技法についての項目が配置されている。後者には、混合研究法や合議制質的研究法などの新しい動向や、アクションリサーチなど広がりを感じさせる知識や技法についての項目が配置されている。

＊

本書は新曜社の「ワードマップ」シリーズという枠組みのもと、質的研究法全体について理解を深めてもらおうと企図した。「ワードマップ」シリーズの目的は、取り上げるキーワード（項目）のマッピングそのものにあり、それらを自由な発想で構成することができるものである。本書は、個々の研究法を理解するというよりは全体像をつかむための枠組みを提供するという目的があるため、前述したようにそれぞれの項目を関連づけ、形式をできるだけそろえ、コンパクトにまとめた。個別の研究法についてより深く知りたい場合には紹介されている関連文献を読むなどして学びを深めていっていただきたい。

〔サトウタツヤ〕

1章　「過程×実存性」── モデル構成

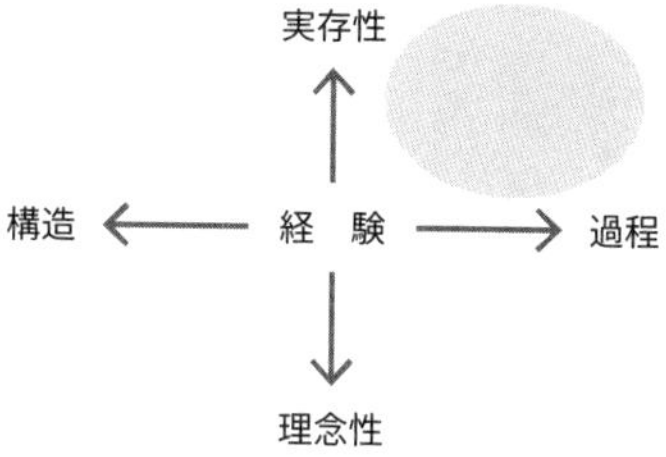

1-1 日誌法 (diary method)

■日誌法とは

日誌法とは、観察したことを日誌的に記録することによって観察対象を研究する方法である。心理学で日誌法という場合、多くの場合、観察対象はある特定の子どもの成長や発達である。それらを日誌的に記録することによって、研究しようというわけである。それをいわゆる**育児日誌**と混同してはならない。

日誌法というのは、あくまでも学問的な方法の一つである。とはいえ、いわゆる「子どもの育児日誌」と似通っている点がまったくないわけではない。類似点として、両者とも日誌的に記録を書くという作業から成り立っている。さらに、どちらも執筆者も偶発的な事象に大きく左右される状況依存的な観察に身を委ねている。

しかし、似ているのはそこまでである。日誌法はあくまでも研究方法である。よって、当然研究目的がある。そして、その目的のために研究対象（観察対象）が選択されている。また、事象をどのように観察し記述するのかについても方針が定まっている。すなわち「研究目的の設定」「観察対象の選択」「観察や記述に関する研究者の方針」、これらは、「いわゆる育児日誌」には無縁のものだといえよう。

■日誌法による子ども研究

「子どもの育児日誌」とは、子どもの成長に関心のある保護者が、子どもにまつわるエピソードを折々に記載する日誌的な記録のことである。しかし、それらは、そもそも子どもの発達を研究しようとして記載されたものではない。これに対して「日誌法」は、子どもの発達を科学的に観察しようとする特別な態度によって初めて生み出された研究方法である。

世界で最初に子どもの発達を「日誌法」によって研究しようとしたのは、おそらく、**進化論**で有名なチャールズ・ダーウィン[1]である。彼は、自分の子どもが生まれる前から認識の起源をさぐる手段として赤ん坊に関心をよせ、息子が誕生してからは、科学的フィールドノートをとるのと同じ精神で観察を行ったのである。ダーウィンは、とりわけ情動の発生や発達に関心があった。よってそのような逸話を見逃すまいと丹念に記録している。[2]ダーウィン以後、一九世紀末から二〇世紀初頭にかけて、子どもの発達を日々科学的に客観的に観察しようとする「日誌法」は、発達心理学の有力な方法として一世を風靡することとなる。ピアジェの『知能の誕生』[3]などは、「日誌法による子ども研究」の代表的ものといえるだろう。

「日誌法」にも流行り廃りがある。一九世紀末から二〇世紀初頭にかけて、「日誌

[1] Wallace, D. B., Franklin, M. B., & Keegan, R. T. 1994 The observing eye: A century of baby diaries. *Human Development, 37*, 1-29.

[2] Darwin, C. 1877 A biological sketch of an infant. *Mind, 2*, 285-294.（ダーウィン／W・デニス（編）・黒田実郎（訳）1966「乳児の伝記的素描」『児童心理学選書1――胎児・乳児の行動と発達』(pp.69-87) 岩崎学術出版社）。以下からも全訳を参照できる。ダーウィン「乳幼児の観察日誌」チャイルド・リサーチ・ネット https://www.blog.crn.or.jp/lab/05/03.html (2019/7/17情報取得)

[3] Piaget, J. 1936 *La naissance de l'intelligence chez l'enfant*. Delachaux & Niestlé.（ピアジェ／谷村覚・浜田寿美男（訳）1978『知能の誕生』ミネルヴァ書房）

法」は発達心理学の有力な方法であった。しかし、**行動主義**などが勃興し、より客観主義的な手法が重視されるようになると、「日誌法」は逸話的な観察エピソードに依拠する非科学的な方法として、しだいに軽視されるようになっていく。とりわけ、アメリカではその傾向が強かった。ヨーロッパでも、ピアジェによる自分の子どもの日誌的観察研究以降は、「日誌法」による研究は廃れていく。それが再び注目されるようになるのは一九六〇年代後半から一九七〇年代前半にかけて、多くの研究者が幼児の**言語獲得**や言語発達に注目するようになり始める時期と一致している。[1] 初期の子どもの発話の意味を理解するためには、発話がなされた文脈を丁寧に把握しておかなければならない。また、子どもの**発話機能**の広がりを捉えるためには、子どもが生活している自然な生活環境におけるさまざまな発話を収集する必要がある。また、子どもの言語発達を捉えるためには、日々の変化を捉える**縦断的な観察**が不可欠だといえるだろう。これらのことを考えるならば、「子どもの言語発達研究」の方法として、自然な生活環境における子どもの発話を縦断的に観察する「日誌法」が再評価されたことは当然のことのようにも思われる。

日本で「日誌法」が注目されるようになってくるのは一九八〇年以降である。日本では、「日誌法」が言語発達の研究分野に留まらず、**非言語的コミュニケーション**や**自我発達**、**母子コミュニケーション**などさまざまな関心をもつ研究者に採用され、「日誌法」による研究が独自の発展をしていくことになる。そのきっかけになったのは、やまだの「0~2歳における要求——拒否と自己の発達」[4]という論文であった。これは、日誌的な事例観察に基づく研究で、初めて教育心理学研究に掲載された記念すべき論文である。その後、やまだは、「日誌法」による観察研究を著書『ことばの前のことば』[5]として出版することになる。やまだに続いて、麻生も「日誌法」による観察研究を『身ぶりからことばへ』[6]を出すなど、それ以降、「日誌法」は研究方法として市民権を得て今日に至っているといえるだろう。[7]

一九世紀末から二〇世紀初頭にかけて、「日誌法」は対象を「客観主義的な精神で日々観察し記録する」という自覚的で科学的な研究方法の一つであった。だが、今日のわたしたちは、子どもを「客観主義的な精神で観察する」ことが最良の唯一の研究方法であるとは思わなくなっている。それは一つには、子どもを観察するということが、観察者の**解釈フレーム**に依存することが自覚されるようになったからである。子どもが「すねている」のか、単に「不機嫌なだけ」なのか、その解釈はすべて観察者に委ねられている。また、子どもを日誌的に**縦断的観察**することは、ガラス越しになされるわけではない、ほとんどの場合、観察は、対象となる子どもと何らかの意味で交流しつつなされる。それは、昆虫の生態といった自然現象を観察するような客観的な**自然科学的観察**ではない。「日誌法」による観察は、必然的に対象に関与してしまう**参与観察**であり、同時に複雑な状況に身を潜入させた(社会科学的)**フィールド観察**でもある。また、観察で得られた知見も、観察の具体的なコンテクストに制約され

[4] やまだようこ 1982「0~2歳における要求——拒否と自己の発達」『教育心理学研究』30, 38-48.

[5] やまだようこ 1987『ことばの前のことば』新曜社

[6] 麻生武 1992『身ぶりからことばへ——赤ちゃんにみる私たちの起源』新曜社

[7] 麻生武 2008「子どもの日誌的観察と質的研究」『チャイルド・サイエンス』4, 8-11.

たものであって、直ちに一般化可能なものでは決してない。一人ひとりの子どもはきわめて個性的であり、またその生育環境は千差万別である。「日誌法による子ども研究」は、そのような個別の子どもの成育環境に深く潜入しつつ、参与観察的に、子どもの行動や周囲の人たちとの相互作用を観察し記述することから成り立っている。

■「日誌法」の活用法

「日誌法」の大きな長所は、三点ある。一つめは、自然な生活文脈における子どものさまざまな行動を、その行動の生起した文脈において捉えることができる点である。たとえ研究の焦点をAという事柄に絞っていたとしても、現実にAという事柄が生じる文脈は、予想もしないものであることがしばしば生じる。そこから、Aという事柄と、Bという現象との予想もしなかった関連性が浮かび上がってきたりするのである。その意味で、さまざまな事象が複雑に絡み合っていることを、**発見的に捉える**には、状況に身を委ねている「日誌法」は最適の方法である。二つめは、「日誌法」は日常の自然環境の中で**日々変化し生成していくものを捉える**ことができる点である。言語発達や、微笑や声を出した笑いや、指差しなどのコミュニケーション発達の研究に、「日誌法」がしばしば用いられたのはそのためである。子どもが、いつどのような状況で言葉を発するのか、またいつどのような状況で笑うのか、あらかじめ定まっているわけではない。子どもの成長とともにそれらも変化していく。刻々変化し、生成するものを、状況を限定せずに広く観察するには、「日誌法」はきわめて優れている。三つめは、子どもの行動や振る舞いの**意味理解**や**解釈**などがかかわる観察において、観察者自身がその**系の内部者**[6]であることが、その解釈の**生態的妥当性**を保証する点である。平たくいえば、子どもに日常的にかかわる者として、子どもの行動の意味解釈を行うことは、第三者の客観的な意味解釈より、生態学的妥当性がある。つまり、系の内部で「日誌法」を用いている観察者は、子どもの行動の意味解釈において有利な地点に立っていることである。これが三つめの利点である。

「日誌法」に利点があるといっても、それは条件統制された実験室系の観察研究に比較してのことにすぎない。自然状況における子どもと周囲との複雑な交流を、刻々生成するものとして縦断的に十全に観察することは、「日誌法」によるとしてもきわめて困難なことである。よって、現実に「日誌法」を実施するにあたっては、観察する場面に軽重の差をつけたり、観察する時間帯を限定したりすることなどは、一般によくなされているといえるだろう。また、何をどのように観察し記述するのかに関しても、**現象的観察**[8]の限界と特性を自覚している必要があるだろう。「日誌法」は、子どもたちが生きている複雑な世界を、その世界にコミットしながら観察するという、発見的で創造的な研究方法である。それは何かを「実証」するための方法ではない。それは、現象の準法則的な構造の把握や、生成する現象についての**モデル構成**を目標として、基礎となる厚いデータを収集するための方法なのである。

〔麻生 武〕

[8] 麻生武 2009『「見る」と「書く」との出会い――フィールド観察学入門』新曜社

1-2 TEA（複線径路等至性アプローチ）

■TEAとは――TEM、HSI、TLMGによる理論構成

TEA《ティ》（Trajectory Equifinality Approach：**複線径路等至性アプローチ**）は、異なる人生や発達の径路を歩みながらも類似の結果にたどり着くことを示す**等至性**（Equifinality）の概念を、発達的・文化的事象に関する心理学研究に組み込んだ**ヴァルシナー**（Jaan Valsiner）[1]の創案に基づいて開発された。等至性の概念では、人間は開放システムとして捉えられ、時間経過の中で歴史的・文化的・社会的な影響を受けて、多様な軌跡を辿りながらもある定常状態に等しく（Equi）到達する（final）存在[2]とされる。「等しく（Equi）到達する（final）」とは、時間を経て同じような行動や選択に至るという意味である。

TEAは、時間経過とともにある人間の文化化の過程を記述する手法である**TEM**《テム》（Trajectory Equifinality Modeling：**複線径路等至性モデリング**）を中心に、対象選定の理論である**歴史的構造化ご招待**（Historically Structured Inviting：**HSI**）と、人間の内的変容過程を、個別活動レベル、記号レベル、信念・価値観レベルの三つの層

[1] Valsiner, J. 2001 *Comparative study of human cultural development*. Madrid: Fundación Infancia y Aprendizaje.

[2] 安田裕子 2005「不妊という経験を通じた自己の問い直し過程――治療では子どもが授からなかった当事者の選択岐路から」『質的心理学研究』No.4, 201-226.

により理解する理論である**発生の三層モデル**（Three Layers Model of Genesis：ＴＬＭＧ）により構成されている。

次に、ＴＥＡのものの見方を支える基礎概念を理解しよう。

■ＴＥＭの最小単位を組み立てる基礎概念

理論生成過程ならびに方法論のいずれにおいてもＴＥＡの根幹をなすＴＥＭを基に解説しよう。まず、ＴＥＭの最小単位を形成する、等至点、分岐点、非可逆的時間の概念である。[3]

等至点（Equifinality Point：ＥＦＰ）とは、等至性の概念の具体的な顕在型である。研究目的に基づき、ある行動や選択を焦点化する。「親友ができる」「アルバイトをはじめる」「養子縁組をする」「起業が軌道にのる」など、いわば何でも等至点になりうる。研究目的より設定した等至点に関し、そこに至りその後に持続する、時間とともにあるありようを描き出すのがＴＥＭによる分析である。こうした等至点に収斂していくありよう、つまり、文化的・社会的な制約と可能性の下で実現される、意思や葛藤・迷いを含む個別多様な歩みは、それ以前に径路を複数に分かつポイントがあることを明らかにする。その分岐を示す概念が**分岐点**（Bifurcation Point：ＢＦＰ）である。「大学に行く／大学に行かない」といった社会的なシステムゆえの既存ともいえる選択肢もあるが、時間が持続する中で発生する分岐を捉える概念として理解するとよい。

[3] 安田裕子 2017「生みだされる分岐点――変容と維持をとらえる道具立て」安田裕子・サトウタツヤ（編）『ＴＥＭでひろがる社会実装――ライフの充実を支援する』（pp.11-25）誠信書房

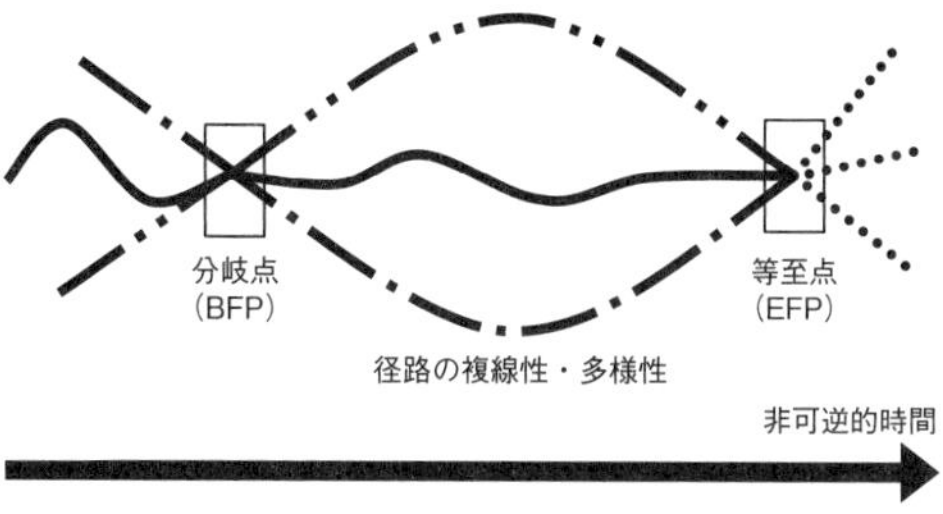

図１　TEMの最小単位（安田, 2017, p.12）[3]

非可逆的時間（Irreversible Time）という非可逆性に力点をおいた時間概念もまた要となる。人の行動や選択は、決して後戻りすることのない時間の持続の中で実現するということを含意する。一分一秒を刻む時計時間ではなく、当事者の経験に即した時間の流れが重視される。

■その他の基本的な概念

続けて、必須通過点、社会的方向づけ、社会的助勢、可能な径路、両極化した等至点、セカンド等至点、両極化したセカンド等至点の概念について、分析のヒントにも若干触れながら順に解説しよう。

必須通過点（Obligatory Passage Point：OPP）とは、もともと地理的な概念で、ある状況に至るうえで必ず通るポイントのことを指す。「必須」は「通常ほとんどの人が」という程度で理解してよい。制度や法律や慣習など文化的・社会的・現実的な制約のありようとそれをもたらす諸力をみつける手がかりになる。その意味で、分析対象とするデータが一名であっても必須通過点を把握することができる[4]。必須通過点の概念は、制度的必須通過点、慣習的必須通過点、結果的必須通過点の三つの種類に分けて検討することができ、それぞれの意味内容をふまえて当該経験を捉えれば、必須通過点の分析を進めやすいかもしれない。制度的必須通過点は、法的な拘束力のある法律や、そこまでの強制力はもたずとも社会的・制度的な縛りとなるもの、たとえ

[4] 複数名のデータを分析対象とする場合、共通する行動や選択などから必須通過点を捉えやすい、ということがある。その場合でも、単に共通性としてではなく、その背景にありうる文化的・社会的なことへの検討へとつなげれば、当該経験をさらに深く理解することができる。

ば、社則や校則、自治会のルールなどがあてはまる。慣習的必須通過点は、社会もしくは特定の集団において持続的に共有されてきた規範性のある生活上のならわしで、個人の行動様式として捉えられるものである。たとえば、化粧をするという行為、お歳暮やお中元の贈答などがあげられる。結果的必須通過点は、ある出来事の帰結として必然のありようのように理解しうることであり、被災して居住地を変更することなどがその例といえるだろう。

社会的方向づけ（Social Direction：ＳＤ）と**社会的助勢**（Social Guidance：ＳＧ）はともに力を表す概念である。社会的方向づけは等至点に向かう個人の行動や選択に制約的・阻害的な影響を及ぼす力を、他方、社会的助勢は等至点に向かうありようを促したり助けたりする力を、象徴的に表したものである。「社会的」と付されているが、「自尊心が邪魔をする／自尊心に助けられる」などといった場合の「自尊心」もまた、社会的方向づけや社会的助勢として捉えることができる。[5] 社会的方向づけは、必須通過点を浮き彫りにしやすい。また、社会的方向づけと社会的助勢は拮抗関係にあり、そのふるまいの読み解きは分岐点やそこでの緊張状態を捉えることにつなげうる。逆に、必須通過点や分岐点から、社会的方向づけや社会的助勢の存在を検討してみるとよいだろう。

可能な径路は、ありうると想定される径路のことであり、点線で描かれる。インタビューや観察で収集されたデータに明示的でなくとも、むしろ明らかでないからこ

[5]「自尊心」などの感情や認知もまた社会的な産物ということができる。

そ、可視化することに意義があるとされる。なぜならば、わたしたちが通常当然であると思い込んでいるがゆえに見えにくくなっている文化的・社会的なことがあるかもしれないからである。可能な径路を捉えることで潜在性や可能性を浮き彫りにしたり、潜在性や可能性の中で実現した歩み（径路）の意味を鮮明にしたり、経験の多様性・複線性をより豊かに把握することができる。当該事象に潜む文化的・社会的なことをあぶりだすのに役立つのはもとより、支援や介入、生き方に関する提言につなげることができるかもしれない。当該事象や当事者の来歴や歴史的・文化的・社会的なことへの感度を高め限定性に留意しながら、可視化していくとよいだろう。

さて、先述した等至点の対概念に**両極化した等至点**（Polarized Equifinality Point：**P-EFP**）がある。両極化した等至点は、等至点とは価値的に背反したり、等至点の補集合となるような行動や選択を捉えたりするものである。たとえば、「親友ができる」に対する「親友ができない」などである。[6] 研究目的として焦点をあてるがゆえに、目指すべきありようとして認識されやすい等至点への過度な価値づけを、相対化する役割を果たす。分析の最初の時点で、等至点とあわせて設定することにより、等至点と両極化した等至点との一定の幅の中で、当該経験の径路の多様性・複線性を捉えやすくもなる。

最後に、**セカンド等至点**（Second Equifinality Point：**S-EFP**）について説明しよう。等至点を設定してデータを収集し分析する中で、等至点以後の、当事者にとっ

［6］まずは、「ある／ない」の考え方で、等至点に対する両極化した等至点を定めるとよい。ただし、分析を進めるなかで、「親友ができる」の両極化した等至点が、たとえば「自信がもてない」であることが明らかになるかもしれない。

ての目標や展望のようなものが捉えられることがあり、それを焦点化するための概念である。セカンド等至点に対しても、背反もしくは補集合となる行動や選択があり、それを**両極化したセカンド等至点**（Polarized Second Equifinality Point：**P-S-EFP**）とする。等至点やセカンド等至点、両極化した等至点や両極化したセカンド等至点を適切に定めれば、可視化した径路の真正性を高めることができる。

■TEAの理論を実践につなげる

ＴＥＭを中心にしつつ、ＨＳＩやＴＬＭＧの理論的役割を明確に、ＴＥＡを理解するとよいだろう。ＨＳＩは等至点と、そしてＴＬＭＧは分岐点と、なじみが深い。

等至点は、非可逆的な時間経過と文化的・社会的な諸力とが結節した、歴史的に構造化された事象であるということができる。研究目的に即して等至点を焦点化することは、すなわち、歴史的に構造化された当該経験ないしはその当事者を研究の対象として選定することと同義であり、ここに対象選定の理論である、歴史的構造化ご招待（ＨＳＩ）との合致をみることができる。なお、「ご招待（inviting）」という物言いは次のような理由による。研究者の視点により定めた研究目的の下に等至点をいったん設定するが、実際に捉えられた当事者経験をつぶさに分析すればまた、異なる表現型としての等至点が明らかになりうる。こうしたことへの自覚と戒めを含め、そして当事者と当事者経験への敬意をこめて、「サンプリング（sampling）」という言い方から

［7］最初、歴史的構造化サンプリング（Historically Structured Sampling：ＨＳＳ）とされていた。「サンプル」から母集団を推定する研究とは目的を異にする質的研究である、ということへのリフレクティブな議論と検討の蓄積もまた、改称の理由である。

改称された[7]。そして、発生の三層モデル（TLMG）は、変容の転換点である分岐においてて何が起こっているかを、とりわけ自己に焦点をあてて、促進的記号の発生と信念・価値観の変容・維持との関連から詳細に捉えようとする理論である。TLMGによる分析も、果敢な挑戦がなされているところである[8]。

TEAに関する書は、理論と実践の両輪でワードマップシリーズとして刊行されてもいるので、そちらも参考にしていただきたい[9]。

（安田裕子）

[8] 上田敏丈 2013「保育者のいざこざ場面に対するかかわりに関する研究 ― 発生の三層モデルに基づく保育行為スタイル」『乳幼児教育学研究』22, 19-29.／豊田香 2015「専門職大学院ビジネススクール修了生による生涯学習型職業的アイデンティティの形成 ― TEA分析と状況的学習論による検討」『発達心理学研究』26, 344-357.

[9] 安田裕子・滑田明暢・福田茉莉・サトウタツヤ（編）2015『ワードマップ TEA理論編 ― 複線径路等至性アプローチの基礎を学ぶ』新曜社／安田裕子・滑田明暢・福田茉莉・サトウタツヤ（編）2015『ワードマップ TEA 実践編 ― 複線径路等至性アプローチを活用する』新曜社

1-3

ライフストーリー（life story）

■ライフストーリーとは

ライフ（life）ということばには、生命・生活・人生といった多様な意味が含まれる。ライフストーリー（life story）は、インタビュイーの人生のリアリティの実存性と人生における出来事、あるいは、インタビュイーとインタビュアーの対話的な過程を捉えるための研究法であり、主には個人の主観的観点から経験の意味づけや人生の様相について考える。アトキンソン[1]は、ライフストーリーを、ライフを扱う研究の中心に据えた。ライフストーリーは、人間が生きている人生の物語・生の物語・いのちの物語・生活の物語を、ナラティブ（語り・物語論）の立場から捉えるものである。[2]やまだ[3]は、ライフストーリーについて次のように述べている。

「人生を生きるとき、自分たちの経験を積極的に解釈しており、明瞭な何らかの枠組みに頼ることなしには経験を解釈できません。その枠組みを構成するのがストーリーです。さらに、私たちの生きられた経験のうち、どの側面を表現されるか決定

[1] Atkinson, R. G. 1998 *The life story interview*. Thousand Oaks, CA: Sage.

[2] やまだようこ（編）2007『質的心理学の方法――語りをきく』（pp.124-143）新曜社

[3] やまだようこ 2000『人生を物語る――生成のライフストーリー』ミネルヴァ書房

するのも、ストーリーないしセルフ・ナラティヴです」。

このようにライフストーリーでは、経験の組織化と意味づけに着目し、物語のインタビュイーとインタビュアーの相互作用の中で進行してゆく過程としての意味づける行為そのものに関心を寄せる。そのため、ライフストーリーは、その過程においてインタビュイーとインタビュアーの双方にとって得るものが多い経験となる。この方法を用いる際には、なぜ自分がその人の人生に興味をもったのか、そこから何を得て、学ぼうとするのかについて問いを深め、整理しておく必要がある。さらに、その問いが当該の研究領域の知見とどのような結びつきをもつかについて考察を進めることで、自らの問題関心と学問的つながりを生成することができるようになる。[4]

ライフストーリーの有用性を、やまだ[3]は以下の六つの理由を基にまとめている。第一に、人は科学者のような論理－実証モードではなく、物語モードで生きていること。第二に、物語モードが記憶などの認知情報処理に優れていること。個別の出来事ではなく、組織化された出来事として意味化することで記憶しやすく、また語りやすくなる。第三に、物語モードでは、出来事と出来事のつながり、移行、生成、変化、帰結などの筋立てを問題にし、そこから新しい意味が生成されること。第四に、論理－実証モードでは、個別事例の具体性から論理的抽象によって事例を超えて一般化へ向かおうとする一方で、物語モードでは、「個別の具体性」「日常の細部の本質的顕

[4] 徳田治子 2004「ライフストーリー・インタビュー――人生の語りに立ち会う作法」『ワードマップ質的心理学』(pp.148-154) 新曜社

現」自体を複雑なまま一般化しようとし、それをモデルとして代表（represent）させる方向性をもつこと。第五に、自発的な伝達の手段として物語モードが適しており、コミュニケーションに威力を発揮しやすいこと。第六に、物語モードが論理的知ではなく、感性的知にかかわっていること。これらを鑑みると、とくにインタビュアーの問題関心の持ち方や工夫が鍵を握る手法であることが分かる。調査にあたっては、インタビュアーはインタビューの訓練のみでなく、インタビューの内容の理解や背景的知識などの十分な準備が必要である。

なお、ライフストーリーと混同されやすい概念に、ライフヒストリーがある。[5] ライフヒストリーでは、語られたことの妥当性の主張として、内容の正しさ、社会関係との間での適切さ、自己を誠実に表現したものであることがデータに求められる。その正しさを裏づけるために各種資料や歴史的な証明などが用いられる。これに対してライフストーリーでは、その生成プロセスに着目する。そのため、物語は絶えずつくられ組み替えられるという前提に立つ。ライフストーリーでは語られたことのリアリティを重視し、順序性や認識の正確さよりも、インタビューの相互行為や生成性が求められるため、桜井[6]は、語りをインタビュイーとインタビュアーの経験を基にした創発特性をもつアマルガム（融合）と捉えている。やまだ[2]も、同様に語りをインタビュイーとインタビュアーの間で生成されるものと捉えている。

つまり、ライフヒストリーは歴史であり、過去の回想に基づき書かれた「資料」と

[5] 本書「4－4　ライフヒストリー」参照。

[6] 桜井厚 2012『ライフストーリー論』弘文堂

位置づけられるのに対し、ライフストーリーは自己論（アイデンティティ論）と密接に関連するといえる。これは、語ることでインタビュイーが「わたし」についてあらためて認識することが可能になり、同時にそれが他者から認識されることになるからである。[7]

[7] 大久保孝治 2009『ライフストーリー分析――質的調査入門』学文社

■開発過程

インタビューという用語は一七世紀になってから使用されるようになり、一九世紀の中頃にはジャーナリストによるインタビュー報告が、二〇世紀初頭には、とくに人類学の分野で異文化の少数民族への非構造化インタビューやエスノグラフィーが行われるようになった。[8] ライフヒストリー研究は、一九三〇年代ごろからシカゴ学派により実施され、人種、犯罪、精神病理といった社会問題についての知見を集積している。その後、第二次世界大戦後の量的研究法としてのインタビュー法の展開を経て、一九六〇年代以降になると、機器の開発や言語に対する認識論の転換などから、質的なインタビューの意義に再び注目が集まるようになった。こうした段階を経て、今日では、インタビューは知が社会的に構成される場と認識されるようになった。また、インタビューにおける相互行為の中で達成されるものにも関心がよせられている。とりわけライフストーリーでは、インタビュイー自身も研究の対象として省察される。

[8] 川島大輔 2013「インタビューの概念」やまだようこ・麻生武・サトウタツヤ・能智正博・秋田喜代美・矢守克也（編）『質的心理学ハンドブック』(pp.294-306) 新曜社

■ライフストーリー研究の方法

ライフストーリーは、心理学、社会学、人類学、歴史学などのさまざまな学問領域で広く活用されてきた質的研究法の一つであり、個人の主観的な観点から経験の意味づけや人生の様相を捉える方法である。

実施にあたっては、基本的には調査インタビューの手法を用いる。その際の対象人数や回数についての決まった基準はない。そのため、ライフストーリー研究においては、一人の人に繰り返しインタビューを実施し、事例を丁寧に描く方法もある一方で、共通するフィールドに所属する複数の人の共通性や特徴を描く方法もある。いずれの場合においても、面接の場面では、語りの場の相互作用を重視する立場から、事前に問いを先鋭化させ、練習しておくことが不可欠である。

調査実施後の、トランスクリプトの作成には、分析の目的に応じたレベルが求められる。[9] フィールドワークにおいてフィールドノーツをまとめることと同様に、できる限り早い段階で語りをテキストに書き起こす作業を行うことが重要である。考察では、語りを図表にまとめる、あるいは事例となる代表的な語りを含めることが一般的であるとされる。

インタビューの分析においては、データの分析も基本的にさまざまな方法が用いられることになるが、語りを時系列や主題ごとに並べるなど、語り全体の構成や内容を整理・把握していく必要がある。そのための観点を得るために、第一にトランスクリ

[9] 詳しくは、やまだ（2007 前掲[2]）などを参照されたい。

プトを何度も繰り返して読み返し、自らの問いを鍛錬していく。そのうえで、第二に、内容（何が語られたか）、構造（形式）（どのように語られたか）、意味（各事象が全体の文脈にどのように位置づけられているか）を精査する。

ライフストーリー研究を実施する際には、インタビュイーが、以前とは異なる新しく明確でまとまりのある方法や、喜びを伴う観点から自己や人生について語る助けとなるような質問や面接の組み立てを行うとよい。調査を行うにあたっては、こうした倫理的配慮と専門性に対する意識を欠いてはならない。

■さらに学ぶために

（1）研究例

質的研究を扱う論文雑誌に多数掲載されている。たとえば、『質的心理学研究 第17号』を紐解くと「民芸・民具の作り手のライフストーリー研究」[10]と「成人期にある知的障害を伴わない発達障害者のきょうだいの体験に関する一考察」[11]が掲載されている。内容のみならず、分析の方法を参考にするためにも、関心に応じて複数の研究論文を参照してほしい。

（2）専門書

ライフストーリーの方法論については、アトキンソンの *"The life story interview"*[1]が代表的である。日本語で読めるアトキンソンの文献としては、『私たちの中にある物

[10] 中川善典・桑名あすか 2018「民芸・民具の作り手のライフ・ストーリー研究――高知県芸西村の竹の子笠を事例として」『質的心理学研究』No.17, 105–124.

[11] 大瀧玲子 2018「成人期にある知的障害を伴わない発達障害者のきょうだいの体験に関する一考察――ある姉妹の「羅生門」的な語りの分析からきょうだいの多様性を捉える試み」『質的心理学研究』No.17, 143–163.

語――人生のストーリーを書く意義と方法』[12]がある。また、桜井と石川の『ライフストーリー研究に何ができるか――対話的構築主義の批判的継承』[13]は、社会学における流れからライフストーリー研究を知ることができる。心理学では、やまだの『人生を物語る――生成のライフストーリー』[3]が代表的文献といえるだろう。

〔木戸彩恵〕

[12] Atkinson, R. G. 1995 *The gift of stories : Practical and spiritual applications of autobiography, life stories, and personal mythmaking*. Westport, CT: Bergin & Garvey.（アトキンソン／塚田守（訳）『私たちの中にある物語――人生のストーリーを書く意義と方法』ミネルヴァ書房）

[13] 桜井厚・石川良子（編）2015『ライフストーリー研究に何ができるか――対話的構築主義の批判的継承』新曜社

1-4 ライフラインメソッド (lifeline method)

■ライフラインメソッドとは

ライフラインメソッドとは、人生を一本の線で描き、その浮き沈みに着目した語りを聴く方法を指す。これまでその人が歩んできた道のり（ライフコース）を描くこと（視覚化）、そしてそれを基に人生経験を語ること（言語化）を通じて、**自己の組織化**（self-organization）に迫ることができる。

人生を線で表す手法はさまざまな研究アプローチにおいて広く用いられており[1]、その呼称もさまざまである。たとえばライフラインのほかにも、Life Graph, Timeline[2], Life Drawing[3] などの用語が使われることもある。近年では、復興曲線という用語が用いられた研究もある[4]。また研究のみならず、実践現場においても広く活用されている[5]。ライフラインの広範な使用は、われわれ人間にとって、時間を線で図解化することが比較的容易であることを表している。

こうした手法をめぐっては、その背景にある理論的枠組みや具体的な手続きが研究者間で異なっているが、その中核的な部分、つまり過去から現在、そして未来にわた

[1] Back, K. W., & Bourque, L. B. 1970 Life graphs: Aging and cohort effect. *Journal of Gerontology*, 25, 249–255.

[2] de Vries, B., & Watt, D. 1996 A lifetime of events: Age and gender variations in the life story. *The International Journal of Aging & Human Development*, 42, 81–102.
ただしより詳細に見れば、Timelineと後述するLIMの手法では描かれる曲線が異なることも指摘されている。Schroots, J. J. F., Dijkum, C. V., & Assink, M. H. J. 2004 Autobiographical Memory from a Life Span Perspective. *The International Journal of Aging & Human Development*, 58, 69–85.

[3] Whitbourne, S. K., & Dannefer, W. D. 1986 The "life drawing" as a measure of time perspective in adulthood. *The International Journal of Aging & Human Development*, 22, 147–155.

る個々人の人生を線で表すという方法それ自体に大きな違いはない。そこで本稿においては、人生を一本の線で描いたものの総称として「**ライフライン**」、そしてそれを用いる方法を「ライフラインメソッド」と表現しておく。

■ライフラインメソッドの開発過程

ライフラインメソッドには既述のとおり多様な方法が含まれるが、その理論的背景について丁寧に検討したものは多くない。その中で、シュルーツらによって開発された**ライフライン・インタビュー法**（Lifeline Interview Method：ＬＩＭ）は、老いと生涯発達のダイナミクスを捉えうるメタファーについての検討を通じて、その理論的枠組みが提示されている。[6] 具体的には、ライフ（人生や生活：life）のメタファーとして、川（川の流れのような移り変わり）や木（四季を通じた成長や人生の枝分かれ）、そして誕生から死までの旅を表象する「足どり」（footpath）をあげ、その中でもとくに「足どり」のメタファーがＬＩＭに中核的な枠組みを提供するものと位置づけている。

実際「人生は旅だ」と喩《たと》えられるように、足どりのメタファーは、山を登り谷を下る旅として人生を捉えることを可能にする。そしてこのメタファーに基づき、人生の時間的次元（過去－現在－未来）と情動的次元（ネガティブな情動－ポジティブな情動）という二つの次元が設けられた一枚の紙面上に、人生（という旅）を線で描いた

[4] 宮本匠 2015「災害復興における“めざす”かかわりと“すごす”かかわり」『質的心理学研究』No.14, 6–18.

[5] キャリアカウンセリングやエンカウンターグループで用いられたりもする。またナラティブアプローチとの親和性も高く、たとえばトラウマに対する新しい心理療法の一つであるナラティブ・エクスポージャー・セラピーでも用いられている。Schauer, E., Neuner, F., Elbert, T., Ertl, V., Onyut, L. P., Odenwald, M., & Schauer, M. 2004 Narrative exposure therapy in children: A case study. *Intervention, 2*, 18–32.

[6] Schroots, J. J. F., & Ten Kate, C.A. 1989 Metaphors, aging and the life-line interview method. In D. Unruh & G. Livings (Eds.), *Current perspectives on aging and the life cycle, Vol. 3: Personal history through the life course* (pp.281–298). London: JAI Press.

ものがライフラインである。ＬＩＭではとくに、**自伝的記憶**（autobiography）としてのライフストーリーを聴き取る手法として位置づけられている。

■ライフラインメソッドの手順

（1）調査方法

前述のＬＩＭは半構造化インタビュー法である。標準的なインタビューガイドがあり、通常は四〇分程度で実施される。このため典型的なＬＩＭのセッションでは、じっくりと人生経験を聴く、深い（in-depth）インタビューになることは稀である。[7]

インタビューに先立ち、横軸に時間、縦軸に情動の浮き沈みを表すための枠や線が描かれた用紙を準備する。枠や線の描き方はさまざまであるが、ＬＩＭの典型的なセッションでは、Ａ４サイズの用紙に横２９６㎜の直線を描き、横軸の始点から０㎜、１８０㎜、２９６㎜のそれぞれの箇所に１８０㎜の垂直線を描くことで縦軸を設けた用紙が使用される。しかし実際には、用紙のサイズをＡ３にしたり、上下の枠は設けたりしないなど、研究目的や調査協力者に応じて変更して構わ

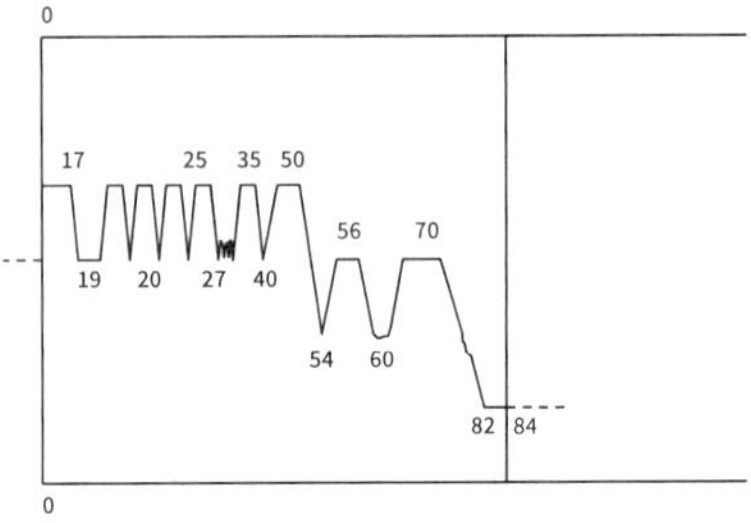

図１　84歳のある男性のライフライン
（川島，2007）[8]

[7] Assink, M. H. J., & Schroots, J. J. F. 2010 *The dynamics of autobiographical memory: Using the LIM/ life-line interview method*. Cambridge, MA: Hogrefe. 他方で、Timeline や Life Drawing では最大二時間程度のインタビューが実施されている。

[8] **図1**はライフラインの例。
川島大輔 2007「ライフレビュー」やまだようこ（編著）『質的心理学の方法――語りをきく』(pp.144-158) 新曜社
なお開発当初と現在では、使用されるフォーマットに若干の違いがある。

ないだろう[8]。なお Lifeline と Timeline では「誕生」から「死」までの線を描くよう求めるが、後者では用紙の両端にあらかじめ「誕生」と「死」が書かれた用紙を使用する点においても異なっている[9]。以下、ＬＩＭにおける典型的な手順を述べる。

まず、インタビューでは、協力者のライフコースの浮き沈みに関心があると伝えるところからはじまる。続いて準備した用紙に、誕生から現在の年齢に至るまでの時間を表すライフラインを描くよう求める。誕生から現在までを辿っても、現在から過去に遡っても構わない。ライフラインが描かれたら、それぞれのピークと落ち込みを経験した年齢を記入するよう求める。そして特定の年やある時期の間に何が起こったのかについて語るよう求める。ここではとくに分かれ道、転機、移行、そして変容といったライフラインにおける分岐点についての評価が注目される。過去から現在までの人生経験が可視化され、また語られた後、現在から未来について探究される。ここではライフラインが止まっている地点から死を経験する年齢あるいは予期できる未来までライフラインを書くよう求める。そして現在から未来への展望について、先と同様に、人生の浮き沈みに着目した語りを求める。これら一連の手続きを通して、協力者が過去、現在、そして未来までの人生を展望したうえで、自己をどのように組織化しているのかを探究するのがＬＩＭである。

（2）分析方法

ＬＩＭの標準的な分析では、特定のカテゴリー（学校、仕事、成長などの九つのカ

[9] ライフラインに描くよう求められる時間の幅は、研究目的や個々の手法によって異なる。ＬＩＭは主に高齢者の自伝的記憶と展望的記憶に関心をもつため、過去から未来までのライフコースを描くよう求める。他方で、復興曲線インタビューでは、災害から現在までの気持ちの変化を描くよう求める点において異なっている。

テゴリーとそれを構成する四〇のサブカテゴリー）に沿ったコーディングを行い、相対的な頻度を割り出す。あるいは語りの内容から、主要な分岐点とそれにまつわるライフイベントを経験した年齢と情動の浮き沈み（+、−、0）を集約することもある。ＬＩＭは質的アプローチと量的アプローチを組み合わせたものとされるが、実際にはカテゴリー数や浮き沈みを得点化したうえで、数量的検討を行っているものが報告の多くを占める。[10]

他方で、近年では、ＴＥＡ（複線径路等至性アプローチ）の枠組みにおいて、人生径路を捉える方法の一つとしても取り入れられている。複数人のライフラインを重ねることで、その共通性と複線性・多様性が見いだせるという。[11] このライフラインの利用は、ＬＩＭの現在の一般的な利用法とは異なるものの、その開発時にはライフラインの分岐点に着目し、選択されなかった（すなわち実現しなかった）径路をも描こうと試みていたことを考えれば、[6] 興味深い発展でもある。

■ライフラインメソッドを用いた研究論文例

ライフラインを用いた研究として、たとえば宮崎と斎藤は、家族と死別した一六名に対してＬＩＭを実施し、そのグリーフプロセスを詳細に検討している。[12] 結果、死別後のグリーフについての多くの先行研究の報告と同様に、死別経験は一例を除いて急激な下降として描かれたという。他方で、その下降の分岐点が夫婦で異なっていたこ

[10] この意味において典型的なＬＩＭは、(ポスト)実証主義的なパラダイムにおける質的分析方法とも言えるだろう。またシュルーツらは大規模なコホート研究でＬＩＭを用いており、そこでも大量のライフラインを数量化し発達的変化をみることが主眼である。

[11] 安田裕子・滑田明暢・福田茉莉・サトウタツヤ(編) 2015『ＴＥＡ 理論編 ── 複線径路等至性アプローチの基礎を学ぶ』新曜社／本書「1・2 ＴＥＡ」も参照。

[12] 宮崎貴久子・斎藤真理 2003「死別体験が家族に与える影響 ── 一般病棟の緩和ケアにおける家族ケアより」『家族社会学研究』14, 54-65.

とや、その後の上昇の描き方に個人差があることを報告している。先行研究では多くの場合、インタビューや質問紙などによる言語報告を基にこうしたプロセスが検討されてきたが、この研究では言語報告にくわえて、ライフラインという視覚的な報告との**トライアンギュレーション**[13]（triangulation）が実施されている点が興味深い。

この他、ＬＩＭによるものではないが、たとえば、ガーゲンは青年と高齢者のライフラインを比較して、それぞれに描かれた人生の語りの様式を比較検討している。[14] その中で、青年期にあるものはライフコースを悲劇のあとの下降を経て、上昇へと至る「コメディ・ロマンス」的な物語として描く一方で、高齢期にあるものは青年期から上昇し、中年期のピークを迎え、老年期に低下する逆Ｕ字のカーブを描く傾向にあることが指摘されている。このように、どのような物語様式を用いながら自己を語るのかについて検討することも面白いだろう。

■さらに学ぶために

ライフラインメソッドについてのみ紹介しているわけではないが、川島は**ライフレビュー法**（life review）の一つとして、ＬＩＭの特徴や語りの聴き方とまとめ方について、他の方法と比較しながら言及している。[15] ＬＩＭについてより詳しく学びたい人は、あいにく英語によるものしか刊行されていないが、シュルーツらによるテキストが参考になるだろう。[7]

（川島大輔）

[13] 多様なデータ収集の方法や手続きの組み合わせを行うことで研究の妥当性を高める質的研究手法。三角測量とも訳される。

[14] Gergen, K. J., & Gergen, M. M. 1988 Narrative and the self as relationship. *Advances in Experimental Social Psychology*, 21, 17–56.

[15] 人生終盤において人生を振り返り、物語る行為をライフレビューと呼ぶ。川島 2007 前掲 [8] を参照。

1-5 iQOL（Individual Quality of Life）

■iQOL《アイキューオーエル》とは

iQOL（個人の生活の質）は、ある個人が経験する一人称的な視点から定義づけられたクオリティ・オブ・ライフ（QOL）概念のことであり、当事者によって構成されたQOL領域とその判断基準を理解するためのツールといえる。QOL概念は、医療看護、福祉領域において、患者の視点に立ったアウトカムとして注目されてきた。しかし、医療者-患者間の評価が一致せず、両者間に認識差が生じたケースやQOL尺度による評価が患者の主観的な評価と一致しないケースなどが報告されている[1]。カルマン[2]は、QOLが個人の経験と個人の理想や予期との間の差異あるいはギャップを測定しており、個人によって記述され、生活の諸側面が考慮されなければならないと述べている。近年では、**患者報告型アウトカム**（Patient-Reported Outcome：**PRO**）[3]が提案され、患者自身の認識に基づいたアウトカムの重要性が指摘されている。

[1] たとえば、Sonn, G. A., Sadetsky, N., Presti, J. C., & Litwin, M. S. 2009 Differing perceptions of quality of life in patients with prostate cancer and their doctors. *The Journal of Urology*, 182, 2296–2302.

[2] Calman, K. C. 1984 Quality of life in cancer patients—an hypothesis. *Journal of medical ethics*, 10, 124–127.

[3] Fayers, P. M. & Machin, D. 2016 Quality of life: *The assessment, analysis and reporting of patient-reported outcomes* (3rd ed.). Chichester, West Sussex: WILEY-Blackwell. を参照。

■iQOLを測定するためのツール：SEIQoL《シーコール》

iQOLを測定するための評価法はいくつかある。代表的なものは、PGI（Patient Generated Index）[4]やSEIQoL（The Schedule for the Evaluation of Individual Quality of Life：個人の生活の質評価法）[5]などである。これらの評価法に共通する狙いは、①「生活の質」として測定する領域を自分で決める点、②健康関連QOL（Health-Related QOL: HRQOL）だけでなく、包括的QOLを捉えようとする点、③臨床場面にも利用可能性がある点、である。[6]いずれもQOLを評価するプロセスに半構造化面接法を組み込むことで、当事者が自分自身でQOLに関連する領域を定義づけることができる。また、選定された領域に重みをつけることで、個人の価値判断の基準を捉えようとしている。PGIが疾病により影響を受ける領域に限定するのに対し、SEIQoLでは健康や疾病のみならず、日常生活を含む包括的QOLを捉える手法も開発されている。

オボイル[7]は、人間のQOLを個人内、個人間で異なる主観的問題を包含する多元的な構成概念であると考え、①共通性よりも個別性と具体性を重視すること、②家族や周囲の人びととの相互作用の重要性に着目すること、③構成要素の相対的重要度（重みづけ）を考慮すること、を重視し、SEIQoLを開発した。SEIQoLには、判断分析により重みづけを算出するSEIQoL-JA（Judgement Analysis）と専用のカラーディスクを用いて直接的に判断するSEIQoL-DW（Direct Weighting）がある。[5] SEIQoL-DW

[4] Ruta, D. A., Garratt, A. M., Leng, M., Russell, I. T., & MacDonald, L. M. A new approach to the measurement of quality of life. The Patient-Generated Index. *Med Care, 32*, 1109-1126.

[5] O'Boyle, C. A., McGee, H. M., Hickey, A., Joyce, C. R. B., Browne, J., O'Malley, K. & Hiltbrunner, B. 1993 *The Schedule for the Evaluation of Individual Quality of Life (SEIQoL): Administration mammal.* Dublin: Royal College of Surgeons in Ireland.

[6] 田村誠 2000「保健医療における「個人の価値観に基づくQOL尺度」の可能性と課題」『社会政策研究』3, 29-46.

[7] O'Boyle, C. A. 1994 The Schedule for the Evaluation of Individual Quality of Life (SEIQoL). *Journal of Medical Health, 23*, 3-23.

はＪＡの簡易版とされているが、日本語版はＪＡに先行して作成されている。[8]

表１にSEIQoL−DWの実施手順を簡潔に示す。まず調査者は、調査協力者に「現時点であなたの生活にとって、重要な領域はなんですか。五つあげてください」と教示し、調査協力者自身のＱＯＬにとって重要な領域・項目（Cue）とその具体的な内容、定義を詳しく聞き取る。次に、調査協力者が、各Cueの充足度（Level）を視覚的アナログ尺度（Visual Analog Scale：ＶＡＳ）を用いて評価する。その後、五色に色づけられた専用のカラーディスクを用いて、各Cueの相対的重要度（Weight：重み）を表す。最後に、調査者は調査協力者のＱＯＬ領域とその評価（充足度と重み）を数値化し、値を算出する。ｉＱＯＬの値は、０から１００の間で表現され、数値が高ければ高いほど調査協力者のｉＱＯＬは高いと判断される。SEIQoLの評価プロセスは、既存のＱＯＬ尺度と同様、アウトカム指標としてのＱＯＬの数値化とインタビュー場面での当事者のナラティブに基づく個人的なＱＯＬの再構築とを可能にしている。[9]

■ｉＱＯＬと病い

SEIQoLを用いた研究の多くは、ＱＯＬの数値的側面や領域の多様性を強調しているが、ジョイス、オボイルとマギー[10]は、SEIQoLに内包するプロセス、ＱＯＬを選定するための質問とその語りの記述について、現象学的アプローチから議論して

表1　SEIQoL−DWの手順（大生・中島, 2018を参考に作成）[8]

	手続き	注意事項
step 1	**「現時点であなたの生活にとって重要な領域は何ですか。5つ挙げてください」** 調査対象者のQOLに重要な生活領域・項目(Cue)を5つ挙げてもらう	このときCueの定義と具体的な内容を明らかにする
step 2	各Cueの充足度(Level)を評価する	視覚的アナログ尺度(Visual Analog Scale)を用いて、記録用紙に記入
step 3	各Cueの相対的重要度(Weight)を評価する	5色に色づけされた専用のカラーディスクを用いて、重みづけを色で表現してもらう
step 4	各CueのLevelとWeightを掛け合わせたものをSEIQoL Indexとして数値化する	（0≦x≦100で数値化される）

いる。緩和ケアや難病ケアは、患者のQOLの向上を医療的介入やケアの目標とすることもある。SEIQoLによるiQOLとその判断基準、価値観の把握は、患者を理解し、ニーズに沿った医療を提供するうえできわめて重要である。他方で、先のジョイスの指摘に従うならば、SEIQoLは客観的／主観的QOLによって区別されない当事者の価値システムの相互性や諸システムとの関連性を捉えるだけでなく、個人の構成するiQOLとそれ自体を再構成するツールとしての可能性を秘めている。iQOLの数値あるいは定義づけられた領域だけの議論に終始してしまうと、あたかもQOLが実在しているかのように捉えられるかもしれないが、実際のところ、QOLはその時々の環境や他者、生活状況により構成されているものであり、実存的なアプローチから捉えることもできる。

福田[11]は、筋ジストロフィー病棟で長期療養中の患者一〇名にSEIQoL–DWを用いたiQOL調査を実施した。類似の疾病を抱え、同様の生活環境下にある患者間においても、iQOLは多様であり、個人の状況や判断基準により異なることが分かった。図1ではさらに、領域・項目の回答者数により、複数名が言及したCueと一名のみが言及したCueを区別して示した。とくに、ある個人に言及されるiQOLは重みづけが高い（たとえば、学校や読書、カラオケなど）。一見して、「カラオケ」や「音楽」は類似のiQOL領域、すなわち「音楽」にまとめがちであるが、これらの領域は同一患者によって列挙されたものである。「カラオケ」の具体的な定義は、日

[8] 大生定義・中島孝（監訳）2018『SEIQoL–DW 日本語版（初版）』http://seiqol.jp/wp-content/uploads/2018/12/SEIQoL_DW_2018.pdf (2019/7/18 情報取得)

[9] SEIQoL–DW の使用についてはユーザー登録が必要である。詳しくは日本語版 SEIQoL–DW 事務局のHPを参照。http://SEIQoL.jp/ (2019/7/18情報取得)

[10] Joyce, C. R. B., O'Boyle. C. A. & McGee, H. 1999 *Individual quality of life: Approaches to conceptualisation and assessment*. Amsterdam: Harwood academic publishers. を参照。

[11] Fukuda, M. 2016 *Individual quality of life on patients in long-term care facility*. ICP2016. Yokohama, Japan.

常のストレス発散方法であり、「音楽」は鑑賞によりもたらされるリラックス効果、癒しであると述べた。図1では、左上の象限（充足度が低く、重みが高い）に注目することでiQOLの向上を目指す具体的支援を検討することができる。また、右上の象限（充足度が高く、重みが高い）は、今後の病態や環境の変化に応じて、iQOLを維持するための支援が必要となる領域といえる。

さらに福田とサトウ[13]は、デュシェンヌ型筋ジストロフィー患者一名（A氏、調査当時三一歳／男性）を対象に、SEIQoL–DWを用いたiQOLの経時的調査を実施した。調査期間は三年間であり、年に一回実施された。調査ではSEIQoL–DWだけでなく、期間中に生じた生活環境や病態の変化などを尋ねるインタビューも並行して実施された。図2は調査期間内のA氏のiQOLの変遷を示したものである。A氏は調査期間内に体調が悪化し、嚥下《えんげ》障害が生じたため、二年目の調査後に胃瘻《いろう》造設手術を実施した。一、二年目は体調の悪化により、健康や生活を支える人びととの重要性が指摘されている。三年目には胃瘻造設手術により栄養状態

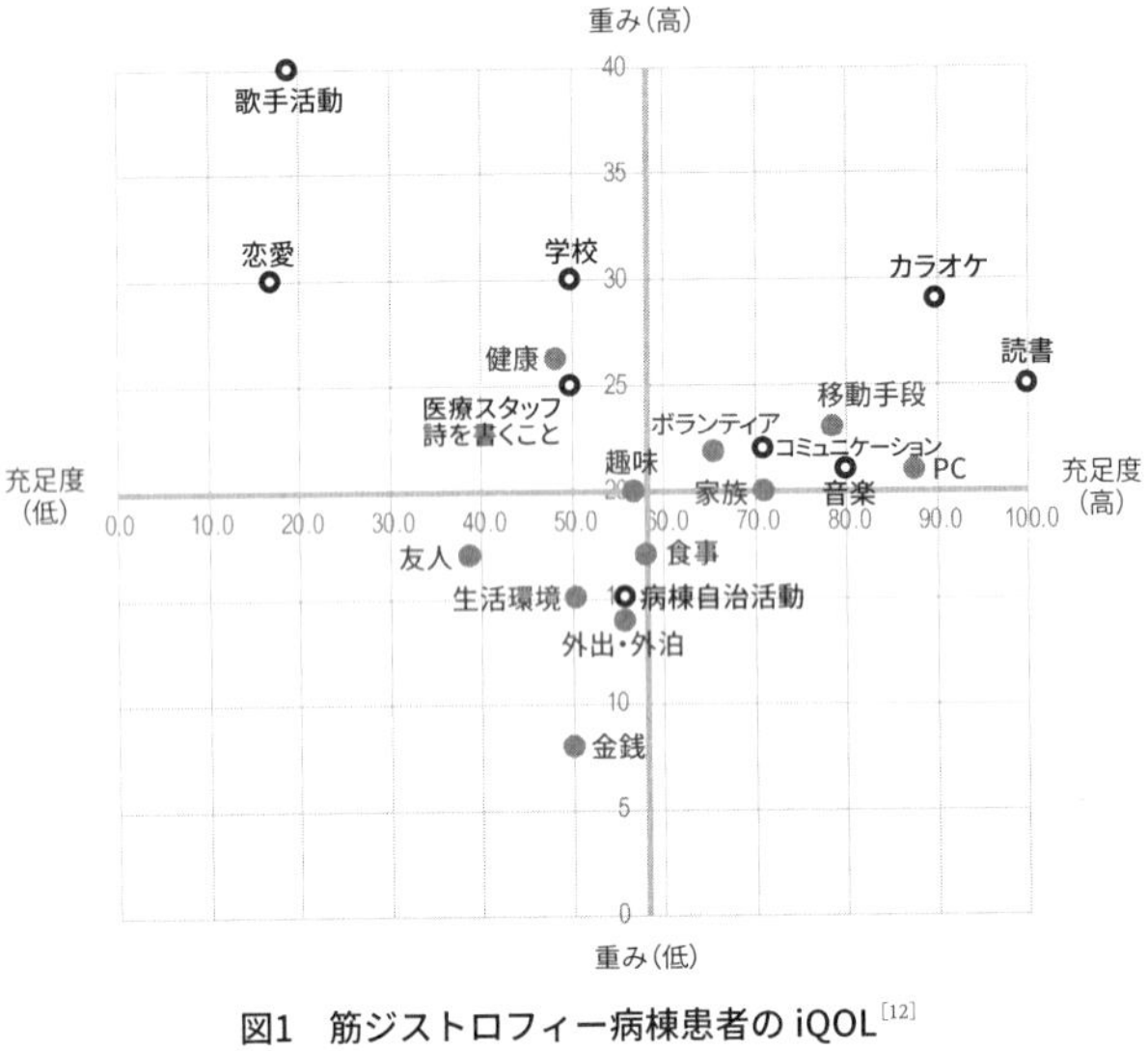

図1　筋ジストロフィー病棟患者のiQOL[12]
○：一名のみが言及したCue、●：複数名が言及したCue。

[12] 図1では、調査協力者の充足度（Level）と重み（Weight）の平均を算出し、中央点としている。

や体調が改善されたことで、健康や病いに関する領域・項目（Cue）は言及されなくなり、異なるｉＱＯＬが列挙された。とくにＡ氏のｉＱＯＬに影響を与えたものは、胃瘻造設手術による環境変化への適応とＡ氏がその当時応援していた芸能人からファンレターの返事が届いたことであった。胃瘻造設手術の前後に集団病棟から個室病棟に移動したことでＡ氏は環境の変化に対応できず、不安になりパニックを起こした。そのため、術後はカウンセラーの推薦する自己啓発本を読むことを重視していた。また、これまで支援者と位置づけられた家族や医療スタッフは、話し相手として新たに意味づけられるようになった。Ａ氏は以前からある芸能人の出演番組やブログを確認していたが、ファンレターの返事が届いたことにより、毎日欠かさず出演番組やブログを確認するような追っかけ行為が重要であると言及するようになった。このように、Ａ氏のｉＱＯＬの変容には、当事者の病態の進行にともなう生活環境の変化とその適応のために生じたものもあれば、周囲の人びとがまったく予期しなかった偶発的な事柄により特徴づけられるものもあった。

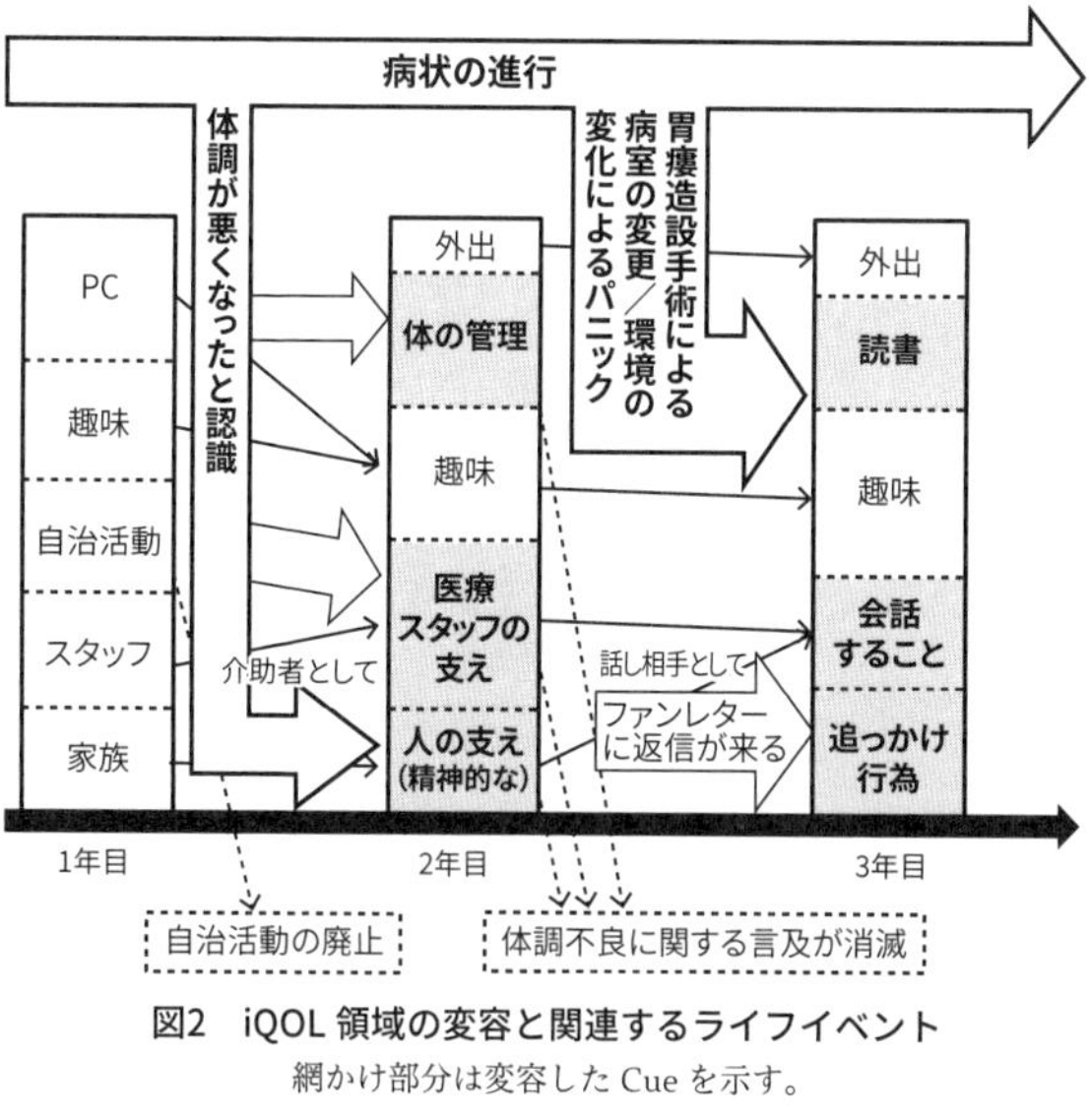

図2　iQOL領域の変容と関連するライフイベント
網かけ部分は変容したCueを示す。

［13］福田茉莉・サトウタツヤ2012「神経筋難病患者のIndividual QoLの変容――項目自己生成型ＱＯＬ評価法であるSEIQoL–DWを用いて」『質的心理学研究』No.11, 81–95.

■iQOLに基づく個人の包括体系的な理解に向けて

ジョイス[14]は、自己に根ざした（self-anchoring）評価方法を用いることにより、各個人の判断を他者と比較するのみならず、時間の流れの中で比較することができると述べている。加えて、iQOL評価は、病いや健康が個人を取り巻く生活環境や社会参加など、あらゆる諸側面との相互作用によりQOLが構成されることを強調している。またiQOLを捉える試みは、患者のライフ（生命・生活・人生）を「疾患」を中心とした医学モデルから、「生活者」を中心とした「病いとともにあるライフ（life with illness）」へと認識を変換させるものでもあり、「生活者」としての彼らのライフは、「生命・生活・人生」という概念的相違の中で構成されるわけではない。疾患を中核とする医療的文脈と日常としての文脈との双方が融合した中で生活を営んでいる。さらに、「人生」を鑑みる場合には、当事者の歴史性や時間性を考慮しなければならない。

当事者にiQOLと認識する生活領域・項目を五つあげてもらうというシンプルな導入でありながらも、その用途は既存のQOL尺度に収まらず、当事者のライフの多層性に接近する方法であるといえる。iQOLを構成するこれらの相互作用や関係性による有機的なつながりを議論するためのツールとしての援用可能性については、今後さらなる議論が期待される。

〔福田茉莉〕

[14] Joyce, C. R. B. 1988 Quality of Life: The state of the art in clinical assessment. In S. R. Walker, & R. M. Rosser (Eds.) *Quality of life: Assessment and application*. Boston: MTP Press.（ジョイス 1993「Quality of Life 臨床評価における“Art”としての状況」ウォーカー&ロッサー（編）／萬代隆（監訳）『Quality of life ― 評価と応用』(pp.145-154) 丸善プラネット）

1-6

回想法／ライフレビュー(reminiscence therapy / life review)

■回想法とは

回想法とは、高齢者に過去の人生におけるさまざまな出来事を想起して語るように促し、心理的な効果を導く対人援助手段である。

回想法は一九六〇年代に精神科医のバトラー[1]が、老年期における回想は過去の葛藤を解決するために高齢者が自発的に取り組む心理的プロセスであると指摘し、このプロセスを**ライフレビュー**と名づけたことに始まる。老年期に過去を想起して語る意義は、エリクソンが指摘した漸性的《ぜんせいてき》発達理論でも示唆されている。この理論では、老年期に解決すべき心理的な発達課題とは「**自我の統合**(integrity)対 絶望」という二つの相反する感覚により生じる葛藤を解決することだとされる。[2] そしてそのためには過去のさまざまな出来事を想起し、再吟味してそれらの感覚に折り合いをつけることが必要となる。そのため過去を回想することは、老年期の発達課題を達成するための具体的手段だと見なされている。

[1] Butler, R. N. 1963 The life review: An interpretation of reminiscence in the aged. *Psychiatry*, 26, 65–76.

[2] E・H・エリクソン、J・M・エリクソン&H・Q・キヴニック／朝長正徳・朝長梨枝子(訳) 1990『老年期——生き生きしたかかわりあい』みすず書房

■回想法とライフレビューの違い

バトラーの指摘後、高齢者にかかわるさまざまな領域で、援助職者が心理的ケアの手段として高齢者に過去を語るよう促す手法が欧米を中心に普及し、こうした実践は回想法と呼ばれるようになる。しかしながらバトラーが指摘したライフレビューの概念と実践場面で行われる回想法の特徴は必ずしも一致せず、これらは概念として重複する部分も大きいが必ずしも同一の方法とはいえない。

ハイトとバーンサイド[3]は回想法とライフレビューにはその目的、理論的背景、聴き手と話し手の役割、プロセス、効果において相違があると指摘している。たとえば一般的な回想法では参加者に楽しみを提供してウェルビーイングを高めることを目的として行われ、過去のポジティブな思い出に焦点づけ、参加者が自発的に思い出を語ることを重視するが、ライフレビューでは統合の促進を目的として行われ、過去のネガティブな思い出にも焦点づけて語るとともにその再構成が促されることが多い。

回想を通して過去のネガティブな経験を再検討することの重要性は、ライフレビューの概念のなかでしばしば強調されている。ハイトらはライフレビューがウェルビーイングを高める療法的効果をもつためには**「構造化」「個別性」「評価」**の三つの条件が必要であり、とりわけ評価的であることは過去の洞察を深めて統合を促し、過去のさまざまなライフイベントの受容を可能にするためもっとも重要な要素だと述べた[4]。ハイトは自身の行ってきた面接技法を「構造的ライフレビュー」と呼び、聴き手

[3] Haight, B. K., & Burnside, I. 1993 Reminiscence and life review: Explaining the differences. *Archives of Psychiatric Nursing*, 7, 91–98.

[4] Haight, B. K., Coleman, P. G., & Lord, K. 1995 The linchpins of a successful life review: Structure, evaluation, and individuality. In B. K. Haight, & J. D. Webster (Eds.), *The art and science of reminiscing: Theory, research, methods, and applications* (pp.179–192). Bristol, PA: Taylor & Francis.

にもとめられる技法や重要な要素を体系化させた。

一九八〇年代以降になり対人援助手段としての回想法が注目を集めるようになると、その療法的効果を実証的に検討するさまざまな取り組みが報告されるようになった。また近年、エビデンスに基づく医療（evidence based medicine: ＥＢＭ）という考えが医学や心理学の領域で一般的になると、それまでに報告された回想法の有効性に関する効果評価研究の結果を受けて、回想法はアメリカ心理学会の臨床心理学部会により「おそらく効果がある治療法」の一つとして認められた[5]。

回想法とライフレビューは、参加者に認知症や認知機能の低下が認められるか否かといった属性の違いや、個人とグループのいずれを対象に実施するかによってさらに分類可能である[6]。また回想法には必ずしも充分に定式化された実施方法があるとはいえず、心理や看護や福祉など実施する者の職種や専門性によって独自の方法を設定することを許容する援助技法だといえる。したがって参加者の個別性や特殊性などさまざまな要因に合わせて独自の回想のテーマや方法を設定することが推奨されるべきである。

その一方で構造的ライフレビューでは、面接に一定の枠組みを与えるためにライフレビューフォーム（life review form: ＬＲＦ[7]）が利用される。ＬＲＦは参加者の回想を促す質問のリストであり、たとえば「全体としてあなたの過ごしてきた人生はどんなものでしたか」などの質問を必要に応じて用いることで、参加者が時系列に従って

[5] Chambless, D., Sanderson, W. C., Shoham, V., Johnson, S. B., Pope, K. S., Crits-Christoph, P., Baker, M., Johnson, B., Woody, S. R., Sue, S., Beutler, L., Williams, D. A., & McCurry, S. 1996 An update on empirically validated therapies. *The Clinical Psychologist*, 49, 5–18.

[6] 回想法とライフレビューの概念や実施方法は、本稿「■さらに学ぶために」で挙げた文献を参照されたい。

[7] ＬＲＦについては以下の文献を参照のこと。Ｂ・Ｋ・ハイト＆Ｂ・Ｓ・ハイト／野村豊子（監訳）2016『ライフレヴュー入門――治療的な聴き手となるために』ミネルヴァ書房

人生を振り返り、最後には人生全体の意義を検討することを促すことが可能となる。

また回想法やライフレビューの実施者は、しばしば「**よい聴き手**」になるように求められる。よい聴き手は治療的傾聴者とも言われ、[8] 参加者にとって面接が基本的に楽しい時間となるように務め、つねに受容・共感的な態度で話し手に接することのできる聴き手のことをいう。また実施者はマイクロカウンセリングの技法や集団における治療的要素などを理解、修得することが望ましい。

[8] Lewis, M. I., & Butler, R. N. 1974 Life review therapy: Putting memories to work in individual and group psychotherapy. *Geriatrics*, 29, 165–173.

■回想とナラティブ

回想法とライフレビューは、高齢者に対する援助手段として発展してきた経緯があるが、その背景には「自らの人生を語ることは語り手の心理的な成長や適応を高める」という考えがある。このことと関連して、社会構成主義やポストモダンの影響のもとに確立された**ナラティブ・セラピー**[9]では、人生や社会での営みは自分の経験を意味づけてまとめ上げた知識やストーリーから構成され、それに沿った自己を生きることで形作られると見なす。[10] ナラティブ・セラピーでは、人びとが自らの人生を語るとき、過去の人生の不確定な部分を自らの経験や想像力によって補うことなしには人生を充分に語ることはできない。その意味で、自らの人生について語ることは自身の人生のストーリーを書き換えて改訂する作業でもある。われわれが人生について語るとき、自らの成長や適応を高めるポジティブな力が生み出される可能性がつねにあ

[9] S・マクナミー＆K・J・ガーゲン／野口裕二・野村直樹（訳）2014『ナラティヴ・セラピー——社会構成主義の実践』遠見書房

[10] D・エプストン＆M・ホワイト 2014「書き換え療法——人生というストーリーの再著述」マクナミー＆ガーゲン前掲［9］pp. 103–137

る。

これまでに高齢者の回想の語りを質的に検討した研究も少なからず報告されている。バーンサイドは六七名の在宅の高齢女性に集団で一般的回想法による面接を行い、高齢者が語ることを好む回想のテーマについて質的な検討を行った。[11] 研究参加者の語りがプロトコルから逸脱する程度や語りにともなう感情、語られた思い出の特徴などが検討された。事前に設定された八つの回想のテーマのうち、参加者にもっとも多く語られた回想のテーマは「好きな休日」であり、クリスマスツリーの飾り付けや食べ物、お祝いの習慣について多くの思い出が語られた。その一方「初めての思い出」というテーマはもっとも語られることが少なかった。

■回想法の心理的効果を促す／妨げる語り

筆者は、地域在住高齢者に対する（ライフレビューの要素を含む）グループ回想法の参加者の逐語記録を用いて、回想法の結果として心理的効果が認められた効果例と非効果例に分類された参加者の語りの特徴の相違を検討した。[12] 語りの特徴はオープン・コーディングの手続きにより抽出された後に、ケース・マトリックス[13]を用いてそれぞれどの程度参加者に共通する特徴であるか検討された。以下の発話は効果例にあてはまる参加者のN氏により語られたエピソードの抜粋である。このエピソードからは「感謝」という語りの特徴が認められた。

[11] Burnside, I. 1993 Themes in reminiscence groups with older women. *International journal of aging and human development*, 37, 177–189.

[12] Nomura, N. 2017 Qualitative analysis of narratives by older adults about group reminiscence therapy. *Society for Qualitative Inquiry in Psychology annual conference in qualitative research methods*. New York: Fordham University.

[13] ケース・マトリックスを用いた分析については以下の文献を参照のこと。岩壁茂 2010「ケース・マトリックスを使った事例の比較」『はじめて学ぶ臨床心理学の質的研究――方法とプロセス』(pp.145–153) 岩崎学術出版社

N：あの…皆さんとは全然違うのは、なんせわしは何と言うていいのか、こんな幸福なことはと思うこと、私が生まれて六か月目に親父が死んだわけですから。で、母親と姉とわしと三人でこれ暮らしたんですから、今の時点と言うんじゃなくて○歳のとき。どんなにしてわしらなに〔（生活）〕[14]したんだろうと。母親は充分ご存知の産婆をしていましたから（（中略））わしが泣いとっても何もしてくれる人がいなかったんじゃないかと思う。ようこんな八〇年も生きられた、それが有り難いことだと思っています。

[14] 二重括弧内は分析者による注釈であることを示す。

認められた語りの特徴のうち、過去の否定的な経験に感謝することの重要性を指摘した「感謝」、肉親の死がただ語られるのではなく、続けてその意味づけが行われる「肉親の死の意味づけ」などは複数の効果例の参加者でのみ認められた。また話し手が回想を避けており過去が断片的にしか語られない「語りえない過去」などの特徴は、非効果例の参加者でのみ認められた。そのためこれらの語りの特徴は回想法による心理的効果を促進あるいは抑制させる可能性があると考えられた。

高齢者に過去を語るように促すことが心理的効果を生じさせるのであれば、われわれ研究者が（回想研究かどうかにかかわらず）研究参加者に過去の経験を語るように求めるとき、過去を語る行為自体が語り手に何らかの心理的影響を及ぼす可能性があることを意味する。研究者は語りを聴き取る行為がこうした心理的影響を生み出す可能性を無視すべきではない。高齢者が語る過去の人生はそれぞれ固有でかけがえのないものであり、決して何らかの変数に還元可能なものではない一方で、回想法の有効性や適用範囲を確認するためにも今なお実証的データの蓄積が必要とされている。こうした量的および質的アプローチの間でいかにバランスをとるべきかということは回想法研究に従事する者にとっての大きな課題である。

■さらに学ぶために

回想法とライフレビューの概念や実施方法を学ぶには以下の文献を参照のこと。

黒川由紀子 2005『回想法――高齢者の心理療法』誠信書房

野村豊子 1998『回想法とライフレヴュー――その理論と技法』中央法規出版

野村豊子（編集代表）、語りと回想研究会、回想法・ライフレビュー研究会（編）2011『Q&Aでわかる回想法ハンドブック――「よい聴き手」であり続けるために』中央法規出版

〔野村信威〕

2章　「構造×実存性」――記述のコード化

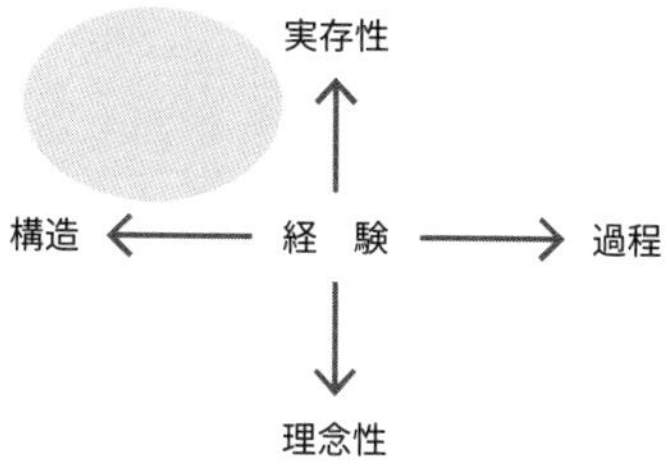

2-1 KJ法（KJ method）

■KJ法とは

KJ法は、質的データをまとめて、新しい知見を創造していく手法として、文化人類学者の川喜田二郎によって開発された[1]。元々は、ヒマラヤの**フィールドワーク**をまとめていく過程で考案され、現在、日本の質的研究の主要な分析手法になっている。文献レビューの際の気づきを「データ」とすれば、それをKJ法で分析することによって、量的研究、質的研究に限らず、先行研究から新しい知見を生みだすことができる。KJ法は企業の組織的課題の解決、国や自治体の調査の分析などにおいても用いられている。本稿では、筆者の経験をふまえながら、作業手順を説明した後、KJ法のグループ編成、図解化と文章化、KJ法への期待を述べる。KJ法は複数の共同作業で行うことや、十分なインストラクターを要することも重要であるが、これらは割愛する。

[1] 川喜田二郎 1967『発想法——創造性開発のために』中央公論社（中公新書）

■フィールドノートからカード化

主な準備物は、名刺サイズのカード、黒、赤、青、緑などの色つきのペン、クリップや輪ゴム、模造紙や、広い作業机である。第一の作業は、フィールドノートや**インタビュー**の逐語記録といったテキストデータを何度も読むことである。つづいて、ＫＪ法の最初の作業として、テキストデータの内容を意味的なまとまりに対して、その内容を示す一行程度の「見出し」をつけ、カードに書きだす。見出しは、名詞形よりも動詞調の一文が望ましい。見出し作りはクリエイティブな仕事といわれているように[2]、オリジナリティが求められる。実際には、オリジナルな見出しをつけることは非常に難しいので、一手法として、当該研究分野の主要文献の用語一覧を参照し、それらを可能な限り用いないことを提案する。

カードには、情報の出典を記録することが必要である。川喜田ら[2]を参考にすれば、①時（いつの内容か）、②所（事象が起きた場所）、③出所（どこから出た情報か：本のページ番号、情報提供者、自分で見聞きしたことかなど）、④だれ（データの作成者）、が重要である。インタビュー調査ならば、インタビューの対象者、何回目のインタビューか、逐語記録のページや行数が出典情報になるだろう。これによって、カードと素データの往来が可能になる。このような機能は、現在の質的研究のソフトウェア（**CAQDAS**《カクダス》：computer-assisted qualitative data analysis software）に備わっている。半世紀近く前に、質的データの管理の手法の基礎が考えられていたことは注目に値す

［2］川喜田二郎・松沢哲郎・やまだようこ 2003「ＫＪ法の原点と核心を語る――川喜田二郎さんインタビュー」『質的心理学研究』No.2, 6–28.

る。なお、出典の作成は、CAQDASよりもやや煩雑になるが、ExcelやWordのようなソフトウェアを用いれば、さまざまな端末で作業をすることができる。

■グループ編成

見出しが一通りできあがると、内容的に類似したカードを、輪ゴムやクリップで一つのグループにして、各グループに「表札」をつける。一通り表札ができあがると、次の段階として、各表札を輪ゴムやクリップでグループ編成する。この作業を何段階か繰り返した後、最終的に七個程度のグループができれば、この作業は終了する。一〇個以上のグループが残っている場合、再度のグループ編成が必要である。[2]

グループ編成にはいくつかの留意点がある。一つめに、KJ法では、分析者の前提をできるだけ少なくしたうえでグループ編成をするため、各見出しを事前にバラバラに並べることが必要である。トランプのカードをシャッフルした後、テーブルの上に置いていくことと似ている。インタビューの逐語記録の見出しをグループ編成する場合、見出しはインタビューの時間経過というシークエンスで作られるだろう。分析者は、各見出しをそのシークエンスに関係なくテーブルや床などの上に置くのである。この作業も、新しい知見の「創造」というKJ法の目的に不可欠である。分析者は、見出しをバラバラにすると、見出しの文脈がわからなくなることを心配するだろう。だが、文脈から離すことが新たな発見につながる。見出しの注記があるので、素データに立ち戻ることができる。
二つめに、各見出しを三、四回読み通すことによって、何らかの気づきが出てくる。山浦は、一枚の見出しを何度も読むのではなく、一枚ずつ読む作業を繰り返すことを提唱している。[3] また、因果関係的、説明をうまくするための物語的、そして事前の枠組みに基づいた分類的な集め方を避けるべきと述べている。

一つのグループに属する見出しの目安は、五個程度である。[4] この際、無理なグループ編成を避けたほうがよい。「一匹狼」、つまりどのグループにも属さない見出しがあってもよいのである。[5]

第一段階のグループ編成が一通りできれば、第二段階の作業として、表札と一匹狼同士のグループ編成をする。この段階では、第一段階でできた表札、見出し（一匹狼）を組み合わせる。第三段階では、第二段階できた表札、第一段階でできた表札、見出し（一匹狼）を組み合わせる。これ以降の段階では、ここまでと同様に、各段階においてできた表札、見出し（一匹狼）からグループ編成をする。一匹狼は、「第一段階でできたグループ＋一匹狼」という新しいグループにすることができる。これにより、双方の独立性を保つことができる。

グループ編成の終了までに要する段階は、データないし見出しの数次第である。見出し数が多ければ多いほど段階も多くなるだろう。筆者の運動機能障害者に対する、一人当たり九〇分程度のインタビュー調査では、グループ編成を四、五段階程度繰り

[3] 山浦晴男 2012『質的統合法入門――考え方と手順』医学書院

[4] 田垣正晋 2008『これからはじめる医療・福祉の質的研究入門』中央法規出版

[5] 山浦晴男 2008「科学的な質的研究のための質的統合法（KJ法）と考察法の理論と技術」『看護研究』*41*(1), 11–32.

返した。[4] 川喜田は六〇〇枚程度の見出しを一〇段階程度かけて分析したと指摘している。[6] KJ法では、グループ編成の段階を、赤、青、緑というように色で識別することになっている。段階が多くなると色が足りなかったり、モノクロの印刷物では色分けが困難になったりするので、記号を識別子に使うなどの工夫をしてもよいだろう。

筆者の経験に基づくと、見出しとグループ編成においては、見出しや表札作りにおいて気づいたことをメモにしておくことが非常に重要である。KJ法では分析者の前提枠組みを捨て、発見が重要であるので、メモはその基になる。CAQDAS にもメモ機能がついている。見出しや表札が「陳腐でありきたりではないか」と自問することが求められる。筆者の経験でいえば、分類自体を目的にした研究でない限り、国際生活機能分類[7]や障害支援区分など、確立された分類枠組みを用いるべきではない。なお、自由に創造的な作業をするには、できるだけ広い場所を要する。

[6] 川喜田・松沢・やまだ（2003 前掲［2］）によれば、一二〇〇枚の見出しの分析例もある。四〜五日、場合によっては一か月近くの時間を要する。

[7] World Health Organization 2001 *International classification of functioning, disability, and health (ICF)*. World Health Organization.

■図解化と文章化

図解化と文章化はそれぞれ長所をもち、互いの欠陥を補っている。図解化とは、グループ編成されたカード群を、これまでの作業を思い浮かべながら、大きな模造紙に配置し、グループの関係を矢印などで図示することである。これにより、多くのものごとの関係を同時的に把握することができる。具体的な手順としては、まず、最終的に残った表札、最後まで残った一匹狼を空間配置する。この配置の妥当性を調べるために、口頭で説明をしてみるとよい。これらができれば、各表札内の下位の表札や見出しを取り出して空間に位置するのである。つづいて、表札同士の関係性を表すには、一重線、二重線、片矢印（↓）、両矢印（↕）などいくつかの種類を用いる。

また、グループであることを示すために、円や楕円で囲む（輪取り）ことも重要である。図解が終われば、上部に、図がいおうとする内容を一行程度の文で書き表す。カード化からグループ編成では下位から上位に作業を進めたのに対して、図解化の手順は逆である。

図解化は、関係の性質や強さを細かく示すことが難しいので、図を文章にすることが求められる。文章化の起点は、グループ編成や図解化の作業から、意味的関係が明確なところがよい[1]。その後の順序を事細かく事前に決めるよりも、文章を書いている過程における新しい気づきや発見を重視している。ただし、川喜田は、図解上、書き始めた箇所から隣接する箇所へ書き進めていくという原則を提唱している[1]。この過程で、図解化の誤りに気づくこともある。

■今後のＫＪ法への期待

ＫＪ法の発展のためには、「分類の手法」という誤解を解くことである。ＫＪ法の原典が『発想法――創造性開発のために』[1]と題されているように、集められたデータから新しい意味体系を作り出すことである。分類はそのための一過程なのである。

ＫＪ法の特徴は、**グラウンデッド・セオリー**との相違からも明らかである。[8] 両者は同時期に独立して作られながらも、質的データに見出しをつけてグループ化を行い、グループの関係性を構築していく、ボトムアップ的な手法という共通性をもっている。やまだの指摘を参考にすれば、[9] 両者の違いとして、グラウンデッド・セオリーが概念化による理論構築を目指すのに対して、ＫＪ法は「発想法」として発展したものであり、厳密な理論構築よりも、柔軟なモデルを作ろうとしているようである。

質的研究を政策立案に用いることが重視され始めていることから、ＫＪ法は住民調査の分析などにも用いられる。実際、川喜田は美山町や総理府（いずれも当時）の調査の分析に用いている。ただ、筆者がみる限り、自治体での調査では大、中、小のカテゴリーに基づいた単純なツリー状の分類にとどまることが多い一方で、大阪府のように、分類結果から概念図を生みだしているものもある。[10] 政策立案は学術研究と事情が異なるものの、ＫＪ法の精神である「創造」の立場から、新しい見方を提供することも重要だろう。

最後に、ＫＪ法を海外に向けて発信することが重要である。筆者は、海外誌においてはＫＪ法を突然説明しても査読者の理解を得られないと考え、ＫＪ法の重要性を指摘した海外の論文、[11] 国際ジャーナルに掲載されたＫＪ法の論文に言及しつつ、グラウンデッド・セオリーとの違いにふれながら分析過程を書いた。[12] ＫＪ法が有名になり、事前説明を要しない日がくることを期待する。

〔田垣正晋〕

［8］ Glaser, B. G., & Strauss, A. L. 1967 *The discovery of grounded theory: Strategies for qualitative research*. Chicago, Illinois: Aldine.

［9］ やまだようこ 2013「質的心理学の歴史」やまだようこほか（編）『質的心理学ハンドブック』(pp.24–53) 新曜社

［10］ 大阪府 2018 障がい者差別解消の取組みと相談事例等の検証報告書 http://www.pref.osaka.lg.jp/attach/1203/00142034/29_kennsyohokoku.pdf (2018/4/26 情報取得)

［11］ Scupin, R. 1997 The KJ method: A technique for analyzing data derived from Japanese ethnology. *Human Organization*, 56, 233–237.

［12］ Tagaki, M. 2017 *Action research on drafting municipal policies for people with disabilities in Japan*. SAGE Open. doi:10.1177/2158244017723050

2-2 テキストマイニング（text mining）

■テキストマイニングとは

テキストマイニング（text mining：ＴＭ）は、コンピュータを利用し、テキストデータから新しい知識を「掘り起こす（mining）」手法である。ＴＭは、心理学だけに限らず言語学、文学、歴史学、社会学、経済学、経営学、看護学、社会福祉学などの学術領域、また企業のマーケティングなどの実務に用いられている。[1]

ＴＭは方法論そのものも指すが、実際には大量のテキストをコンピュータで処理するためのソフトウェアも指す。同ソフトウェアではテキストを解析・数量化し、統計手法に基づきテキスト理解を行う。近年はテキストマイニング用のソフトウェアもシェアウェアからフリーウェアまで各種あり、[2] 基本的にテキストの処理から視覚化までのインターフェースを提供する。各ソフトウェアの専門書もそれぞれ発行されているので使用方法に関してはこれらの書籍を参照されたい。

［1］喜田昌樹 2008『テキストマイニング入門――経営研究での活用法』白桃書房／喜田昌樹 2018『新テキストマイニング入門――経営研究での「非構造化データ」の扱い方』白桃書房／藤井美和・小杉考司・李政元 2005『福祉・心理・看護のテキストマイニング入門』中央法規出版／松村真宏・三浦麻子 2014『人文・社会科学のためのテキストマイニング（改訂新版）』誠信書房／稲葉光行 2011「テキストマイニング」末田清子・抱井尚子・田崎勝也・猿橋順子（編）『コミュニケーション研究法』(pp.226–240) ナカニシヤ出版／小林雄一郎 2017『Rによるやさしいテキストマイニング』オーム社／石田基広・小林雄一郎 2013『Rで学ぶ日本語テキストマイニング』ひつじ書房

［2］有料（シェア）のものとしては、NTT DATA 社 Text Mining Studio，ＩＢＭ社 IBM SPSS Text Analytics for Survey，日本電子計算株式会社 Word Miner など、無

■心理学における質的研究とテキストマイニングの関係

本書で扱われている質的研究法の多くは、量的研究という研究アプローチに対を成す形で近年あらためて注目されてきた研究手法である。心理学研究における量的研究は、人間の心理・行動を数量化し、通常は何らかの統計的検定を通じて、人間の一般的な特徴や傾向を理解する理論・方法に基づく研究群である。この意味でＴＭを心理学研究に用いるということは、先に示したようにテキストの数量化にほかならず、また結果的に統計手法による解析を行う点では量的研究とも考えることができる。

一方で、ＴＭは主に本書で扱ってきた質的研究手法と同様に、インタビューやフィールドワークまたは質問紙調査などを通して得られたテキストデータを対象とすることができる。よってＴＭという手法は、データ取得の段階よりも、各手続きで得られたテキストデータを分析・理解するための一つの分析手法である。どのような手続きでどのようなデータを採るかという点は研究内容に依存する。そのため量的研究で用いられる質問紙調査であっても、そこに自由記述のような言語によるデータが含まれていればＴＭによって扱うことができる。

またインタビューや質問紙調査だけに限らず、アイデア次第では言語が用いられるデータさえあればＴＭの利用は可能である。たとえば、インターネット上で公開されているＳＮＳでの発言、公的な会議の議事録、また臨床資料などにテキストが含まれている場合は、それらにＴＭを用いて分析を行うこともできるだろう。

料（フリー）のものとしては樋口耕一氏によるKH Coder（https://khcoder.net/）、松村真宏氏・三浦麻子氏によるTiny Text Miner（http://mtmr.jp/ttm/）などがある（ＵＲＬ情報取得2019/8/1）。また無償の統計ソフトウェアであるRに、日本語版テキストマイニング用のパッケージRMeCabをダウンロードしR内でロードすることで、テキスト解析部分を行うことができる。各ソフトウェアのダウンロードおよびインストール手順は各ソフトウェアのＨＰなどを参照のこと。

経営研究の観点からＴＭの利用法を示した喜田[3]は、「テキストデータを言語処理技術を用いて構造化データ・変数に変換し、それを基に知識発見、仮説発見および仮説検証を行う手法」とし、本書の位置づけ通り「実存的なテキストデータ」を「構造化」して見せる手法と考えることができる。ＴＭはテキストデータに対して客観的に体系化された「数量化」をすることが可能な一方で、従来の量的研究のような仮説検証だけでなく、本書の質的研究手法の多くが指摘する「仮説発見」「仮説生成」の段階にも利用できるのであり、この意味において「質的研究に「数量化」と「視覚化」を取り込んだ手法[4]」である。

[3] 喜田 2018 前掲 [1]

[4] 藤井ら 2005 前掲 [1]

■テキストマイニングの実際

次に、ＴＭで行われる具体的手続きについて述べる。

ＴＭソフトフェアは、言語学分野で開発された日本語の自然言語処理のための形態素解析システム（「Chasen 茶筅」や「CaboCha 南瓜」）と、それらを使用するインタフェースを提供する。自然言語処理に基づく文章の分節化技術を通して、デジタル化された文章の単語（形態素）頻度や修飾関係を自動的に分類・算出する。算出された指標を基に、条件比較や多変量解析などを用いた分析・可視化ができる。

(1) データ整形

収集されたテキストデータはさまざまなファイル形式またはメディアで存在してい

るが、まずはそれを各種ソフトウェアに必要な形に整形する必要がある。多くの場合、入力ファイルとして「CSVファイル」をサポートする。必要なデータ整形の方法については各種ソフトウェアの指示に従い作成する。

(2) 解析

データを整形した後は、ソフトウェアを起動し整形した各種ファイルを指定して処理を実行する。TMには大きく分けて二つの解析方法がある。一つは形態素解析（分かち書き）で、文章を品詞（形態素）に分割するもっとも基本的な処理である。

「人民の人民による人民のための政治を目指します」という文章を形態素解析すると「人民／の／人民／による／人民／のため／の／政治／を／目指し／ます」という品詞（形態素）に分割される。そして「人民」という語句が〝名詞－一般〟という品詞であり、三回テキスト内で用いられたことが結果として返される（出現頻度）。二つ目は構文解析（係り受け解析）で、同処理では文章中の語句間の修飾関係を解析する。たとえば、先程の例では〝政治〟という語句を修飾するものとして〝人民〟や〝目指す〟があり、この両語句の修飾関係の出現頻度などを抽出することができる。これらの出現頻度が高い語やその修飾関係を、同テキスト内の特徴語・特徴表現として利用する。

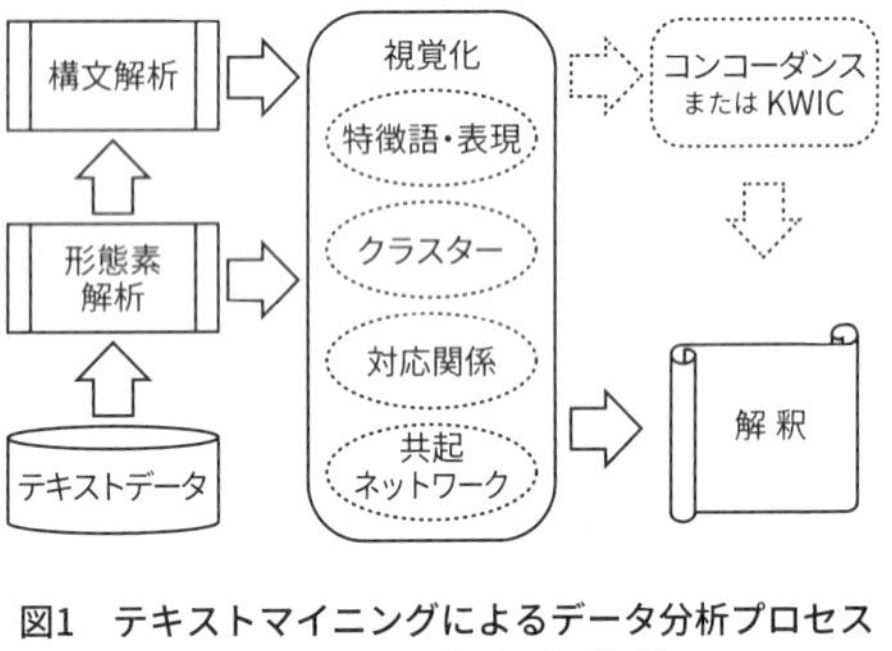

図1　テキストマイニングによるデータ分析プロセス
（稲葉, 2011に基づき作成）[1]

（3）視覚化

上記で抽出された特徴語を基に、各形態素間の関係や位置づけを視覚的に表現することで、テキスト内の意味のあるパターンを見つけ出す。ソフトウェアによっては、ここから先は別の統計用ソフトウェアを用いて行う場合がある。基本的にはテキスト内の特徴語や特徴表現、単語や文章のクラスター化、語句と属性との対応関係、語句の共起関係に基づく共起ネットワーク、などを視覚的に提示する機能が提供される。[5] これらの結果は、布置図やデンドログラムのように「視覚化」されたものとして把握する。[4]

（4）解釈

稲葉[5]によれば、テキストマイニングにおけるもっとも重要な作業は、研究者がテキストデータの視覚化の結果から意味のあるパターンを見つけ出すこと、つまりこの解釈の部分であるとされる。視覚化された結果から、重要語句の使用パターンを見つけ出し、その語句がどのように使用されているかについて、再度テキストデータに戻り読み直すことで、テキストに対する理解を深める質的な作業である。テキスト内から機械的に抽出された一定パターンに基づき解釈することで、一般的な質的研究によるテキスト解釈よりも一定の客観性を担保することが可能となる。

［5］稲葉 2011 前掲［1］

■テキストマイニングの結果の利用例

最後に実際にＴＭが利用された心理学研究の例を見ていこう。神崎[6]は高等学校ホームページに記載されている学校長挨拶文についてＴＭを行った。同研究では、高等学校三六二校を設置主体、課程、偏差値から三つにあらかじめ類型化し、各校長挨拶に頻出する語（形態素解析）を抽出して、高校タイプと学校目標の関係を分析した。高校タイプと発言内容について対応分析を行った結果が図2である。結果、各高校タイプが、以下四つのパターン化された目標設定を持つことが明らかになった。①国際人育成へ向けた学力向上、②大学進学と人間性育成、③地域共生と生徒の自立へ向けた教育活動の充実、④個性尊重と卒業へ向けた生活のサポート。各クラスタは、図中の頻出語のまとまりから研究者によって解釈されたものである。大量のテキストの機械的なパターン化から、質的に意味を抽出した好例といえるだろう。

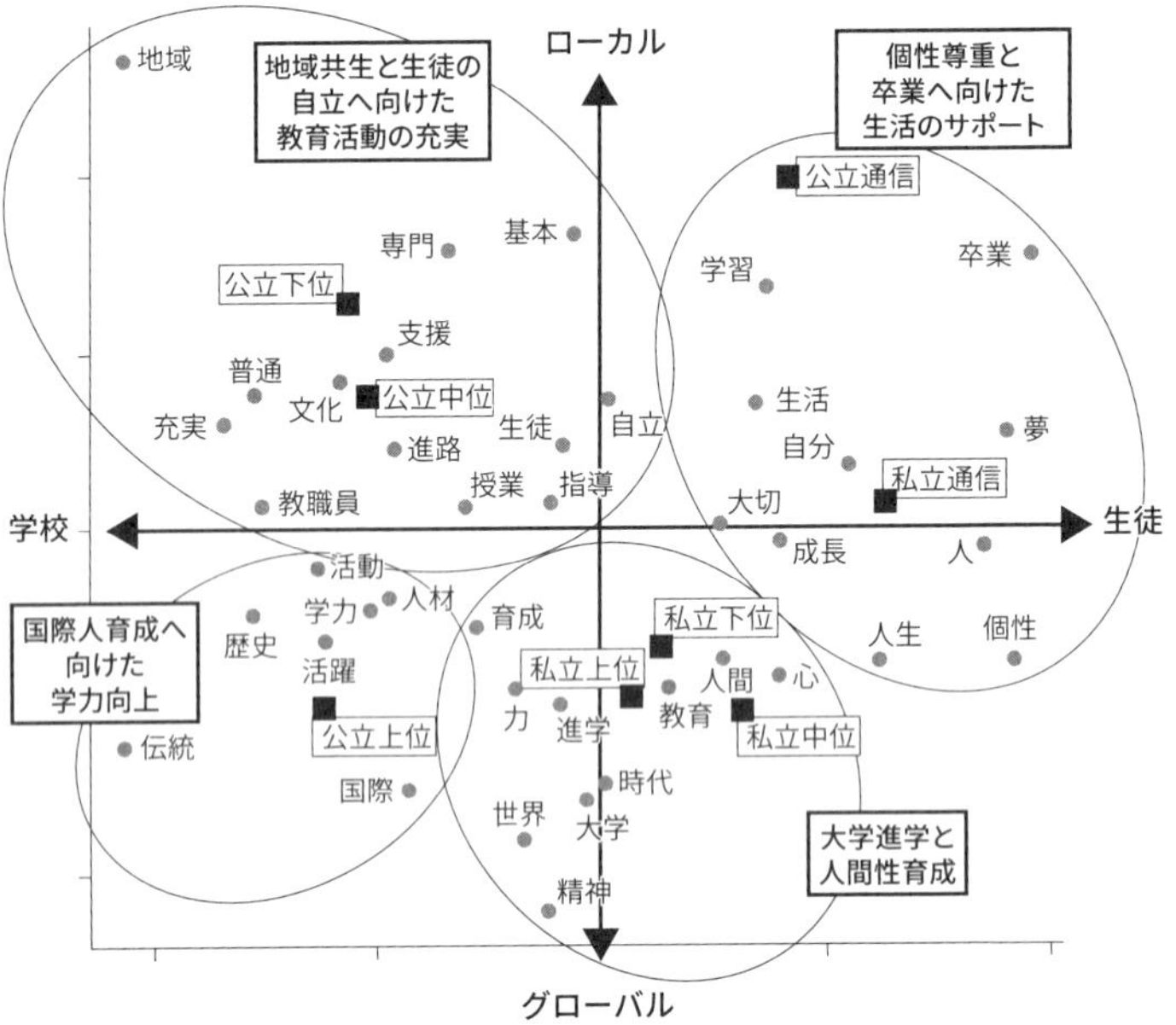

図2　各種高等学校ホームページに記載される学校長挨拶のテキストマイニング
（神崎, 2017より）[6]

このようにTMでは、大量のテキストデータを客観的に扱いながら、パターンの発見を通して、それらの意味を質的に解釈することができる手法である。他の質的手法と比較すればテキスト内の意味の多くを捨象していることにはなるが、仮に資料が膨大になる場合は、まず機械的に処理を行い、そのパターンからあらためてテキスト内の意味について質的な考察を行うのも十分に有効な手法であるといえるだろう。

［6］神崎真実 2017「高等学校における学校教育目標の内容分析——多様化と質保証はどのように展開しているのか」『対人援助学研究』6, 103–115

■さらに学ぶために

(1) 研究例

川本静香 2016「うつ病の受診意欲を妨げる要因について——テキストマイニングを用いた探索的検討」『対人援助学研究』4, 16–24

若林宏輔 2016『法心理学への応用社会心理学アプローチ』ナカニシヤ書店

(2) 方法書

石田基広 2017『Rによるテキストマイニング入門（第二版）』森北出版

牛澤賢二 2018『やってみようテキストマイニング——自由回答アンケートの分析に挑戦！』朝倉書店

〔若林宏輔〕

2-3 SCAT（Steps for Coding and Theorization）

■SCAT《スキャット》とは

SCATとは、大谷尚《おおたにたかし》が開発した質的データ分析手法の一つで、その「着手しやすさ」と「小規模データへの適用」に特徴がある。[1] それでは、SCATはどのような点で他の質的研究の手法よりも着手しやすいのだろうか。それは、コーディングの容易さにある。

大谷は、質的研究の分析手続きにおいて「多くのやり方ではデータを読みながら、それにコードを付し（コーディング、コード化）、それをもとに理論化を行う」と述べ、コードが質的研究において重要な意義を担うことを示している。[2]

コーディングには、定型化されたコード群にデータを当てはめていく量的研究で用いられるコーディングと、データを解釈しながらコード群を生成しつつデータを当てはめていく質的研究のコーディングがあり、[3] 後者がとくに初学者にとって難しいとされる。それは、データがもつ潜在的な意味を読みとる力、そして、その意味を表すような「新しい言葉」を生みだすための高度な言語能力が求められるからである。大谷[4]

［1］大谷尚 2008「4ステップコーディングによる質的データ分析手法SCATの提案——着手しやすく小規模データにも適用可能な理論化の手続き」『名古屋大学大学院教育発達科学研究科紀要（教育科学）』54(2), 27–44

［2］大谷尚 2019『質的研究の考え方——研究方法論からSCATによる分析まで』名古屋大学出版会

［3］コーディングとは、分析の過程で、データからコードを生成しつつ、データを生成したコード群に当てはめていく作業、大谷（前掲［1］）は、量的研究で用いられるコーディングを「テンプレート・コーディング」、質的研究のコーディングを「ジェネラティブ・コーディング」と示した。

［4］大谷尚 2011「SCAT: Steps for Coding and Theorization——明示的手続きで着手しやすく小規模データに適用可能な質的データ分析手法」『感性工学』10(3), 155–160.

は、この二つの要因によって多くの初学者が「コードがうまく思いつかない」という悩みをもつことを指摘している。

そこで、このようなコーディングの困難さを乗り越えるために、SCATでは収集した言語データを基にコードを生成するプロセスに着目し、その道すじを四つのスモール・ステップを踏んでいくことによってコードを生成できるようにする「四ステップのコーディング」として示した。

■小規模データでも理論化が可能

質的研究を進めるうえで、生成したコードから理論を導き出すことがコーディング以上に難しいと感じる初学者は少なくないだろう。そこで、SCATでは、「四ステップのコーディング」で生成されたコードを基にストーリーラインを記述し、さらに、そのストーリーラインを基に理論を記述するという六つの段階を一つのフォーム上で明示的に行う。

一つのフォーム上で明示的に分析を行うことによって、質的研究においてよく指摘される、データへの解釈が独りよがりになる危険性を抑え、[5]自分の解釈や分析結果の妥当性確認（validation）を高める。それによって、比較的小さな量のデータでも理論化が可能となり、一つのケースや自由記述などの比較的小さな量のデータにも有効となるのである。これがSCATのもう一つの長所である。[6]

[5] 松原弘子 2011「質的研究における客観性に関する論考──GTA法と写真表現との比較を素材に」『大阪経済法科大学アジア太平洋研究センター年報』No.8, 23–30.

[6] 大谷（前掲［1］）は、質的研究の代表的な手法としてグラウンデッド・セオリーを示し、コーディングの手順が示されているものの、大規模データが必要である点が初学者に困難さを感じさせていることを示唆している。

■SCATの実際とその手順

SCATでは、コーディングの過程を分割し、明示的に行うために表1で示すように分析フォームを用いる[7]。

まず、〈1〉ではテクストの中から重要な語句のみを抽出し、書き出す。ここで留意すべき点は、テクストの中に隠れた意味まで読み込みながら〈1〉の重要な語句を書き出すことである。テクストの中に多くの隠れた意味が混在している場合は、テクストの中のセグメントをさらに分割することで、その後の分析が容易になる。

次に、〈2〉では、〈1〉に書き出した言葉と同じ意味を表すような別の語（コード。以下コードは［ ］で示す）を書く。必ずしも、一つの言葉に一つの語である必要はない。**表1**に示したように［異動する］と［気持ちの切り替え］という二つの言葉から、［異動による区切りと再出発］と一つの語にしたり、その逆で一つの言葉から複数の語を書いたりすることもかまわない。

さらに、〈3〉には〈2〉に書いた語を文脈で説明できるような語を、その語がもつ「背景、条件、原因、結果、影響、比較、特性、次元、変化、総合」を検討して付す。たとえば**表1**では、［異動による区切りと再出発］の［区切り］と［再出発］を「総合」して、［心理状態の変換］と付している。また、〈3〉では、横の〈2〉や〈4〉とのつながりだけでなく、上下の〈3〉についても考慮して、言葉を付することが求められる。大谷[2]は、さらに〈3〉のヒントとして、①付したコードを別の部分

［7］このExcelシートはSCATの公式ホームページからダウンロードできる。SCATのページhttp://www.educa.nagoya-u.ac.jp/~otani/scat/（2019/7/18情報取得）

表１　「SCATのためのExcelフォーム」による分析の事例

番号	発話者	テクスト	〈1〉テクストの中の注目すべき語句	〈2〉テクスト中の語句の言いかえ	〈3〉左を説明するようなテクスト外の概念	〈4〉テーマ・構成概念（前後や全体の文脈を考慮して）	〈5〉疑問・課題
65	Z	**やっぱり、異動することによって、気持ちの切り替えが、転機といえば転機みたいなのですけど。**	異動する、気持ちの切り替え、転機といえば転機	異動による区切りと再出発、異動と転機の関連	心理状態の変換、場所の変化と気持ちの変化	心機一転、異動と転機の強い関連性	
66	Z	**これをみると異動するたびに、（異動によって保育者効力感が下降している部分を指して）落ちたり、こう不安だったり、異動なんですよね。やっぱり新しいところに行って、頑張んなくっちゃいけないという部分と、けど、私ちゃんとやれるのかなという部分とで少し下がるんだけれども。**	異動するたび、落ちる、不安、異動、新しいところ、頑張んなくちゃ、ちゃんとやれるか、少し下がる	繰り返す異動、効力感の低下、心配、移動先の保育所、努力への誓い、次の保育所での効力感の低下の予想	異動の慣習、異動に伴う「ネガティブな感情」、職業的な「使命感」、保育への意欲、新しい場所への適応力	異動による転機、異動によるネガティブ感情、異動による使命感的感情、保育者効力感の低下	すべての異動が転機になるのか。

ストーリーライン	保育者Ｚは、他の保育所へ異動することによって心機一転するものの、はじめは異動によるネガティブ感情が生じ保育者効力感の低下が促されることを示した。しかし、次第に異動による使命感的感情が生起することによって「異動による転機」と意味づけ、異動と転機の強い関連性が存在することを示唆した。
理論記述	・異動によって、心ではなにかが切り替わったことを認識しているものの、負の感情が促され、効力感は下がる。 ・次第に、新しい環境に適応していき、使命感をしだいに強め、異動が転機の経験と意味づけられる。
さらに追及すべき点、課題	・転機になる異動とならない異動、その違いとはどのようなものなのか。

この分析結果は、以下の文献にまとめた。
香曽我部琢 2013「保育者の転機の語りにおける自己形成プロセス―展望の形成とその共有化に着目して」『保育学研究』*51*(1), 117–130.

にも付すこと、②付したコードの関連語・類似語を検討すること、③付したコードの対立概念を探し、変化や対照を把握すること、④付したコードに関連する既存の専門的概念の構造を参考にすること、以上四つを示している。先に示した［心理状態の変換］は次の66〈3〉の［ネガティブな感情］や［使命感］、［意欲］など他の感情を表す語と同じ［次元］の語として付している。

最後に、〈4〉では〈1〉～〈3〉までを読み込むことで分析者が自ら新しい構成概念を付すことが求められる。たとえば、先に示した［気持ちの切り替え］を、［心機一転］という熟語を用いて構成概念としている。[8] ただし、このように既存の熟語を用いるだけでなく、話し手の発話から抜き出したり、それを工夫したりした表現を用いることもできる。ここで留意したいのは「できるだけ端的でインパクト」のある表現を用いることである。[9]

また、〈5〉では、〈1〉から〈4〉までの分析の過程で、分析者が感じたちょっとした疑問や課題をメモ書きとして、気になったことを常時記入することを意識しておく。[10] 分析過程で、ここに記した疑問や課題を解決することが求められる場合もある。

〈4〉を記入した後は、〈4〉に記載されているコードと構成概念の相互の関係性を検討したうえで、それらを用いてストーリーラインを記述することになる。[11] ストーリーラインでは、〈4〉だけでは見えてこなかった潜在的な意味がみえてくることがある。ゆえに、ストーリーラインを記述している過程で、新たな概念が思い浮かんで

［8］構成概念はできるだけ語で表現することが望ましいことが示されており、句になった場合は中核となる語を「　」で示す。

［9］〈4〉について、SCATの公式HPでは、〈4〉にテクストを解釈した文を書く誤用が増えていることが示唆され、精緻化した概念を名詞または名詞句で表現することが注意喚起されている。

［10］〈5〉にちょっと気になったことを記述しておくと、後で分析の過程を振り返ったときに、その時の思考プロセスが意識化されるので、記述しておくことを勧める。

［11］大谷（前掲［1］）は、ストーリーラインを「データに記述されている出来事に潜在する意味や意義を、主に〈4〉に記述したテーマを紡ぎ合わせて書き表したもの」と定義している。

来たら、それを〈4〉に書き足してもよい。ただし、ストーリーラインでは〈4〉のコードを一字一句変えてはいけない。変えてしまうことによって、一つにまとまった概念が解体したり、理論記述で使用できなくなったり、精製を重ねたシャープさを失ったりといったデメリットがある。

ストーリーラインを記述したら、このデータからいえることを「理論記述」欄に記載する。ストーリーラインは、複合的で構造的な記述であるため、基本的にはストーリーラインを断片化することで理論記述が可能となる。

■さらに学ぶために

SCATを使った研究は数多く、その領域も広い。自分の研究領域でSCATを使用した論文がないか、ぜひ、SCATの公式HPをくまなくチェックして参考にしていただきたい。

とくに、本稿では分析の手順について説明しているが、紙幅の都合上、要点を示しているのみである。そのため、SCATを行う前には必ず、『質的研究の考え方』[2]第10〜13章を読んでおいていただきたい。

〔香曽我部 琢〕

2-4 オープンコーディング（open coding）

■オープンコーディングとは――概要ならびに成立背景

オープンコーディング（オープン・コード化）とは、具体的なテクスト（インタビューの逐語録や、参与観察のフィールドノーツなど）を抽象的な概念のかたちに置き換えていく作業のことを指す。質的研究法の代表的なものの一つであるグラウンデッド・セオリー・アプローチ（Grounded Theory Approach: ＧＴＡ）において用いられる方法であるが、ＧＴＡ以外のさまざまな質的研究法においても用いられている。そのため、ＧＴＡの下位技法というよりも、むしろ独立した、かつ基礎的なコーディングのための方法（分析法）と理解するのがよいだろう。[1]

オープンコーディングの開発は、行動主義や量的研究の潮流への異議申し立て、ならびに「理論の検討・検証のためにデータを用いるだけではなく、実証データを使って理論を発見したり練り上げたりしていくことに重点をおく」、とする立場に基づいて、ストラウスとグレイザーにより行われた。[2] また、オープンコーディングの「オープン」の語は、テクストがもっているアイデアや意味を「開く」という観点から名づ

[1] たとえば箕浦は、オープンコーディングを（ＧＴＡとは独立した）一般的な技法として位置づけたうえで、その実施方法を「グラウンデッド・セオリー・アプローチによるもの」と「繰り返し現れる現象に注目する方法」とに分けた解説を行っている。箕浦康子 2009「フィールドノーツの分析」箕浦康子（編著）『フィールドワークの技法と実際Ⅱ――分析・解釈編』(pp.18–34) ミネルヴァ書房

[2] Kuckartz, U. 2014 *Qualitative text analysis: A guide to methods, practice & using software.* Los Angeles: Sage.（クカーツ／佐藤郁哉（訳）2018『質的テキスト分析法――基本原理・分析技法・ソフトウェア』(pp.29–30) 新曜社）

けられたとされる。[3]

一般論として、具体的なテクストを抽象的な概念のかたちにしていく場合には、以下二通りの方法が考えられる。第一に「あらかじめ設定した概念に、具体的なテクストを当てはめる方法」（演繹的方法）、第二に「具体的なテクストに基づいて、類似していると考えられるものを集め、概念を作っていく方法」（帰納的方法）、である。これらは、両方とも、具体的なテクストを抽象的な概念として扱うための作業——すなわちコーディング（コード化）——である。オープンコーディングを含む質的研究法では、通常、後者の方法が採用される。

■具体的な方法

オープンコーディングの一般的な方法を以下に整理する。

①具体的なテクストを、意味のとれるまとまりごとに区切る。区切る際の単位としては、「フレーズ（最小の意味のまとまり）」「センテンス（一文）」「パラグラフ（一つの主題で意味的なまとまりのある単位）」といったものが存在する。[1] また、細かく区切る（たとえば一語、一文、一行ごとに区切る）場合には、とくにこの作業を「**切片化**」と呼ぶ。[4]

②区切った内容に「**ラベル**」をつけていく。ラベルを付ける際には、以下のよう

[3] Benaquisto, L. 2008 Open coding. In: Lisa M. Given (Ed.). *The Sage encyclopedia of qualitative research methods*. Sage. doi: http://dx.doi.org/10.4135/9781412963909.n299

[4] なお、切片化を行わない技法として、修正版グラウンデッド・セオリー・アプローチ（Modified Grounded Theory Approach: M-GTA）が知られている。しかしM-GTAにおいても発言の区切りは存在しているため、テクストを区切る作業が存在することに変わりはない。

表1　コーディングの具体例（架空データ）

具体的テクスト	コーディング方法	
	あらかじめ設定した概念にテクストを当てはめる（WHOの健康の定義）	オープンコーディング（ラベル付与）
10年前に病気をして、それ以来、どうも体の具合が悪い。	身体的健康	10年前の疾病経験と現在の身体状態との関連
最近は、何事にもやる気がなく、憂鬱な気分になっていることが多い。	精神的健康	以前とは異なるものとしての気分の落ち込み
これまで会社人間だったため地域の行事などに参加していなかった。家の近くに友人もおらず、普段会話する相手もいない。	社会的健康	定年退職後に感じている地域での孤独感

な視点に立つとよい――この部分に書かれている内容（証言、観察内容、記事など）をひと言で言い表す小見出しをつけるとしたら、どのような言葉がふさわしいだろうか？　ここに書かれている事は、どのようなテーマについて述べているのか？[5]

架空データを基に、オープンコーディングの手続きを例示してみよう。データの内容は、高齢者を対象に、「現在の健康について不安な点は何か」をインタビューで尋ね、意味のとれるまとまりとして抜粋したと想定してほしい。なお、オープンコーディングの特徴を明確にするために、先述の、「あらかじめ設定した概念に、具体的なテクストを当てはめる」方法との対比を表1に示した。

あらかじめ概念を設定した場合の例は、世界保健機関（World Health Organization：ＷＨＯ）に

[5] 佐藤郁哉 2008『質的データ分析法――原理・方法・実践』(p.98) 新曜社

よる「健康の定義」を概念として用いて、分類したものである。[6] つまりＷＨＯ「健康の定義」のどれに、個々の具体的なテクストが該当しそうかを検討し、当てはめる作業となる。自ら概念を作る手間が省けるほか、同様の定義を用いたほかの研究や実践との比較を行いやすいという利点がある。一方で、分析対象となるテクストを網羅するような、適切な概念を用意できない場合には、この方法はとれない（どこにも該当しない「その他」が頻出する事態となり、せっかくのテクストを十分に分析できない）。また、概念が抽象的すぎる場合には、具体的なテクストの内容との乖離《かいり》が問題になりやすい。

オープンコーディングの例は、テクストに記載されている内容のうち、「（過去の）経験」という側面に注目して著者がラベル付けを行ったものである。オープンコーディングは具体的なテクストに基づいて抽象化を行うため、テクストの内容に沿った形での概念形成に繋がりやすい。また、先行研究が少ない分野で探索的に研究を行う場合や、定説を問い直す必要がある場合にも有効である。ただし、後述するように、作業には時間がかかることが多い。

ここまでに示したように、オープンコーディングは、ラベルを付ける作業までを指す。実際には、オープンコーディングを終えた後、さらに類似のラベルをまとめ、より抽象的な概念を作り上げていく作業へと移っていくことになる。[7]

［6］ＷＨＯによる健康の定義：「健康は身体的にも精神的にも社会的にも完全に良好な状態をいい、単に病気がないとか病弱でないということではない（"Health is a state of complete physical, mental and social well-being and not merely the absence of disease or infirmity"）」（ＷＨＯ憲章）

［7］オープンコーディング後の作業について、技法ごとに名称や手続きはさまざまであるが、徐々に抽象化していく作業であることに違いはない。オープンコード間の関係を階層化することによりコアカテゴリーを抽出する方法や、オープンコードを条件・結果などの関係で整理することにより**軸足コード**を得る方法（ＧＴＡにおける軸足コーディング）などが存在する。

■生じやすい問題点とその対策

オープンコーディングには多大な時間と労力が要求される。分析対象となるテクストや切片の分量が膨大な場合はもちろんのこと、分析過程において、研究者自身が、切片化の適切さやラベルの説得力に疑問を持ってしまうことも多い。

切片化の適切さに自信が持てなくなった際には、一度、具体的なテクストの該当箇所を読み直し、必要ならば切片化をやり直すことを提案したい。また、切片化の際には、何を基準として区切ったのか、またはどのような手続きで区切ったのかを明確にしておくことが肝心である。さもなければ、「分析者にとって都合のよい論旨を構成できるように、データ（具体的なテクスト）そのものを加工したのではないか」との指摘を、ほかの研究者から受けてしまうかもしれない。切片化の際には、「複数人で元のテクストと切片化された内容とを見比べ、妥当かどうかを判断する」、といった対策をとり、必要に応じて論文・報告書などにその旨を記載するということも、現実的には有効な場合がある。

ラベルをつける際には、なるべくテクストに沿い、抽象的すぎる言葉を避けることも重要である。たとえば、「生活」や「人間」のような言葉を用いてしまうと、その中に何でも含めることが可能になってしまう。その結果として、ラベルがどれも似たようなものになってしまい、結局、元のテクストの全体像がわからないという事態を招きかねない。この場合にはあらためてラベルをつけ直すか、または「○○における

□□生活の重要性」のように言葉を補うことで、具体性を増すテクニックもある。

■論文等における報告時の留意点

広く言われていることであるが、質的研究においては、研究者が最大の研究ツールであり、自身の経験や問題意識などが必ず分析に影響を与える。また、オープンコーディングの作業を通じて、研究者自身が成長し、これまでとは異なる視点でテクストを見るようになったり、ラベル名をつける際に利用可能な言葉を思いついたり、ラベル間の関係性などについての展望を持つようになることもある。このような理由から、「正しいコーディング」というものを定めることは困難である。[1] 一方で、荒唐無稽な分析であるとの指摘を避け、テクストに基づいた概念化を実施していくためには、情報として何を読者に提示すべきかについて、目安が必要であると考える。

この点について、オープンコーディングならびに、その後の概念化も含めると、以下のように整理されよう。

・当初いくつの切片があり、いくつの段階を経て抽象化していったのか（例：「○○についての語りの記述を切片化し、一〇〇個の切片とした。切片のラベリングを四段階にわたって行い、徐々に抽象度を高め、最終的に□□個のカテゴリーとしてまとめた」）

・ラベリングを行う際の研究者自身の問題意識や視点（例：「本研究の目的である○○という点を踏まえ、過去の経験という観点からラベリングを行った」）

・最終的に構成された概念を整理する際に用いた、既存の理論・概念・モデルなど（例：「最終的に構成された概念およびフィールドノーツを再検討したところ、○○という要素が共通して存在することが明らかとなった。この点を踏まえ、□□概念を援用することが適切であると考えられた」）

■さらに学ぶために

オープンコーディングは、テクストの概念化を行うための基本的な方法であるため、さまざまな分野において利用されている。心理学、教育学、保健学、看護学などの分野であれば日本語で参照できる研究事例も見つけやすいと思われる。たとえば、保健師が行う保健指導の特徴を分析した林らの研究[8]においては、オープンコーディングの具体的手続きや、最終的に構成されたカテゴリーの選定理由などについて、詳しい記載があり、参考になる。また、神経難病者に対するコミュニケーション支援を研究した日高[9]においては、フィールドノーツをオープンコーディングで抽象化し、最終的には、心理学における「自己」の理論・概念を適用することにより、場で生起した現象を整理することを試みている。

オープンコーディングについては専門的な解説書も存在している。たとえば箕浦[1]は

[8] 林芙美・小澤啓子・川畑輝子・武見ゆかり 2016「特定保健指導の実績が良好な全国健康保険協会の支部における取り組みと課題——保健師のフォーカス・グループインタビューを用いて」『日本公衆衛生雑誌』63, 606–617.

[9] 日高友郎 2018「在宅療養におけるALS患者のコミュニケーション支援の実際」『コミュニケーション支援のフィールドワーク——神経難病者への文化心理学的アプローチ』(p.40) ナカニシヤ出版

フィールドノーツをオープンコーディングで分析する方法、ならびにその後の抽象化の手順やポイントを詳細に解説している。また、クカーツ[2]は、質的なテクスト分析法の成立経緯について解説しており、GTAに言及する際にオープンコーディングについても説明をしている。いずれも優れた解説書である。

■まとめ――他の質的研究法との異同

オープンコーディングとその他の質的研究法との異同について整理しておきたい。冒頭に述べたとおり、オープンコーディングはコーディングのための基礎的な技法であるため、GTAに用いられることもあれば、**エスノグラフィー**に用いられることもある。使っている用語などには違いがあっても、コーディングの手続きそのものは質的研究法の間でもほぼ共通しているという見方もある。[10] したがって、オープンコーディングの技法に習熟することは、質的なテクスト分析の基本を身につけることを意味しており、より発展的な分析を行っていくための**必須通過点**であると考えられる。

〔日高友郎〕

[10] たとえば増井ら（2008）はGTAについての論考のなかで、GTAとKJ法のコーディングはほぼ同一のものであるとの見解を述べている。増井三夫・中田秀樹 2008「実践場面におけるGTA（Grounded Theory Approach）の可能性――ミクロ分析とオープン・コーディングの再検討」『上越教育大学研究紀要』27, 11–23.

2-5 会話分析（conversation analysis）

■会話分析とは

会話分析は、社会科学という枠組みを超えてさまざまな現場において応用されている質的研究方法である。その応用可能性は、昨今発展の著しいロボット・情報工学をはじめとして医療、教育、ビジネスなど人と人とのやりとり、すなわち**相互行為**が中心的な課題となる分野において幅広く認知され始めている。[1] ここでは、会話分析の方法論と具体的な分析を示しながら、いかに記述の**コード化**を行うのかについて解説しよう。

■会話分析の方法論

会話分析は、一九七〇年代の録音機器の開発により会話を精査できるようになったことから、より詳細な**相互行為**の記述方法として社会学の質的分析方法の一角を担うようになった。ゴッフマンが The negracted situation という論文[2]で示したように、これまで社会学では取るに足らないものとされてきた会話、とりわけ日常会話を社会

[1] Heritage, J., & Maynard, D. (Eds.). 2006 *Communication in medical care: Interactions between primary care physicians and patients.* Cambridge: Cambridge University Press. ／西阪仰・高木智世・川島理恵 2008『女性医療の会話分析』文化書房博文社 ／ Sidnell, J., & Stivers, T. (Eds.). 2012 *The handbook of conversation analysis.* Boston: Wiley-Blackwell.

[2] Goffman, E. 1964 The neglected situation. *American Anthropologist, 66*(6), pt. II, 133-136.

現象の一つとして扱うようになった。ジェファソン、サックス、シェグロフは初期のトランスクリプトのシステムを確立し、**発話ターンシステム**、**連鎖構造**など会話分析の分析方法を系統的に樹立した。[3] それまでの社会学の質的研究者がフィールドワークやインタビューを通じて観察した社会のありようを記述していたのに対し、会話の録画・録音を使って詳細な相互行為の記述を行うことからスタートした。

社会のありようを質的に見つめるという点で、会話分析は、その核に社会の成り立ちに関してある視点に基づいた方法論といえるだろう。その視点とは、社会が相互行為によってその場、その時に形成されていると捉える考えである。[3] すなわち会話こそが人びとの関係性を築き上げ、社会規範を組み立て、われわれの社会の根本を形成するものとみなす。ゆえに相互行為のプロセスを記述することは、社会のありように迫ることに直結している。これは、研究者の立場をどの視点におくかという点に置き換えても考えうる。研究者が既存の分析概念を使うことで成立する分析ではなく、その場の当事者がその場の相互行為をどう分析しているかという視点を用いることが会話分析なのである。[4] まさに**当事者の視点**にいかに肉薄するかというのが会話分析のもっとも重要な課題なのである。

[3] Sacks, H., Schegloff, E. A., & Jefferson, G. 1974 A simplest systematics for the organization of turn-taking for conversation. *Language*, 50, 696–735.

[4] Heritage, J. 1984 *Garfinkel and ethnomethodology*. Cambridge: Polity Press.

■会話の「デザイン」と「流れ」に着目する

では実際に会話分析によって何が見えてくるのか？　ここでは震災後、盛んに行われるようになった地域での医療災害訓練におけるトリアージ会話を例としてあげたい。トリアージとは、医師が患者の症状に応じてその優先順位を決定し、患者を緑もしくは黒、黄、赤という緊急性を示すカテゴリーに分けて分類を行うことを指す。このトリアージを行う場面は二つの重要な側面をもつ。まず応用的な側面としては、まったく初対面の医師と患者がいかに短時間で効率よく情報共有し、意思決定を行うかが求められる。また社会学的な側面としては、社会制度としての医療がその最適効率が求められる震災という状況の中で、いかに個人の要望や状況を踏まえて極限まで制度化されたシステムを動かしていくのかという課題がある。

抜粋１　11_06_2014_1^{st}_DM D2. P13（緑）[5]

1　P13: > 痛い痛い痛い <,
2→　D2 : はい . どうしました ::? あ -, こっ°ち .°はい . どうされました :: ？
3　P13: 頭打ちまし [た :.
4　D2 : 　　　　　[あ -, そう . あ - そ - う - 頭痛い . え - 歩けます ::?
5　P13: 歩 < け : るけ [ど >, 痛いです .]
6　D2 : 　　　　　　　[あ -, こわ -] 痛いね . あの - 息苦しいですか ::?
7　P13: °大丈夫です .°
8　D2 : 大丈夫ね . そうしたら ::, 緑 .

抜粋２　11_06_2014_1^{st}_DM D2. P6（緑）[5]

1→　D2: > はいはい < はい . こっちから順番で :, > はいはいはい .< 歩けますか :::?
2　P6: （うなずく）
3　D: あ ::> はいはいはい < はい .< 歩けるね ?>
4　P6: （うなずく）
5　D2 : < 息苦しくない ?>
6　P6: （うなずく）
7　D2: はいはい (0.1) お名前は？
8　P6: サイトウです。

表１　トランスクリプト記号一覧

[	同時発話の開始位置	,	継続を示す抑揚
]	同時発話の終了位置	文字	強調
(数字)	その秒数の間隙	°文字°	弱められた発話
:	直前の音の引き延ばし	< 文字 >	前後に比べてゆっくりとした発話
-	発話の中断（カットオフ）		
.	下降調の抑揚	> 文字 <	前後に比べて速い発話
?	上昇調の抑揚	(文字)	ジェスチャーなど

［5］川島理恵・依田育士・黒嶋智美・太田祥一・行岡哲男 2016「トリアージの効率化に向けた社会学と工学の融合研究」*Japanese Journal of Disaster Medicine*, 22(2), 189-198.

こうした点を踏まえたうえで、トリアージ会話の開始時のデータに着目しよう（**抜粋1・抜粋2**）。

この二つのデータを比較するうえで重要な点が二つある。まずは医師からの最初の**質問の「デザイン」**である。会話分析におけるデザインとは、その発話がどういった言い回しを使って定式化されているかという点を指す。まず**抜粋1**の二行目では、医師は「どうしました？」という定式化された言い回しを使っている。これは医師が地域の内科医で日常的な診療を開始する際に使われる言い回しである。医学教育において推奨される開放型質問の一例でもある。この質問がなぜこの場に適していないのか？　それは、この質問のデザインが、応答として患者に自由に状況を述べることを促し、ある程度自分の話を聞いてくれる「流れ」に対する期待を生み出す。

それに比べて**抜粋2**の一行目で行われる質問「歩けますか？」は、単純に「はい」もしくは「いいえ」のみを要求するデザインになっている。このデザインは、短時間で情報収集を行うというこの場の目的には適合している。また歩行というトリアージでは最初に確認を行う項目を示すことで、診療ではなくトリアージを行うことがこの場の最優先課題であることも表している。すなわち会話上の流れとしてトリアージの項目を確認するだけで、ゆっくり話をする場でないという理解を患者との間に確立できるのだ。

ただこうした効率化を主としたやりとりが患者個人にとって最良の医療のあり方な

のかという課題は残る。防災時において掲げられる「最大効率」という倫理観の中でトリアージによって取りこぼされる部分は多い。つまり通常であれば最大限の労力で処置される部分が、震災時という限られた人的・物資的環境下では処置が遅れる、もしくは処置がされない状況におかれる。**抜粋1**においても、医師が次の質問「歩けますか?」を行った際、「歩けるけど、痛いです。」と本来必要な応答以上のことを述べている。これは質問が作り出すその場の枠組みを超えて、個人の要望を付け加えている。それに対して医師は患者の発話に重ねつつ、「痛いのね」と情報を受け取ってはいるがすぐに次の質問にうつっている。制度的な制約の中でこうしたやり取りを通じて医師はトリアージというその場の**タスク**を推し進め、患者は抵抗を示しつつもその**プロセス**に組み込まれていく。会話分析は、社会制度上のその場その時の**タスク**がどのように調整されながら進められていくのか、その**プロセス**を如実に顕《あらわ》にすることができるのだ。

■会話分析におけるコード化

計量化することで会話分析の知見自体が新たになるわけではないが、会話分析から出てくる質的な分析結果をベースに系統だった**コード化**の過程を経ることで量的な分析結果を導くことは可能である。計量化において重要なことは、コード化の対象となる現象の分析自体に確証があることである。

たとえば、前述の診療開始部の質問に関していえば、医師の最初の質問が開放型であるかどうかというパターンと患者のその診察の満足度に相関性があるかを測るには、統計的な手法で示すことが必要となる。それには、開放型の質問パターンとそうでないものをタイプ分けし、系統だった**コード化**の過程を経て計量化したデータ整理を行う。ロビンソンとヘリテージがすでにプライマリ・ケア診療場面において開放型の質問が使われた場合、有意に患者の満足度が高まることを示している。[6]

トリアージの会話に関していえば、首都圏で行った医療救護訓練の三年間のデータを収集し、前述のような二つの会話パターンとトリアージにかかった時間の関係性を検討した。[5] 結果としては、**抜粋1**のような開放型質問が使用された場合、一〇秒以上トリアージにかかった時間が長かった。一秒を争うトリアージという現場において一人の患者に対して一〇秒のもつ意味合いは大きい。こうした結果を踏まえて、災害時のトリアージにおけるコミュニケーションマニュアルの策定を行った。つまり計量化した結果を示すことで、より多くの人に分析結果を周知することが可能となったのだ。会話分析におけるコード化についてはさまざまに議論されているが、この方法論がさまざまな分野において応用されていく可能性をさらに広げると言えるだろう。

[6] Robinson, J. D. & Heritage, J. 2006 Physicians' opening questions and patients' satisfaction. *Patient Education and Counseling*, 60, 279-285.

■さいごに

最後に、会話分析の考えを象徴するようなエピソードを紹介したい。ＵＣＬＡにおいて会話分析・相互行為分析を展開するチャックとキャンディ・グッドウィン博士夫妻にまつわる話だ。ある日キャンディのオフィスで雑談をしていたわたしは、彼女たちの結婚記念日がまさにその日であることに気づいた。その時彼女に「今夜は何か特別なことでも？」と質問した。アメリカでは、記念日や誕生日はとても大切なものとして扱われるからである。その時彼女はこう答えた。「チャックが今日特別に何かするかは、まったく重要じゃないのよ。それよりも彼が毎日どんな言葉を使ってわたしとかかわるかが、わたしにとって一番重要なことなのよ」。これは、彼女たちがどれだけ深く想い合っているかということを示すだけでなく、会話分析者としての根本的な姿勢を示すものだと深く感銘を受けた。結婚という社会制度によってわれわれの関係性が規定されるのではなく、われわれの毎日のかかわりかたが、結婚という社会的な結びつきを作り出しているのだ。言葉、それはわたしたちが持つ一番身近で、かつ簡単に自分の意思で変えられる社会の一つなのかもしれない。

〔川島理恵〕

2-6 PAC（個人別態度構造）分析

■PAC分析とは

PAC《パック》（Personal Attitude Construct）分析は、個人ごとにイメージや態度構造を分析する方法である。問題に直面している当事者が、潜在的あるいは無意識につかんでいる枠組みに沿って関連変数を想起させ、その構造を析出し、その意味を当事者とともに探索する方法である。検査者のスキーマに沿ってではなく、当事者本人がイメージする現象世界に直接迫ろうとするところに、本技法の独自性がある。

この技法を開発するに至ったのは、一三年間にわたり実験社会心理学を主専攻としたあとに、臨床心理学の教員として六年六か月勤務し、児童相談所の嘱託として発達臨床に従事し、その後社会心理学担当の教員に戻った履歴による。先行研究を踏まえての共通変数に焦点を絞り、個人の特有性は残差成分として排除され、あるいは群間で相殺され、分析から除外される伝統的な社会心理学のアプローチに強い違和感が生じた。「わたし」や「あなた」という「個」が欠落しているとの思いを拭い去ることができなかった。筆者の中で、実験社会心理と臨床心理のそれぞれのアプローチが矛となり盾となり、矛盾し葛藤が生じた。

ここでわれわれの太陽系の惑星を並べてみる。水星、金星、地球、火星、木星、土星、天王星、海王星。ついで、鉄、ニッケル、酸素、窒素などすべての元素の質量を測定し、平均値の惑星を算出したとする。そのような惑星は実在しない。それでは、地球のように、水や大気があり、生態系システムのある惑星は、われわれの太陽系で地球以外に存在するだろうか。少なくとも現時点では存在しない。しかし、この地球上に生きているわれわれにとっては、ただ一つの惑星の現象であるとしても、かけがえのないものである。そして地球単独であっても、繰り返し観察されるgeneralな現象やuniversalな現象がある。地球科学である。個体横断的な「共通的普遍性」だけではなく、単一個体の中で繰り返される普遍性、すなわち「個別的普遍性」が存在する。「個別的普遍性」のための分析技法や科学が不可欠だと確信した。何が何でも、「個」の特有性、「個」の豊穣を分析する技法を開発したいとの思いが募った。

PAC分析は、当該テーマに関する自由連想（アクセス）、連想項目間の類似度評定、類似度距離行列によるクラスター分析、被検者によるクラスター構造のイメージや解釈の報告、検査者による総合的解釈を通じて、個人ごとに態度やイメージの構造を分析する方法である。繰り返しデータも平均値も標準偏差もないのに多変量解析を援用する。

■その時、その場での個別性

対象者がその時、その場でつかんでいるものを、無意識や潜在意識の範囲までも含めて抽出するにはどうしたらよいのであろうか。心理学の専門家ならすぐに思いつくのが「自由連想」である。自由連想によって、無意識を含めた内面を探索できることを実証したのは、精神医学者のフロイトやユングである。認知科学では、連想は長期記憶へのアクセスと呼ばれ、連想しやすさをアクセシビリティと呼ぶ。換言すれば、意識化の容易さである。その人が何を認知しやすいのか、何に関心を持つのかの指標となる。アクセシビリティの高い項目が認知的な枠組みを構成するとき、それをスキーマと呼ぶことができる。スキーマは記憶のネットワークであり、行動を方向づける。ＰＡＣ分析では、記憶ネットワーク上の近さを、連想項目間の類似度評定、類似度距離行列によるクラスター分析によって解析しようとする。被検者がその時その場で感じる連想を方向づけ、コントロールするのが「連想刺激」である。ＰＡＣ分析の実施技術に習熟してくると、最終的な成果の九〇パーセントは連想刺激によって決まると言っても過言ではない。対象者の連想反応は、当該対象者が、自身のスキーマに沿って作成した調査票となることを意味する。西村[1]は、『心理査定実践ハンドブック』の質問紙法概説の中で、ＰＡＣ分析を「心理面接内容を質問紙化し、それに対する分析を行い評定を行って次の面接を方向づけていこうとする」ものとして質問紙法の中に含めている。テスト作成者や研究者の判断枠（スキーマ）に沿って選択されるので

［1］西村洲衛男 2006「質問紙法概説」氏原寛・岡堂哲雄・亀口憲治・西村洲衛男・馬場禮子・松島恭子（編）『心理査定実践ハンドブック』（pp.400–403）創元社

はなく、当該事象にかかわる当事者本人が自身の問題に関連する項目を連想して作成する。当該個人特有のものであり、事前に検査者が知ることはできない。項目間の類似度距離の評定もまた当事者自身による。対象者個人の内面世界の構造に徹底して迫ろうとする技法である。

ここで問題となってくるのが、連想項目の内容である。それらは辞書的意味だけでなく、個人特有の体験内容、エピソードや感情、身体感覚、個人的ニュアンスを含んでいる。極論すれば、該当するのはその個人だけである。個人特有なものは、多標本調査では残差成分として統計的に排除される。このため、多標本調査では、最終的に残存する変数は、治療者や研究者たちも共有する変数である。それゆえ、調査対象者から聞き取らなくても、治療者や研究者が単独で解釈することが可能である。他方PAC分析では、個人の特有性が排除されない。そこで、対象者がどのような潜在的イメージやニュアンスを持っているのかを、聞き取らないと理解することができない。ここではじめて、主観的なデータ構造を間主観的に解釈する、了解的解釈技法が採用される。被検者の「語り」に、検査者が寄り添い、ともに探索し、間主観的に了解することで（クラスター）構造の背後にある意味を共有していく。平均値人という個人はいない。被検者が一名の事例だからこそ可能な方法である。「多変量解析を援用するカウンセリング」のようなイメージである。物語療法的でもあるといえよう。被検者の内界のデータ構造を、被検者自身の実存的意味づけに沿って解釈していくことから、内藤[2]はこれを「現象学的データ解釈技法」と呼んでいる。

聴取に際してのポイントは、長期記憶にアクセスできるように寄り添うことである。クラスターを構成する連想反応項目を検査者が読むスピード、抑揚、間の取り方に、被検者がシンクロナイズしてくる。少なからぬ被検者は、当初は認知的に構えて質問に答える構えをしがちである。被検者に長期記憶をゆったりと探索させるようにすることである。そして「他にはどうですか?」と、末尾の抑揚をあげて疑問形になるように、感覚を探るようにゆったりした語りかけることで、探索を促し続ける。さらに、「他にはどうですか?」「その他にはどうですか?」と問いかけ続けることである。当事者が探索を続けることで、通常では気づき得ない変数(決定因)が連想されることが少なくない。

聴取の後に、被検者の多くが、「いままで意識するとか気づくことはなかったが、腑に落ちる感じがする」と報告している。「腑に落ちる」との表現は、認知的な理解だけでなく、身体感覚的・情動的にも符合すると感じていることを示唆する。個人体験に関連する微妙な感覚、感情、思いを表現する自身の言葉とそれらの言葉の束からなるクラスター構造が二次的な連想刺激となるとき、連想価は飛躍的に高まる。クラスター構造は、治療者や研究者からの事前説明やカウンセリングなしに、すべてが被検者の直感(直観)に基づいて連想、評定され、パソコンでの統計処理によって析出されている。潜在的イメージが自発的に浮かんで来てしまい、検査者やカウンセラー

[2] 内藤哲雄 2002『PAC分析実施法入門——「個」を科学する新技法への招待(改訂版)』ナカニシヤ出版

の恣意的な解釈として拒否するとか、否定することが困難である。クライエントは「自らが知っている以上のものを潜在構造として捉えており」、検査者と同行しながらその意味を発見していく。カウンセリングのセッションを続けても解明が難しい潜在構造に、記述統計の技法を援用しながら迫ることになる。分析のための治療期間の節約となることから、短期療法としても有効である。ただ、連想価が著しく高まり、個人体験の内面深く探索させることから、侵襲性の高い技法である。コンプレックスにかかわる検査では、臨床的技術と細心の注意が必要となる。

最後に、PAC分析に興味を持たれた方への文献について言及したい。技法の詳細と研究論文については、内藤[2]で紹介されているが、レヴィン（Kurt Lewin）の場理論に合わせてのデンドログラムの図示については、内藤[3]を参照されたい。

〔内藤哲雄〕

[3] 内藤哲雄 1998「恋愛の個人的態度構造」『現代のエスプリ』368, 163–173.

2-7 解釈記述アプローチ (interpretive description approach)

■解釈記述アプローチとは

今や、さまざまな明確な方法論をもった質的研究が根付いている。とはいえ、分析方法として明確な手順をもたないように思えるものもかなり多い。それに属すると同時に、多くのそこに近いタイプの研究群がある。独自の伝統と膨大な研究がなされている**実践研究**と呼ばれるものである。それは実践者自身が自らの実践を質的に検討するものや、実践に近い立場の研究者が実践者と協力しつつ、実践を検討し、その改善を目指すものである。しばしば日本では「**エピソード分析**」などと呼ばれるものでもあるが、その心理学としての方法論的位置づけは明確とはいえない。たとえば、無藤による「**再詳述法**」[1]やソーンによる「**解釈記述アプローチ**」[2]などの開発は、そういった実践研究の質的な方法論への位置づけの試みと見なせる。研究者と実践者の協働と、それを通しての実践の再概念化と改善の営みは今後の質的な研究の一つの大きなフィールドとなる。以下、その立場の基本的な考え方を解説する。なお、この方法論の基礎づけは、「**語りによる探究**」(narrative inquiry) と呼ばれる。[3]

[1] 無藤隆 2005「質的研究の三つのジレンマ——「再詳述法」の提案による質的心理学の可能性」『質的心理学研究』No.4, 58-64.

[2] Thorne, S. 2008. *Interpretive description: Qualitative research for applied practice*. New York: Left Coast Press.

[3] Bochner, A. P. & Riggs, N. A. 2014 Practicing narrative inquiry. In P. Leavy (Ed.). *The Oxford handbook of qualitative research* (pp.195-222). New York: Oxford University Press. / Chase, S. E. 2011 Narrative inquiry: Still a field in the making. In N. K. Denzin, & Y. S. Lincoln (Eds.). *The Sage handbook of qualitative research* (pp.421-434). Thousand Oaks, CA: Sage.

■実践的質的研究アプローチ

無藤は次のような特徴をもった質的記述の方法を再詳述法と呼び、その展開を試みた[4]。①エピソードの記述を詳しく行う。②そこから解釈と考察を行う。根拠を明確に提示する。③記述言語は実践者の記述に倣う。④特定の実践概念に注目し、それを詳細なエピソードの記述に置き換える。⑤概念の意味を浮き上がらせる。⑥記述と解釈と考察の循環を進める。⑦成果を実践の再概念化とともに実践の改善に向けて提示する。⑧研究における**倫理的あり方**を研究者が**実践者**と**協働**し実践の改善と再概念化へと向かうことにおく。

[4] 無藤 2005 前掲［1］／無藤隆・掘越紀香 2008「保育を質的にとらえる」無藤隆・麻生武（編）『質的心理学講座1 —— 育ちと学びの生成』（pp.45-77）東京大学出版会

■解釈記述アプローチの基本となる特徴

解釈記述アプローチとして、ソーンがもっとも明確に展開を図っており[2][5]、以下に先述の再詳述法と実践研究が連動するところを中心にまとめる。

解釈記述とは、事実と推測の間にある知識を発掘し、照らしだし、分節化し、普及させる方略である。人間の経験的、行動的世界にかかわる応用的実践は従来の伝統的、科学的知識に支えられつつも、不完全な知識とそれに基づく実践を多少とも改善するために、それ独自の**探究による知識を必要**とする。そういった解釈記述は、実際の実践的目標と手に入るすべての経験的証拠から理解するという目標を統合する。まず、データに根ざした疑問を生成する。論理的・系統的・論拠ある仕方でフィール

[5] Thoren, S. E. 2014 Applied interpretive approaches. In P. Leavy (Ed.). *The Oxford handbook of qualitative research* (pp.99-115). New York: Oxford University Press.

ドに入っていき、そして自明で想定された前提を超え、またすでに確立されたことを超えて、データとのかかわりによって解釈し、他のありうる可能性としての文脈を作りだす。先行知識による視点を再構築し、新たな探究（問いかけ）と見通しによって、根拠のある実践への適用のために新たな見通しを生成するのである。そこで、応用領域のニーズに合わせて各種の質的方法論を取り入れつつ、対話的、創出的、実践的、実際的、応用的、学問的であろうとする。文化のより大きな文脈の中で実践的現象の詳細について検討する。実践的目的に沿って社会的な場面を検討し、実践的問題に適用する。実践場面のダイナミックな特質を強調する。主観的経験への関心を、その経験の基底にある基本的な構造の分析へと結びつける。応用領域の実際的で実践的なニーズに応えようとする。そこでは、日常実践として客観的現実と主観的現実の双方を一緒に考慮する。実践領域の知識ニーズに役立つことを目指す。

問題とは実践的場面の中にある。同時に、種々の研究領域の学問的プロジェクトからの展開によって研究上の問題が成り立ち、両面を統合する。注意深く厳密な記述は、すでに知られていることを拡張し、実践的興味のある何らかの特定の現象へのかかわりを深める。記述された現象の中の連合、関係、パターンを見いだし、個々の事例を超えた一般的知識へと進もうとする。事例を研究するのであるが、そこで学んだことを反省的で実践的な**推論過程**を通して、基底にある意味を探り出し、何が起きているかを照射し、より深い意味づけを行い、最適な実践的応答へと向かう。質的記述を学問の眼でフィルターにかけ、現象を注意深く系統的に分析していく。同時に、その分析を実践現場の文脈に位置づけ直す。そこでは、社会的、政治的、イデオロギー的複雑さを含めていく。実践的問題における自明性の深みへと進み、視点の変更を可能にしていく。自分自身の学問領域で問題に取り組み、そこから応用的実践文脈として意味があり関連するかたちで信頼に足る擁護可能な新しい知識を生みだす。

■解釈記述研究の過程

再詳述法を含め解釈記述アプローチは、文献レビューと研究領域の理論的アイデアから始める。研究を既存の知識に位置づけ、批判的に吟味し、知識の全体像に対してその強みと弱みを明確にし、理論的な前提構造を明確にする。研究者自らの理論的親和性、自分の学問的位置、研究アイデアとの個人的に意義のある関係を具体的に示す。理論的視点により、フィールドで何を観察するかを決定し、観察の際に何を見るか、どう意味づけるかをかたち作る。実践領域での有用性を求め、非理論的だが、理論的要素をもつ実践領域についてのアイデアと構造のセットから問題の特質が由来する。

できる限り自然な文脈で調査を実施し、すべての参加者の快適さと**倫理的権利**を尊重する。主観的で経験的な知識の価値を、実践的な洞察の基本的源泉の一つと考える。個々人の相違の表現とともに人間としての共通性を、興味を共有するための源泉とする。現在見ていることは、時間と文脈に縛られない問題を反映していると考えると同時に、その現在の表れが実践として実行される時間と文脈に十分注意する。社会的に構成された要素と人間の本質的な性質をともに統合的に捉える。人間経験の世界の現実性とは多様に構築された互いに撞着《どうちゃく》することもある複数の現実である。探究者とその対象の間に、互いに影響し合うような分離しがたい関係がある。研究者として、その新しい知識を研究を通して提供することにより読み手である実践者の知覚が変わり、行動に影響が及ぶ可能性を求める。研究の過程において、研究する現象をめぐってのアイデアの特質と内容を常に記録することが研究を実質化する。実践者と違って、研究においては対象の実践者を教え導くのではない。研究者として実践者の実践のかかわり方の詳細が見えてくるようにしていくという立場に立つ。

何がデータとなるか、検討を進める。記述（可能な限り深く豊かにする）と解釈（そのデータが何を意味するかの絶えざる省察）からなる。研究者は、何が意味あるデータかを決めるという能動的役割を果たす。同時に、その場面の意味について絶えず省察を加えねばならない。実践世界の必要性を理解し、それを研究の課題から捉え直し、構築するデータの誠実性とそこから引き出す結論の信頼可能性を確保していくのである。データ分析の始まりは、データを眺め、そこに自らが反応する時間である。何が研究者自身の注意を引きつけるかを見ていくのである。データをいくつかのグループにまとめていき、そこに互いにいかなる関係があるのかを意味づける。個々のデータからデータセット全体へと注意を向け直し、類似したグループから他の事例との違いへと注目を向けていく。さまざまなアプローチから手法を借りてくるが、それを自身の立場と研究のニーズなどに応じて独自に使っていくので、さまざまな表現方法を試行する。まず、データをグループ化していく。そこから秩序と組織を徐々に形成していく。学問領域の根拠による批判的省察と絶えざる解釈的挑戦を通してこの過程を進める。内的な対話を通して最終的な分析の構造を得る。

■データから解釈へ

解釈の営みは、部分データが個々にそして互いに何を意味するかを考え、種々の過程や構造やスキームとそれらの関係を照らし出し、どういった秩序と順序がそれらの関係を理解可能にするかを考える。以前には可能でなかった知識を伝える。解釈記述の目的は主題による要約であり、**概念的記述**である。それを、目的とする領域の実践者に届ける。①その場面や研究対象者の経験について学びうるすべてを了解する。②種々の事例・出来事を合わせて、典型的ないし組み合わせのパターンを記述する合成。③説明についての最良の推測を行う理論化。④他の場面や文脈に入れ込む**再文脈化**。なお、その際、実践の智恵を伝え、実践を照らし出すために、実践現象の中の重要な要素を捕まえ、応用文脈において把握し、取り出し、思い起こすようにしていく。⑤最後に、主題による要約が概念的記述を伝える。伝える際に、そこで組織した構造が新しい概念化の部分を構成する。大きな現象の中の要素が配列され組織されて、他の仕方では曖昧になる面を明確にする。啓発された概念化を行う。事例を用いるのは主張を証明することではない。共通性を照らし出し、個々の違いを精緻化する。また、記述することと解釈することを区別して示す。データが何であれ、解釈と分けることで、妥当な成果を示しているかを読者に判断できるようにする。

■実践への意味

以上の解釈記述の要点から、実践的応用にかかわる立場では、理論的な世界から有益な洞察を得ることができるが、同時に、日常の実践的問題では少なくとも一つの足をしっかりと地面に着けておく必要があり、それは対処すべき現実世界があることを意味する。解釈により人間行動の理由とルールを理解する。社会的生活の文化的、歴史的に位置づけられる解釈を求める。文脈が個々人の経験においてどのように働くかを理解する。研究結果が実践に対して関連し意味あるものとなるようにして、実践の選択肢を増やしていく。発見を文脈化し、複雑化することで、たとえば量的研究の成果も活かす。質的研究の成果を、何らかの立場や実践を正当化する道具としていく。

解釈記述では、応用実践領域で、**実践的知識**を丁寧に捉えて、一種の**実践的推論ロジック**を取り込み、実践者に役立つようにしていく。データから帰納的に生成され、データの文脈で発展していくであろう知識を求める。研究を通して、経験的推論の過程を示すので、単なる意見を超えて、信頼できる研究を生みだす。研究を通して、読み手の実践者が啓発され、研究成果が実践の文脈で利用されることを目指す。研究での発見は実践的直感に合うというのが一つの基準である。道徳的擁護性、学問的関連性、実際的義務、文脈的気づき、蓋然的真実などの基準をも考慮する。

■まとめ

以上、主にソーンによったが、それに限らずこの広義の解釈記述アプローチでは、研究者は単に研究参加者が話しかける相手ではなく、多くの事例に意味づけを提供する**解釈的道具**である。データから発見へと変換するには、データに系統的・選択的に戻れるようにすること、すなわち事例の提示がとりわけ重要である。研究参加者に確認の作業をしてもらえる。新しい事例を方略的かつ目的的にサンプルする。進行している分析を知らせることにより最初の出会いと異なる新たなインタビューを方略化するなど、このデータ収集と分析の対話は結論を発見として引き出すための十分な基礎をかたち作るまで続く。見いだしたことを吟味し続け、十分に深く掘り進め、現実の意味と有用性をもった発見を生成する。なお、外れケースは重要で、理論化し、創造的試みによって、寄与しうるかも知れないことに光を当てる。

〔無藤 隆〕

3章 「構造×理念性」── 理論構築

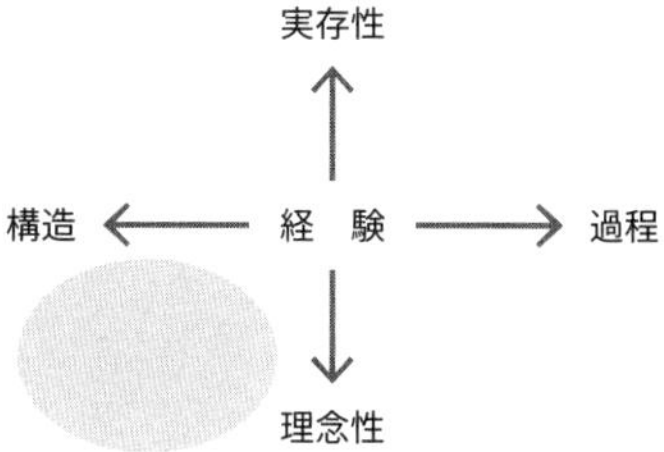

3-1

グラウンデッド・セオリー・アプローチ（GTA）

■グラウンデッド・セオリー・アプローチとは

グラウンデッド・セオリー・アプローチ（Grounded Theory Approach：GTA）の基となっているグラウンデッド・セオリーは、ストラウス（Anselm Strauss）とグレイザー（Barney Glaser）が共同で行った研究の副産物で、*The discovery of grounded theory: Strategies for qualitative research*[1]として一九六七年に出版された。その後、二人は異なるGTAを提案しているが、本稿ではストラウス版[2]とストラウス＆コービン（Juliet Corbin）版[3]、そして、カテゴリー関連図を加えることでそれらを使いやすい形にした戈木クレイグヒル版[4]のGTAを紹介したい。

GTAは、データを基にして分析を進め（ここからgroundedと名づけられている）、データの中にある現象がどのようなメカニズムで生じているのかを**理論**として示そうとする研究法である（ここからtheoryと名づけられている）。理論は概念同士を関連づけて文章で表したものであるから、GTAはデータから概念を抽出し、概念同士を関連づけて理論を作る方法だと言い換えることもできる。

[1] Glaser, B. G. & Strauss, A. L. 1967 *The discovery of grounded theory: Strategies for qualitative research.* New York: Aldine.（グレイザー＆ストラウス／後藤隆・大出春江・水野節夫（訳）1996『データ対話型理論の発見——調査からいかに理論をうみだすか』新曜社）

[2] Strauss, A. 1987 *Qualitative analysis for social scientists.* Cambridge: Cambridge University Press.

[3] Corbin, J. & Strauss, A. 2015 *Basics of qualitative research: Techniques and procedures for developing grounded theory* (4th ed.). Los Angeles: SAGE.

ストラウスは、シンボリック相互作用論を体系化したブルーマー（Herbert Blumer）の流れを汲むシカゴ学派の社会学者で、人は社会的相互作用の中で生じる物事の意味を解釈し、自分にふさわしいと思う役割を担って行動するという見方をする。したがって、現象は、登場人物たちそれぞれが即興的に演じる役割と相互作用、それらによって生じる変化のプロセスで形作られるものであり、ＧＴＡはその現象を総体として捉えようとする方法である。もちろん、相互作用によって生じる変化のありようはさまざまなので、なるべくたくさんのプロセスを捉え、その現象を生じさせている多様なメカニズムを把握することが大切である。それによって、その現象にかかわるすべての状況がどのプロセスかには当てはまるという意味で、普遍性の高いものとなるからである。[5]

以上のように、ＧＴＡが目指す結果は、事例の要約ではなく、ある現象の構造とプロセスを含んだ理論である。また、ＧＴＡが本領を発揮するのは、変化のある現象を把握しようとする研究である。

■グラウンデッド・セオリー・アプローチの特徴

ところで、質的研究では概念を捉えることが重要である。しかし、それは容易ではない。データから概念を抽出し、抽象度を上げる作業には、分析者のバイアスがかかりやすいからである。そこでＧＴＡでは、データから**プロパティ**と**ディメンショ**

[4] 戈木クレイグヒル滋子 2008『実践グラウンデッド・セオリー・アプローチ——現象をとらえる』新曜社／戈木クレイグヒル滋子（編）2013『質的研究法ゼミナール——グラウンデッド・セオリー・アプローチを学ぶ（第2版）』医学書院／戈木クレイグヒル滋子（編）2014a『グラウンデッド・セオリー・アプローチを用いたデータ収集法』新曜社／戈木クレイグヒル滋子（編）2014b『グラウンデッド・セオリー・アプローチ——分析ワークブック（第2版）』日本看護協会出版会／戈木クレイグヒル滋子 2016『ワードマップ グラウンデッド・セオリー・アプローチ——理論を生みだすまで（改訂版）』新曜社

[5] プロセスはカテゴリー同士を関連づけることによって示すため、カテゴリーの数が多ければ多いほど多様なプロセスを把握できる可能性が高くなる。したがって、なるべくたくさんのカテゴリーを正確に把握することが重要である。

ンという下位の概念を抽出し、それらを基にしてラベル名を付け、さらに似たものを集めてカテゴリーという上位の概念を把握する仕組みによって、概念の抽象度を上げる際に分析者のバイアスがかかるリスクを低くしようとする。

プロパティとディメンションは抽象度の低い概念ながら、分析の最初から最後まで使い続けるGTAの核となるものである。プロパティは分析者の視点を示すもの、ディメンションはプロパティからみたときのデータの位置づけを示すものである。

プロパティとディメンションは、データからラベルとカテゴリーを抽出する土台となり、カテゴリーがどのようなものかを把握するヒントを提供し、カテゴリー同士を関係づけて、現象を生じさせる変化のプロセスを示す。そうなると、データ分析においてはプロパティとディメンションを増やすことが必須となる。GTAでは、データの切片化、問い、比較、メモ、理論的サンプリング、データ収集と分析の繰り返し、カテゴリー関連図などの技法を用いて、プロパティとディメンションを効率よく増やそうとする。

■グラウンデッド・セオリー・アプローチを用いたデータ収集と分析

ここまでに述べたように、GTAでは段階を追って概念を抽出し、概念同士の関係を細かく検討する。したがって、GTAを用いて分析するのであれば、それが可能となる詳細なデータを収集しておく必要がある。[6]

[6] 詳細は前掲[4]戈木クレイグヒル 2014b を参照。

多くの質的研究法では、一定量のデータを収集してから分析をはじめるが、GTAではデータ収集とデータ分析を交互に行う。これは、概念を効率よく把握するためである。データを一つ収集したらすぐに分析を行い、現象ごとのカテゴリー関連図とカテゴリー関連統合図を描くところまで進むことにより、不足している概念や再検討すべき概念が確認できる。これらと、**理論的比較**でとらえたプロパティ候補を基にして、次にどのような人や場から、どのようなデータを収集するかという**理論的サンプリング**を行う。これ以上新しいカテゴリー、プロパティ、ディメンションが出てこない状態が、**理論的飽和**と呼ばれる研究の終着点である。

データ分析では、以下に示すオープン・コーディング、アキシャル・コーディング、セレクティブ・コーディングという三つのコーディングを行う。

(1) オープン・コーディング

まず、収集したデータを読みこみ、十分に理解できたら、内容ごとの切片にして切り離す。そして、一つの切片データだけをみて、プロパティとディメンションを抽出し、それらを基にしてラベル名を付ける。ラベル名を付けたら、必ず元の切片データに照らして、その名前でよいかを確認する。

次に、似たラベルを集めてカテゴリーを作り、それぞれのカテゴリーに集まったラベル名やプロパティとディメンションをみながら暫定的なカテゴリー名を付け、各切片データに戻って適切かを確認する。ここまでがオープンコーディングである。

（2）アキシャル・コーディング

アキシャル・コーディングでは、まず、パラダイムという枠を使ってカテゴリーを現象ごとに分類する。[7] そのあと、それを基にして、各現象に対して一つの**カテゴリー関連図**を作る。カテゴリー関連図は、カテゴリー同士をプロパティとディメンションを用いて関連づけたものである。関連づけの根拠としてプロパティとディメンションを用いることにより、分析者の思い込みによる結びつけを防ぐ。さらに、この仕組みがあることによって、通常、自分では思いつかないようなアイデアにたどりつく可能性が高まる。カテゴリー関連図ができたら、中心となるカテゴリーを選んで現象の名前にする。

ＧＴＡでは、データを収集するたびに、現象ごとのカテゴリー関連図を作るところまで分析を進める。二事例目以降の分析では、同じ現象のカテゴリー関連図を重ねて**カテゴリー関連統合図**も作る。そして、カテゴリー関連統合図を、概念（プロパティとディメンション、ラベル、カテゴリー）を用いて文章にしたストーリーラインを書く。

さらに、カテゴリー関連統合図と理論的比較を基に、不足しているプロパティとディメンションに照準を定めて**理論的サンプリング**を行い、次のデータ収集に進む。

（3）セレクティブ・コーディング

アキシャル・コーディングでいくつもの現象が把握できたら、今度は現象同士をプ

[7] 通常、データには複数の現象が混ざっているので、パラダイムを用いてカテゴリーを現象ごとに分類する作業は重要である。

ロパティとディメンションで関係づけたカテゴリー関連図を描き、抽象度の高い理論を作る。この作業を、セレクティブ・コーディングと呼ぶ。

■さらに学ぶために

GTAを用いた研究は多いが、以下はとくに有名で、かつ日本語で読むこともできる。

Glaser, B. G. & Strauss, A. L. 1965 *Awareness of dying.* New York: Aldine.（グレイザー&ストラウス／木下康仁（訳）1988『「死のアウェアネス理論」と看護――死の認識と終末期ケア』医学書院）

Strauss, A. L. 1975 *Chronic illness and the quality of life.* Saint Louis: Mosby.（ストラウス／南裕子（監訳）1987『慢性疾患を生きる――ケアとクオリティ・ライフの接点』医学書院）

〔戈木クレイグヒル滋子〕

3-2 修正版グラウンデッド・セオリー・アプローチ（M-GTA）

■M-GTAとは

修正版グラウンデッド・セオリー・アプローチ（Modified-Grounded Theory Approach：M-GTA）は、人と人とのかかわりあいで成り立つ人間の実践を理論化する質的研究のアプローチである。研究者がM-GTAで生成した**理論**は、当の実践現場に還元され、応用・検証されることが前提されている。つまり、M-GTAは、実践の理論化と理論の実践化という循環運動を推進する研究方法論であり、「実践的グラウンデッド・セオリー」とも呼ばれる。

木下康仁《きのしたやすひと》が考案したM-GTAは、グレイザー（Barney Glaser）とストラウス（Anselm Strauss）が体系化した最初の**グラウンデッド・セオリー・アプローチ**（以下、オリジナル版GTA）から、①理論生成への志向性、②**グラウンデッド・オン・データ**の原則、③経験的実証性、④応用が検証の立場、などの基本特性を継承している。[1]

(1) 理論生成への志向性

M-GTAを含むGTAでは、研究結果は「理論」として提示される。GTAで生

[1] 木下康仁 2014『グラウンデッド・セオリー論』弘文堂

成する理論には、「**領域密着理論**」と「フォーマル理論」があるが、M-GTAでは、主に限定された領域内で有効な説明力をもつ領域密着理論の生成を目指す。

(2) グラウンデッド・オン・データの原則

理論の生成は、自ら集めたデータを帰納重視で分析=解釈し、データに根ざした**概念**を複数生成して、それらの関係性を検討して関係づけていくことで行われる。

(3) 経験的実証性

概念生成と概念間関係の検討を経て生成される理論は、具体的なデータ分析に根ざした実証的なものでなくてはならない。同時に、理論を生成する研究者自身と生成された理論を応用する現場の人間の双方にとって、感覚的ないし経験的にフィット感があり、説得力のあるものでなくてはならない。

(4) 応用が検証の立場

生成された理論は、関連現場で実践的に応用されることを通して、その有効性が検証される。M-GTAではこの点が強調されており、理論の応用者による検証結果が研究者に還元されて理論がさらに洗練され、その洗練された理論が再び現場に還元される、という循環が目指される。

M-GTAは、医療、福祉、教育、経営など、ヒューマンサービス領域の質的研究で多用されている。この方法論を用いる研究者には、サービス提供者と利用者とのかかかわりあい（**社会的相互作用**）の展開過程を明らかにする理論の生成が求められる。M－GTAでは、この社会的相互作用の展開過程を「**プロセス**」と呼ぶ。生成された理論にこの意味でのプロセス性があるからこそ、理論の応用者は、かかわりあいの様相がどのような構造なのかという説明だけでなく、次に何が起きるのかという予測も得られる。

実践的な観点から言えば、理論の応用者は、対象とする現場で、誰と誰が、いつ、どのようにかかわりあうべきかという、支援の要点や適切なタイミングのヒントを、M－GTAで生成された理論から得られるということである。

総括すると、M－GTAは、データに根ざしており（Grounded on data）、社会的相互作用の展開過程としてのプロセスが描かれていて、人間行動の説明と予測ができ、関連現場で応用・検証可能な実践的理論（Theory）を生成する質的研究のアプローチ（Approach）である。

■オリジナル版GTAの修正

M－GTAは、オリジナル版GTAの基本特性を継承しつつ、方法論的な修正を独自に加えて（Modified）木下が発展させたGTAである。具体的な修正は、**【研究する人間】**の方法論化とデータ分析過程の明示化の二点である。[2]

［2］木下自身は、「コーディング方法の明確化」「意味の深い解釈」「インターラクティブ性という独自の（認識論的）基盤」の三点をあげている。前掲［1］p.136

(1)【研究する人間】の方法論化

オリジナル版GTAのこだわりは理論生成それ自体にあるが、M-GTAのこだわりは理論生成の意味と生成された理論の実践的応用にある。そこで、M-GTAでは【研究する人間】が重視される。

【研究する人間】とは、M-GTAで方法論的に強調される、徹底して内省的かつ実践的な研究者のあり方を指す。M-GTAは、特定の目的や価値観をもった研究者その人を、社会活動としての研究過程のうちに明確に位置づけることを要請する。したがって、M-GTAを用いて研究する者は、なぜこの研究をするのか、対象者と自分の関係をどう捉えるのか、生成する理論を誰にどのように応用してほしいのか、といった問いと徹底的に向き合い、答えを明確化し続けることを求められる。

このような【研究する人間】の重視は、対象現象にどのような観点からいかにアプローチし、どのようにテーマを設定するかといった、研究の大枠を規定する。M-GTAでは、この研究の大枠の設定において、**分析テーマ**と**分析焦点者**という独自の方法論的枠組の設定を導入している。

分析テーマは、関連する具体的な研究課題をいくつか含む大きな構想としての研究テーマと区別される。【研究する人間】は、データ収集前に自分の研究の社会的意義と学術的意義、具体的調査項目を明確化しつつ、研究テーマから分析テーマを絞り込み、「~プロセスの研究」と端的に設定する。そして、データを収集し、分析を始めた初期段階でデータ全体の特性を把握して、その特性に合わせてデータに根ざした分析ができるよう、最初に設定した分析テーマを必要に応じて修正する。

分析焦点者とは、インタビュー・データの分析におけるM－GTA特有の分析視角で、調査対象者を方法論的に抽象化した人間集団のことである。分析焦点者を設定することで、【研究する人間】は特定の対象者のデータを分析しつつも、直接の対象者ではないが対象者と属性や経験を共有する人間集団全体の行動や認識を、相当程度説明しうる理論を生み出すよう意識づけられる。また、特定的に焦点化された人間集団の視点でデータを分析することになるため、生成される理論は特定の視点に基づく一貫性をもったものになる。

(2) データ分析過程の明示化

分析テーマと分析焦点者を設定したら、**分析ワークシート**（図1）を活用し、理論のパーツとなる概念の生成を以下のとおり進める。

① 逐語録を読み込み、分析テーマと照らし合わせて重要と判断したデータ部分（バリエーション）を一つ選び出し、分析ワークシートの「バリエーション」欄に書き込む

② バリエーションの意味を深く解釈し、定義として文章化して、「定義」欄に書く

③　暫定的な定義を踏まえて、それよりもコンパクトでインパクトのある暫定的な概念名を考え、「概念」欄に書き込む

④　暫定的な定義・概念名と照らし合わせて、類似と対極の両方向でバリエーションを探し、類似のものは「バリエーション」欄に、対極のものが見つかれば**「理論的メモ」**欄に、それぞれ書き込む

⑤　④をくりかえす過程で、必要に応じて暫定的な定義と概念名に修正を加える

分析ワークシートの活用で重要なのは、理論的メモ欄に、概念生成の過程で出てきた疑問、気づき、選択的判断の根拠など、自分の思考のログを徹底的に記録していくことである。理論的メモ欄の記述が多ければ、それだけ分析に必須の解釈的思考の外在化が進み、自らの解釈と判断の過程や根拠がいつでも確認可能となる。

理論的メモ欄には、生成中の概念とすでに生成した概念との関係に関する、萌芽的な検討内容も記しておく。これは、分析の重点が概念生成から概念間関係の検討に移行した際、重要になってくる。

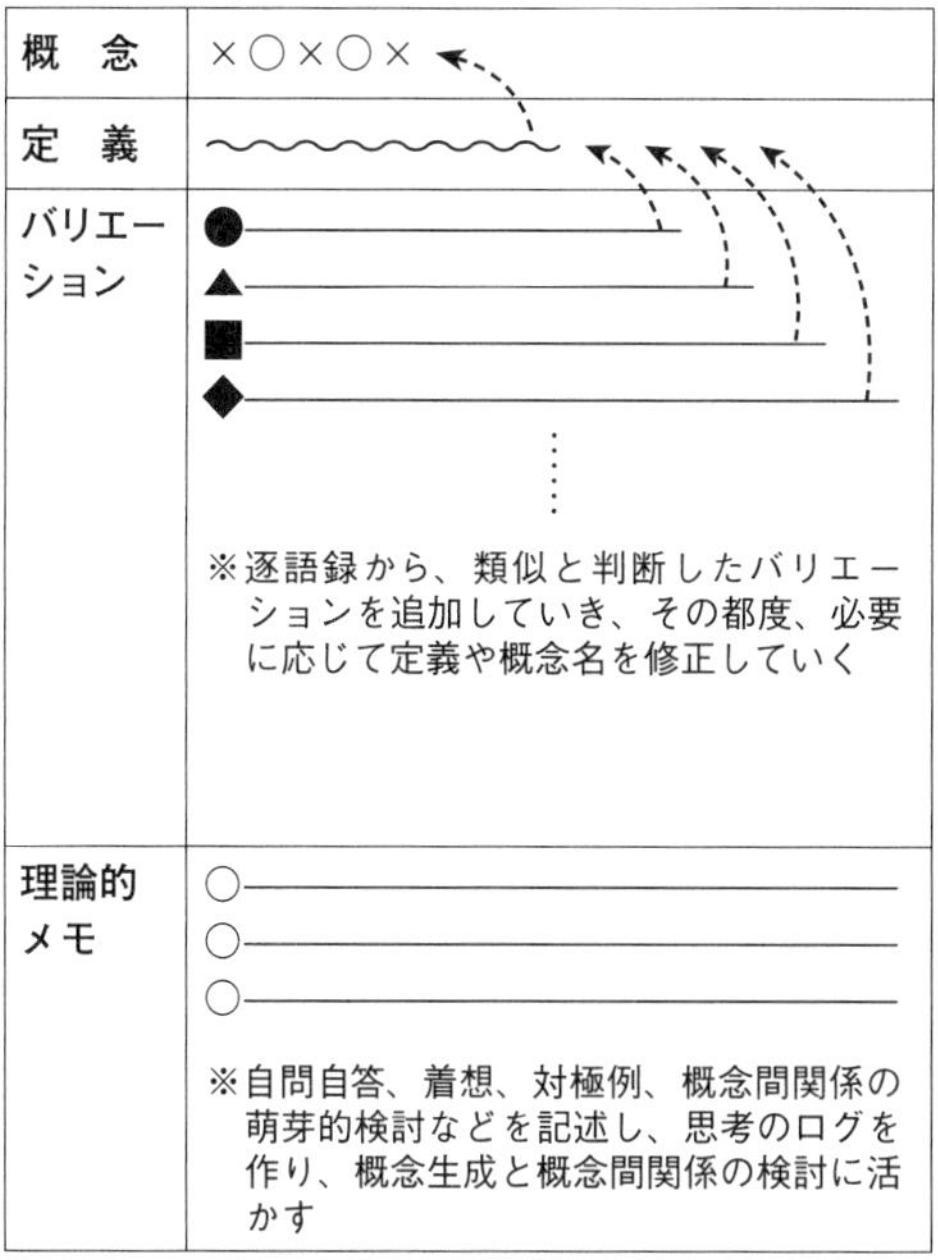

図1　M-GTA分析ワークシート

概念間関係の検討は、分析ワークシートの理論的メモと別途の理論的メモ・ノートを活用し、以下のとおり進める。

① 生成した概念のうち、コアとなる概念を明確化する
② コア概念を基点に、それと関連があると判断した概念を関係づける
③ ②で関係づけた二概念に対して、それらと関連があると判断できる概念を関係づけ、また別の概念を関係づけ……とくり返す
④ ③の過程で、関係づけられたいくつかの概念群を、より抽象度の高い概念であるカテゴリー[3]で表した方が、結果としての理論の説明力が増すと判断できる場合は、カテゴリーを生成する
⑤ 生成したすべての概念とカテゴリーを関係づけ、**結果図**を生成する
⑥ 結果図を文章化して**ストーリーライン**を生成する

理論的メモ・ノートには、なぜそれがコア概念なのかといった判断の根拠や、この二概念はどのような関係性なのかといった概念間関係の性質の説明を、分析ワークシートの理論的メモ欄に書いたことも参照しつつ熟考して記述し、結果図およびストーリーラインの生成に活かしていく。

M-GTAで生成する理論の形式は、結果図とストーリーラインのセットであり、

[3] カテゴリーだけでなく、サブカテゴリーも生成する、という判断もありうる。

両者は合わせ鏡のように完全に対応していなくてはならない。

■さらに学ぶために

M-GTAを用いた研究例のイントロダクションとして、『分野別実践編グラウンデッド・セオリー・アプローチ』[4]は必読である。社会福祉、看護、作業療法、臨床心理、学校保健など、多様なヒューマンサービス領域のM-GTAの研究例が収録されている。

また、『ライブ講義M-GTA』[5]の第二部には、木下自身による高齢者夫婦間介護にまつわるM-GTAを用いた研究の分析過程が詳しく論じられており、分析結果として生成された実践的な理論は『ケアラー支援の実践モデル』[6]に所収されている。

M-GTAの方法論的特性を理解するうえで、『ライブ講義M-GTA』と『グラウンデッド・セオリー・アプローチの実践』[7]は必読のテキストである。くわえて、さまざまなバージョンのGTAとM-GTAのコーディング方法の違いについて考えたい場合、『グラウンデッド・セオリー論』[1]を参照されたい。

〔山崎浩司〕

[4] 木下康仁（編）2005『分野別実践編グラウンデッド・セオリー・アプローチ』弘文堂

[5] 木下康仁 2007『ライブ講義M-GTA——実践的質的研究法 修正版グラウンデッド・セオリー・アプローチのすべて』弘文堂

[6] 木下康仁（編）2015『ケアラー支援の実践モデル（M-GTAモノグラフ・シリーズ2）』ハーベスト社

[7] 木下康仁 2003『グラウンデッド・セオリー・アプローチの実践——質的研究への誘い』弘文堂

3-3 生態学的アプローチ (ecological approach)

■生態学的アプローチとは

生態学的アプローチがその具体的な姿をはじめて現したのは、知覚心理学者ギブソン[1]による『生態光学』と題された視覚の論文だった。[2] わたしたちは「見る」ことによって、街路を縫って自分の家までたどりつくことができる。わたしたちは「見る」ことによって、大事な人のそばに寄ったり、その表情のわずかな変化に応じて一緒に笑ったりすることができる。ギブソンの問いは、こんなありふれたわたしたちの「見る」活動をなにが可能にしているのかという、いたってシンプルなものだった。

見ることは光に依拠している。では、日常の「見る」活動の足場となる光とは、いったいどんな光だろう。光は、学術分野によって、異なる水準で記述される。物理光学は放射され伝播する電磁波としての光を記述し、生理光学は受容細胞の反応を引き起こすエネルギーとしての光を論じる。これらのいずれも、光にまつわる事実の一側面を記述するものであることはまちがいない。だが、これらの光学で記述されるような、特定の波長をもつ光の受容器への入力は、見る活動の十分条件ではない。

[1] James J. Gibson (1904-1979)

[2] Gibson, J. J. 1961 Ecological optics. *Vision Research, 1* (3-4), 253-262.

たとえば、人為的に作り出された完全に等質な視野（ガンツフェルト）におかれると、人は能動的に視線をどこかにつなぎとめて水晶体の焦点を調節することができなくなる。感覚受容器への光の刺激入力があっても、周囲の光の強度の差異の構造が失われると、視覚が機能不全に陥ることが知られている。光線そのものを、わたしたちはみずから眼の焦点をあわせて能動的に「見る」ことはできない[3]。

ヒトの眼も、像を結ぶ網膜をもたない昆虫の複眼も、ある波長をもつ光の入力に受動的に反応するだけのものではない。それらは、光を反射する表面に対して能動的に向けられ、表面を走査し、その構造を識別するようにはたらく。では、こうした動物の視覚システムのはたらきは、環境のどのような側面とかみあっているのだろう。

ギブソンはまわりに目を向けてみた。地上環境には、空気と、さまざまな規模で肌理をもつ表面がある。太陽や光源から放射される光は、空気を通り抜けるときに、空気中のほこりや水蒸気といった微粒子の表面によって散乱、吸収される。空気を通り抜けた光と、空気中での散乱によって生じる散乱光は、ともに地面や海、動物の皮膚など、空気中に露出したさまざまな表面に降りそそいで、そこでさらにあらゆる方向に反射されたり、吸収されたりする。このような散乱と吸収は、空気中の微粒子と地上の表面とのあいだで絶え間なく繰り返され、光源からはさらなる光がやってくる。

これが、放射光と空気が出会うことで生まれる「照明」と呼ばれる状態である。照明された環境においては、あらゆる方向から行き交う密な光のネットワークが空気の

[3] Gibson, J. J. 2015 *The ecological approach to visual perception*. New York: Psychology Press.（ギブソン／古崎敬・辻敬一郎・村瀬旻（訳）1985『生態学的視覚論――ヒトの知覚世界を探る』サイエンス社）

なかを満たしている。まわりは明るく、空気中のそれぞれの観察点は、全方向から無数に行き交う光によって包まれている。地上の照明環境において、空気中のあらゆる観察点を包囲する光のことをギブソンは「包囲光」と呼んだ[4]。

光源から放射される放射光は、それ自体は構造をもたない。一方、空気中のそれぞれの観察点に四方からやってくる包囲光は均質ではなく、まわりにあるさまざまな表面の配置に依存してその強度や波長が相対的に異なるような、その観察点に固有の差異の構造が存在する。観察点を四方からすっぽりと包み込む包囲光における、こうした方向による差異の構造のことを「**包囲光配列**（ambient optic array）」と呼ぶ（図1）。

空気中のそれぞれの観察点を包囲する、潜在的に検知可能な光の配列のさまざまなスケールの構造は、環境内の表面に近づき、視線をつなぎとめ、水晶体の焦点をあわせ、そこにある大事なものごとを個体がからだ一丸となって探る動物の能動的な「見る」活動を可能にする足場をもたらす。さらに、光の配列に包まれる中で、能動的な観察者が空気中で視点を動かすとき、そこには「視点と独立したなにか」を選り分ける機会が生まれる。この「視点と独立したなにか」は「**不変項**（invariants）」と呼ばれ、視点とは独立した「環境の表面の配置」についての「知らせ」となっている[3]。

放射光が地上環境と出会うことで生まれる包囲光は、物理光学と矛盾するものではないが、物理光学とは異なる水準における光の事実である。ギブソンは、包囲光の水

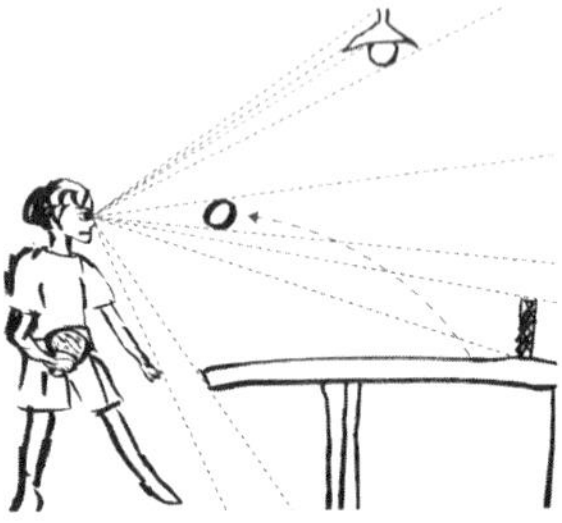

図1　包囲光配列（画：野中仁那）

[4] 観察点に収束する包囲光は、光源から放射される放射光が地上環境と出会うことによって初めて生じる、高次の光の事実である。

準を記述する光学を、物理光学や生理光学とは区別して「生態光学」と呼んだ。ギブソンの生態光学は、自己の移動の調整に使われる包囲光の流動パターンや、[5]他者の行為の諸側面を知らせる見えのパターンの研究など、[6]わたしたちの日常のふるまいについて、その調整を可能にする環境とあわせて探究する生態学的アプローチへと発展していった。

■「自分」の生態学

ギブソンは「生態学」という用語について、「生物と相関するものについて考える物理科学は「生態学」となり、それは「環境」の探究となる」[7]と述べた。生態学的アプローチとは、わたしたちの活動が、当の活動を可能にする環境とあわさって生起している相補性（reciprocity）から目をそらさずに探究する方法だと言えるだろう。ギブソン以降、生態学的アプローチの射程は、知覚研究にとどまらない広がりを見せる。

たとえば、認知心理学の祖の一人であるナイサー[8]は、環境の中に浮かび上がる「自分」に人びとの注意を差し向けた。[9]「自分」とはいったいなんだろうか。かつて哲学者ヒュームは、わたしが自分自身と呼ぶものの内部に入りこむとき、膨大な感覚の継起は観察できても、一つの主体としての自分がどのようにして成立し、説得力をもって認識されるのか、その根拠は自明ではないことを指摘した。[10]

［5］Warren Jr., W. H., Kay, B. A., Zosh, W. D., Duchon, A. P., & Sahuc, S. 2001 Optic flow is used to control human walking. *Nature Neuroscience*, 4, 213-216.

［6］Runeson, S., & Frykholm, G. 1983 Kinematic specification of dynamics as an informational basis for person-and-action perception: Expectation, gender recognition, and deceptive intention. *Journal of Experimental Psychology: General*, 112, 585-615.

［7］Gibson, J. J. 1966 *The senses considered as perceptual systems* (p.21). Westport, CT: Houghton Mifflin.（ギブソン／佐々木正人・古山宣洋・三嶋博之（監訳）2011『ギブソン生態学的知覚システム――感性をとらえなおす』(p.25) 東京大学出版会）

［8］Ulric Neisser（1928-2012）

［9］Neisser, U. 1988 Five kinds of self - knowledge. *Philosophical Psychology*, 1, 35-59.

ナイサーは、自分とはなにか、という謎に迫る一つの方法として、「わたしたちひとりひとりが、自分について知ることを可能にするものとして、いったい何があるのか」[11]という切り口から探究することを提案する。そこでとりわけナイサーが強調するのが、周囲の環境に浮かび上がる二つの「自分」である。

立ち上がったばかりの子どもは、みずからを包む光の配列構造に、ハイハイとは大きく異なる視点をとる「自分」を見るとともに[12]、全体的な光の配列の不規則な揺れに不安定な姿勢の「自分」を見る。[13] お母さんに向かって歩いていくとき、子どもはほほえむお母さんを見るとともに、お母さんと対応する光の配列構造の拡大の仕方に、お母さんに近づきつつある「自分」を見る。観察点を包囲する光の配列の構造とその変化には、見ることのできる「環境の中の自分」が現れる。このようにして知られる「自分」を、ナイサーは「**生態学的自己**(ecological self)」と呼んだ(図2)。

さらに、わたしたちが生まれ育つ環境には、自分のすることなすことに呼応してさまざまな反応を示す一群の他者がいる。歩きはじめた子どもは、流動する光の配列に自分の歩みを見るとともに、自分が一歩踏み出すとそれに呼応して喜んで励ますお母さんの挙動にもまた、「うまく歩いている自分」を見ることができる。地上の群棲環境では、自分の表情や仕草、ことば、ふるまいに呼応して独特の仕方で応答する他者のからだにもまた、「自分」を目にする機会がある。みずからのふるまいに呼応する他者の挙動に現れる自分を、ナイサーは「**対人的自己**(interpersonal self)」と名づけ

[10] Hume, D. 1978 *A treatise of human nature* (2nd ed.) (p.252). Oxford: Oxford University Press.

[11] Neisser 前掲 [9] p.35

[12] Kretch, K. S., Franchak, J. M., & Adolph, K. E. 2014 Crawling and walking infants see the world differently. *Child Development*, 85, 1503-1518.

[13] Lee, D. N., & Aronson, E. 1974 Visual proprioceptive control of standing in human infants. *Perception & Psychophysics*, 15, 529-532.

た。

　生態学的アプローチによる発達研究では、日常行為の発達にともなって、あかちゃんの目の前に浮かび上がる「自分」もまた変化していくことが近年報告されている。[15] たとえば、あかちゃんが手にしたものを養育者に手渡すとき、養育者は無言で受け取るときもあれば、「ありがとう」と声をかけたり、「赤い積み木ね」と手にしたものについて言及したり、「上に載せてごらん」と行為を促したりすることもある。一三か月児が手にしたものを養育者に手渡す場面を家庭で観察したところ、まだ歩き始めていない一三か月児は静止したまま養育者の方に向けて手にしたものを差し出すことが多く、歩き始めた一三か月児の場合と比べると、養育者は無言で受けとることが多かった。一方、歩行開始後の一三か月児は、養育者の方に移動して手にしたものを渡しにいくことが多く、養育者がさらなる行為を促す言葉をかけてあかちゃんに応対する場面が、歩行開始前の一三か月児の場合と比べて三倍も多く観察された。[16]

　このことは、あかちゃんが移動して相手に手にしたものを渡すようになるにつれて、それに呼応する相手の挙動に「行為者としての自分」を見る機会が増えていくことを示唆している。つまり、ハイハイから立ち上がって歩きはじめるという変化は、視点を変化させ、両手を解放するだけではなく、群棲環境において他者の応対に観察

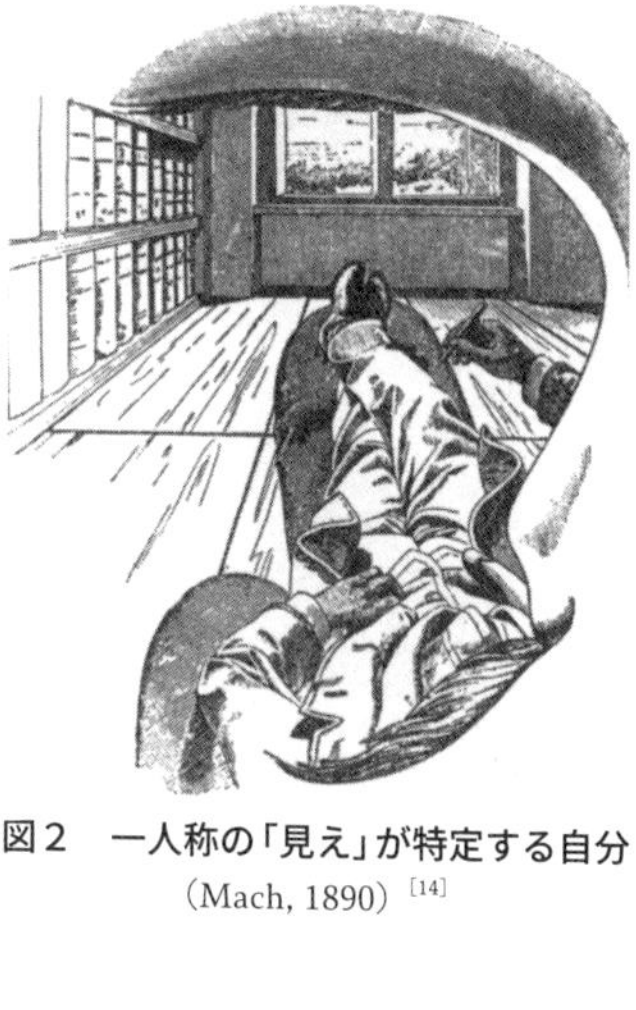

図2　一人称の「見え」が特定する自分
(Mach, 1890)[14]

[14] Mach, E. 1890 The analysis of sensations: Anti-metaphysical. *The Monist, 1*, 59.

[15] Karasik, L. B., Tamis-LeMonda, C. S., & Adolph, K. E. 2014 Crawling and walking infants elicit different verbal responses from mothers. *Developmental Science, 17*(3), 388-395.

[16] Karasik et al. 2014 前掲 [15] p.393

できる「自分」もまた変化させる、というわけだ。

わたしたちの活動の成り立ちについて、環境から切り離してしまっては見過ごされてしまうような一群の事実が存在する。生態学的アプローチは、わたしたちの活動について、それが進化し、生まれ、育ち、切り結びつつある環境とは何なのかをあらためて問い直すことを通じて、こうした事実の一端に触れようとする。

■さらに学ぶために

Reed, E. S. 1996 *Encountering the world: Toward an ecological psychology*. New York: Oxford University Press.（リード／細田直哉（訳）佐々木正人（監訳）2000『アフォーダンスの心理学――生態心理学への道』新曜社）
野中哲士 2016『具体の知能』金子書房
佐々木正人（編）2008『アフォーダンスの視点から乳幼児の育ちを考察』小学館

〔野中哲士〕

3-4

エソロジー（ethology）

■エソロジーとは

エソロジーは、一九一〇年代から一九五〇年代にかけて主にヨーロッパの動物学者たちの間で発達した「行動の生物学的研究[1]」である。その特徴は「動物はなぜそのように振る舞うか」を問うことであり、行動の観察と記述に重きをおくところにある。

[1] Tinbergen, N. 1963 On aims and methods of ethology. *Zeitschrift für Tierpsychologie, 20,* 410-433.

■行動観察の学問

いまでこそ映像の発達によって、さまざまな動物の生態や行動が広く知られるようになってきたが、二〇世紀初期にはまだ学問の対象とは言いがたく、実験を主とする心理学や、動物の体のつくりを考える分類学や比較解剖学が主流だった。これに対して、鳥類学者のハインロート（Oskar Heinroth）やハクスリー（Julian S. Huxley）は動物の行動の背景に進化的な側面があること、すなわち、生き残るのに適した「生存価」があるという前提のもとに、行動観察と進化の問題を結びつけた。この考え方は、ローレンツ（Konrad Z. Lorenz）、ニコ・ティンバーゲン（Nikolaas Tinbergen）

らによってさらに徹底された。また、動物の知覚と環境との関係を「**環世界**」として捉えるユクスキュル（Jakob J. B. von Uexküll）や、ミツバチのダンスについて詳細な研究を行ったフリッシュ（Karl R. von Frisch）も大きな影響を与えた。[2]

エソロジーの大きな特徴は**行動観察**という手法にある。行動観察の楽しさを知るにはまず、ローレンツがカラスやハイイロガンなどさまざまな動物を身近に観察したエッセイ『ソロモンの指環[3]』を読むとよいだろう。

エソロジーの発展してきた時代は、まだフィルムで映画を撮影していた頃で、記録映像を詳細に調べるには時間も金額も膨大にかかった。しかし現在では、さまざまな映像・音声の記録装置があり、分析ソフトウェアが豊富になった。いまや質的研究が対象とするようなヒトの行動を、膨大な映像・音声資料を用いて記述できる。[4] ヒトの行動をコンマ秒単位で詳細に記述しその連鎖構造に注目する分析は、非言語コミュニケーション研究の分野で発達してきたが、今では**会話分析**や**マルチモダリティ**研究の分野でも盛んに行われている。[5]

どんなにテクノロジーが進歩しても、すべてを観察、記述するということは不可能であり、研究者は何らかの問題なり仮説なりを念頭において観察を行うことになる。しかし、ティンバーゲンが指摘するように仮説にとっては一見ささいな、取るに足らない観察が思わぬ新しい問題へとつながりうることを忘れてはならない。[1]

[2] Thorpe, W. H. 1979 *The origins and rise of ethology: The science of the natural behaviour animals.* London: Heinemann Educational.（ソープ／小原嘉明・加藤義臣・柴坂寿子（訳）1982『動物行動学をきずいた人々』培風館）

[3] Lorenz, K. 1949 *Er redete mit dem Vieh, den Vögeln und den Fischen.* Wien : Borotha-Schoeler.（ローレンツ／日高敏隆（訳）2006『ソロモンの指環――動物行動学入門』早川書房）

[4] 映像・音声に注釈をつける有用なソフトにマックス＝プランク心理・言語学研究所で開発されたELAN《いらん》がある。詳しくは細馬宏通・菊池浩平（編）2019『ELAN入門――言語学・行動学からメディア研究まで』ひつじ書房

[5] 会話分析研究では最近ではさまざまな環境における視線、動作分析を取り入れた研究が盛んに行われている。たとえば、平本毅ほか 2018『会話分析の広がり』ひつじ書房

■ティンバーゲンの四つの問い

エソロジーでは行動をどのような問題として捉えているのか。ティンバーゲンはエソロジーの解くべき課題として「**因果関係** causation」「**発生**（発達）ontogeny」「**生存価** survival value」「**進化** evolution」の四つの問いを提案した。[1]

「因果関係」では、行動のメカニズムを問う。たとえば人間がことばを発するときに感覚器や神経系はどう働くか、大脳ではどのような処理が行われているか、実際に口や咽頭はどう動くかを考える。認知脳神経科学はこうした問いを継承しているといえるだろう。

「発生」では、行動の発達過程を問う。鳥の鳴き声の発達研究は、特にさまざまな成果をあげている。[6] 乳幼児の発達を行動観察によって捉えようとする発達心理学もまた、この問いにつながっている分野といえるだろう。「因果関係」「発生」の二つをまとめて「**至近要因**」と呼ぶこともある。

「生存価」では、その行動が生物の生存にとってどのような機能を持っているかを問う。わたしたちのことばは、情報の送受信を行うことで、仲間どうしの協力行動を行うのに役立っている。あるいは、声を発することで、異性を誘引し、繁殖に役立っているのかもしれない。

「進化」では、その行動がどのような過程を経て進化してきたのかを問う。残念ながら動物の体の化石はあっても、行動の化石はない。しかし、現在の近縁種どうしを

[6] 鳥の鳴き声の発達と進化を結びつけたユニークな研究としては、岡ノ谷一夫 2016『さえずり言語起源論――新版 小鳥の歌からヒトの言葉へ』岩波オンデマンドブックス

比較することによって、行動の祖先型を推測することはできるだろう。たとえば、さまざまな霊長類の音声コミュニケーションを比較したり、脳神経系を比べたりすることによって、人間という動物の音声コミュニケーションの進化の過程が浮かび上がってくるかもしれない。生存価と進化の問題をまとめて「**究極要因**」と呼ぶこともある。

エソロジーの問いを多面的に調べた研究例として、ティンバーゲンのカモメ類の**ディスプレイ**（姿勢）に関する研究がある。[7] ティンバーゲンはカモメには単独で行われるディスプレイと、いくつかの姿勢を組み合わせたディスプレイ連鎖があることを観察によって記述した。そして、ディスプレイの種類に応じて個体どうしの距離がどのように変化するかを観察することによって、ディスプレイには個体間距離を増大させるものと、減少させるもの（なだめ）があり、ディスプレイが個体間の信号としての機能を持っていることを明らかにした。さらに、近縁のさまざまなカモメどうしでディスプレイを比較することによって、信号機能じたいを改良する方向への進化、ディスプレイどうしの紛らわしさをなるべくなくす方向への進化、種間での紛らわしさをなくす方向への進化、そして、他の行動の進化を介して間接的に起こる進化がありうることを論じた。[8]

[7] Tinbergen, N. 1972 *The animal in its world : Explorations of an ethologist 1932-1972 v. 1. Field studies.* Cambridge, MS: Harvard University Press.（ティンバーゲン／日高敏隆・羽田節子（訳）1982『ティンバーゲン動物行動学（上巻）野外研究編』平凡社）

[8] 長谷川眞理子は、エソロジーの四つの問いを、鳥の鳴き声、渡り、ホタルの発光、そして人間の道徳性など、さまざまな題材で論じている。エソロジーになじみのない人はまずこの本からスタートするとよいだろう。長谷川眞理子 2002『生き物をめぐる4つの「なぜ」』集英社新書

[9] Hamilton, W. 1964 The genetical evolution of social behaviour I. *Journal of Theoretical Biology*, 7(1), 1–16. 包括適応度については次を参照。Davies, N. B., Krebs, J. R., & West, S. A. 2012 *An introduction to behavioural ecology* (4th ed.). Oxford: Wiley-Blackwell.（デイビス、クレブス＆

■遺伝子、個体レベルの淘汰

ローレンツやティンバーゲンの活躍した時代は、生物は種という単位で進化してきたと考えられることが多かった。しかし、一九六四年に進化生物学者のハミルトン（William D. Hamilton）が遺伝子を単位とする「**包括適応度**」の概念によって、社会性昆虫における**利他行動**をうまく説明してからは、遺伝子、もしくは個体を単位とする進化を考えることが主流になってきた[9]。では、通常の動物において、遺伝子や個体が利己的に振る舞うとき、利他的な行動は進化可能なのか。この問題に対してはゲーム理論などを用いて、さまざまな利他行動が進化的に安定になる条件が考えられるようになってきた[10]。

行動生態学[9]は個体を単位とする淘汰によって行動がどう進化するかについて多くの知見を生み出してきた。また近年では、遺伝子だけでなく、ヒトの認知的制約に注目しながら進化を考える**進化心理学**[11]の分野が発達してきた。

■進化の問題を扱うときの注意

ヒトの行動と進化の問題を考えるときに注意しなければならないのは、どのような行動が自然「である」かということと、どう振る舞う「べき」かということとを混同する「**自然的誤謬**」の問題である[12]。たとえば、ヒトの持っているさまざまな行動の特徴はあくまでこれまでの生物と環境の相互作用による結果であり、ヒトは進化の過

ウェスト／野間口眞太郎・山岸哲・巌佐庸（訳）2015『デイビス・クレブス・ウェスト行動生態学（原著第4版）』共立出版）

[10] さまざまな人間関係についてゲーム理論から考察した本としては次を参照。Axelrod, R. M. 1984 *The evolution of cooperation.* New York: Basic Books.（アクセルロッド／松田裕之（訳）1998『つきあい方の科学――バクテリアから国際関係まで』ミネルヴァ書房）

[11] 進化心理学については、バスやダンバー、山岸俊男、長谷川寿一をはじめ、パイオニアによる研究に対する考え方を読むことができる以下の本を薦める。平石界ほか（監訳）2018『進化心理学を学びたいあなたへ――パイオニアからのメッセージ』東京大学出版会

[12] Dumber, R., Barrett, L., & Lycett, J. 2005 *Evolutionary psychology: A beginner's guide human behavior, evolution and the mind.* Oxford: Oneworld Publications.

程でさまざまな身体的特徴や行動の特徴を持つに至ったし、その特徴からは必ずしも自由ではない。しかしその一方で、こうした特徴を用いて、わたしたちがどのように世界を変化させ、どのように安定させていくかという問いは、さまざまな可能性に開かれている。ヒトという動物が、進化の過程でさまざまな種類の遺伝子をより多く繁殖させるべくさまざまな行動を進化させてきたのだとしても、現在の個人個人が、それらの遺伝子をより多く繁殖させるためにこれから生きねばならぬということにはならない。

さらに、個々の行動の特徴や行動の組み合わせには個体間、個体内で幅や多様性があることにも注意しなければならない。これは、なんらかの行動の傾向を帯びたマジョリティがいるとき、その傾向とは異なる行動をとるマイノリティがいること、ある行動においてマジョリティである個人が、別の行動においてはマイノリティであることを意味している。進化的アプローチを論じる研究者は、ヒトがお互いの多様な行動傾向を負いながら、どうやって共存していけるのかを念頭におく必要があるだろう。

定量的研究では、目立つ行動の頻度や平均値が注目されやすく、行動の質的な多様性が見過ごされやすい。その意味でも、質的研究が多様な記述に対して果たす役割は大きい。

〔細馬宏通〕

3-5 マイクロエスノグラフィー (micro-ethnography)

■マイクロエスノグラフィーとは――二つの軸との関係で

マイクロエスノグラフィーは、「質的研究法マッピング図」では「構造×理念性」の象限に位置づけられている。まず二つの軸と照合させながら、マイクロエスノグラフィーがいかなる点で「構造志向的」かつ「理念志向的」といえるのかを簡単に整理する。なお、エスノグラフィーは、研究対象とする社会単位の大小によって「マクロエスノグラフィー」と「マイクロエスノグラフィー」に分けられるが、両エスノグラフィーがもつ本質はかなり共通しているため、以下ではエスノグラフィーの特徴として述べる。

エスノグラフィー[1]は、人びとに共有された振る舞い方や考え方のパターンとしての文化を現地の人びとの視点から描くための方法として、二〇世紀初頭に人類学者のマリノフスキー (Bronislaw K. Malinowski) によって開発された。マリノフスキーの方法は、とくに二つの側面で文化人類学研究の発展に大きく貢献したとされる。第一に、個別の民族や国民に向けられてきた視角をより普遍的な人間の文化に転じさせ、

[1] エスノグラフィーは、「研究の方法」と「研究の産物」という二つの意味で使われる。本項では、方法を意味する用語としてエスノグラフィーを使い、産物を指すときには民族誌と表記する。

文化を人間の欲求を充足させるための装置として捉えたうえで、**機能主義**の立場から人間と文化との一般的な構造を明らかにしたことである。[2] すなわち文化や社会の現象を現存の制度や慣習が互いに働き合う機能の構造として描出したのである。人びとの文化的実践のプロセスを詳細に観察しつつも、諸制度・慣習・規範の機能としての構造を抽出するという点で「構造志向的」といえるだろう。

その後、エスノグラフィーは、社会学・心理学・教育学など複数の学問分野で質的研究法として導入されたが、エスノグラフィーの広がりとともに多様な**認識論的立場**と組み合わせて使われるようになった。現在では、機能主義は選択肢の一つとなり、**ポスト実証主義**の系譜にある諸理論に依拠したエスノグラフィー研究が行われている。[3] 他方で、認識論的立場の違いを超えて、人びとの相互作用に脈打つ規則性や隠された抑圧のパターンなど、人間行動や集団関係の基底に潜在する不可視的な特徴を抽出する志向性をもち続けている点に、「相対的に変わりにくいもの」という意味での構造への志向性を見ることができよう。

第二に、フィールドワークの意義を強調し、**参与観察**という方法を確立したことである。[4] それまでの調査は、宣教師や旅行者などが手引書[5]を手がかりに羅列的に集めた記録が資料とされていたため、その信憑性に問題があった。マリノフスキーは、通算して二年もの長期にわたってトロブリアンド諸島に滞在し、現地のことばを習得して直に人びとと交流しながら、系統的にデータを収集する調査方法を考案した。具体的

［2］泉靖一 1980「マリノフスキーとレヴィ＝ストロース」『マリノフスキー　レヴィ＝ストロース（世界の名著71）』（p.11・p.15）中央公論社

［3］経営学領域のエスノグラフィー研究を解説したプラサドの著書では、ポスト実証主義の諸理論を認識論的立場とするエスノグラフィーが幅広く紹介されている。詳しくは以下を参照。Prasad, P. 2005 *Crafting qualitative research: Working in the postpositivist traditions.* New York: M.E. Sharpe.（プラサド／箕浦康子（監訳）2018『質的研究のための理論入門――ポスト実証主義の諸系譜』ナカニシヤ出版）

［4］前掲［2］pp.14-15

［5］現地に赴く宣教師・旅行者・商人の中で、民族学に興味をもつ素人向けに作られた調査手引書 "*Notes and queries on anthropology*" を指す（前掲［2］p.15）。

には、①まず具体例の集積から諸制度・慣習・規範の全体図式を作り、②次に制度や慣習の実際の働き方や人びとの規範への従い方などを行動レベルで調べ、③最後に制度・慣習・規範に対する人びとの意味づけを集団の一般的な考え方・感じ方として把握するという、三段階を踏んで調査を行った。生活体験や振る舞い方の違いとして現れる個人の実存に関心を寄せつつも、人びとの営みの本質的で特徴的な側面を、個々人を超えた集団の次元で押さえ、より一般化した表現で取り出そうとする点で、「理念志向的」といえよう。

今日、エスノグラフィー研究では、特定の研究設問（リサーチクエスチョン）の下で収集された多角的なデータからボトムアップ式に仮説を立ち上げる**仮説生成型の研究スタイル**が採用されることが多い。対象とした社会現象にみられる質的な特徴を、一定の手順で構成した抽象的概念（行為の規則性やパターンなど）で把握したり、事象間の連関を説明する仮説を形成したりする点で、「理論構築」への志向性を強くもつ方法といえる。

■開発プロセス

エスノグラフィー研究は、「**マクロエスノグラフィー**」と「**マイクロエスノグラフィー**」を両端とする連続帯の上に位置づけられる。[6] 人類学者のスプラッドリーは、「場所」「行為者」「活動」の三要素からなる単一の社会的状況は、文化的な意味の全体

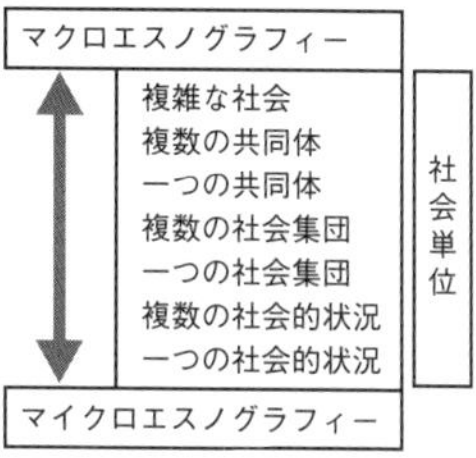

図1　研究範囲の連続帯

(Spradley, 1980, p.30, Figure 5を改変)[6]

［6］スプラッドリーは、この連続帯を右図のように示した。文化人類学では、マクロ寄りのエスノグラフィー研究が多いという。
Spradley, J. P. 1980 *Participant observation* (p.30). Orland: Harcourt Brace Jovanovich.（スプラッドリー／田中美恵子・麻原きよみ（監訳）2010『参加観察法入門』(p.39) 医学書院）

像を把握するには不十分でも、マイクロな社会的状況に投影された社会の文化的意味やその変容を解明する有効な単位になると考えて、マイクロエスノグラフィーを推奨した。

日本では、一九九〇年代後半に、心理人類学者の箕浦康子《みのうらやすこ》によって、マイクロエスノグラフィーの方法論的整備が進められた。[7] これに先立つ一九八〇年代は、**パラダイム展開**とでも呼べる動きが学横断的に起きた時代であった。文化人類学においては、それまで支配的であった構造機能主義が衰退し、個人の心理過程への関心が復活する一方で、民族誌を書くことへの自己批判が出された変動期であった。[8] 社会的現実の捉え方や研究のあり方に関する議論も活発化し、エスノグラフィーという研究方法を用いる研究者が拠って立つ認識論的立場を自覚し明示する必要性が強調されるようになった。また、発達心理学や社会心理学などでも、個人が生きる社会文化的文脈を抜きにしては個人の発達過程や心理過程を理解できないと考えられるようになり、文化的実践に参加する人びとの相互交渉過程や心理過程を文脈ごと扱い得る方法への関心が強まった。

箕浦が考案したのは、「**解釈的アプローチ**」[9]を認識論的立場とするマイクロエスノグラフィーである。[10] すなわち特定の状況下における人間行動の規則性と共有された意味の理解を目指して、理解するという了解的スタンスで事象や対象に向き合い、行為・発話・相互作用・意味に着目して人びとの日常的営為を質的に読み解くための研

[7] この成果は一書（箕浦康子（編）1999『フィールドワークの技法と実際――マイクロ・エスノグラフィー入門』ミネルヴァ書房）にまとめられ、マイクロエスノグラフィーの基本書として読み継がれている。ほぼ同時期に、佐藤郁哉 1992『フィールドワーク――書を持って街へ出よう』（新曜社）が出版された。この二書は、日本におけるフィールドワーク研究を先導する役割を果たした。

[8] 歴史学者クリフォードと人類学者マーカスが出版した以下の編著が、文化人類学内の自己批判を躍起させるきっかけとなった。Clifford, J. & Marcus, G. E. (Eds.) 1986 *Writing culture: The poetics and politics of ethnography.* Berkeley: University of California Press.（クリフォード＆マーカス／春日直樹ほか（訳）1996『文化を書く』紀伊國屋書店）

[9] 社会科学における認識論的立場の分類法は一律ではないが、「実証主義的アプローチ」「解釈的アプローチ」「批判的アプロー

究方法論として整備された。マイクロエスノグラフィーは、単に質的データの収集法として心理学研究に導入されたのではなく、「実証主義的アプローチ」から「解釈的アプローチ」への認識論的立場の転換とセットで導入された点が重要である。

■研究の手順

マイクロエスノグラフィーの研究過程は、八段階からなる。[11] 具体的な手順は、以下のとおりである。

①フィールドエントリー：自分が調べたい物事が起きている現場に入り、フィールドの人びとと人間関係を築きながら、研究を継続的に進めていくための基盤作りをする。

②全体的観察：マイクロエスノグラフィーにおける参与観察の第一段階の観察で、「記述的観察」[12]とも呼ばれる。調査の方向づけを得るための非特定的な記述を行うことにより、フィールドの複雑性を把握し具体的な視点を見出すことを目指す。

③研究設問（Research Question：RQ）の暫定的設定：全体的観察を通して把握しつつある、フィールドを特徴づける重要な事象を特定し、探究すべき問いを絞る。RQを発する自分の立ち位置（認識論的立場）の検討も含まれる。

チ」の三つに整理した場合の第二のアプローチを指す。この三分類を紹介した代表的な文献としては、次のものがある。LeCompte, M. D. & Preissle, J. 2008 *Ethnography and qualitative design in educational research* (2nd ed.), Bingley: Emerald. / Carr, W. & Kemmis, S. 1986 *Becoming critical: Education, knowledge and action research.* Oxon: Deakin University Press.

[10] 後に「批判的アプローチ」を認識論とするマイクロエスノグラフィーも取り上げている。詳しくは、箕浦康子（編）2009『フィールドワークの技法と実際Ⅱ――分析・解釈編』（ミネルヴァ書房）を参照。

[11] 箕浦 1999 前掲［7］p.41

[12] Spradley 1980 前掲［6］p.73

④**焦点的観察**：参与観察の第二段階の観察で、暫定的に設定されたRQの下で観察の単位を確定し、一貫した方針でデータを収集する。フィールドを特徴づける重要な事象・プロセスや文化的な意味カテゴリーなどが観察の単位になり得る。

⑤**分析のための概念・理論の模索とRQの再設定**：焦点的観察で収集しつつあるデータの暫定的分析と分析に適した概念や理論枠組みの模索との間を往復しながら、RQをより概念的に明確な問いに組み直す。

⑥**選択的観察**：再設定された理論的な問いの下で、焦点を当てた事象を理論的に捉え直しながら、より限定的な観察を行う。

⑦**データの分析と解釈**：⑤で析出した暫定的な分析概念をさらに精緻化して分析概念を確定し、データの分析と解釈を本格的に進める。

⑧**エスノグラフィーの作成**：⑦の結果を一貫したナラティブとして書き上げる。データの分析と解釈から得られた理論的示唆を仮説として提示することも含まれる。

この八段階は直線的に進む過程ではなく、データ収集↔分析、データ分析↔文献研究の間を何回も往還しながら**螺旋《らせん》的に漸進する過程**である。また、②④⑥のいずれの観察段階でも、毎回の観察の後に詳細な**フィールドノーツ**を作成することが必須となる。

■さらに学ぶために

単一の社会的状況を単位とした研究例として、大学キャンパス内のドアを行き交う男女の行為に焦点をあてたワラムの研究[13]がある。ドアの儀式（男性が女性のためにドアを開けること）の変化の中に、アメリカ社会における男女平等の定義が変容しつつあることを看取したユニークな研究として、スプラッドリーが自著[14]で紹介している。

日本におけるマイクロエスノグラフィーの整備と教育に尽力した箕浦の門下生からは、保育園の共食活動における文化的行為の共同構成過程[15]、病院内学級における教育援助行動[16]、地域社会に形成された曖昧な集合体[17]を観察単位にした研究などが産出されている。現在では、大学教員になった門下生を中心に、理論構築を志向するマイクロエスノグラフィーの特徴が実証的研究と方法論解説[18]の両輪で紹介されている。

（柴山真琴）

[13] Walum, L. R. 1974 The changing door ceremony: Notes on the operation of sex roles. *Urban Life and Culture*, 2, 506-515.

[14] Spradley 1980 前掲［6］pp. 110-111

[15] 柴山真琴 2001『行為と発話形成のエスノグラフィー――留学生家族の子どもは保育園でどう育つのか』東京大学出版会

[16] 谷口明子 2004「病院内学級における教育実践に関するエスノグラフィック・リサーチ――実践の"つなぎ"機能の発見」『発達心理学研究』15, 172-182.

[17] 村本由紀子 1996「集団と集合状態との曖昧な境界――早朝の公園で見出される多様なアイデンティティ」『社会心理学研究』12, 113-124.

[18] 柴山真琴 2006『子どもエスノグラフィー入門――技法の基礎から活用まで』（新曜社）は、その一例である。

3-6

ビジュアル・ナラティブ（visual narrative）

■ビジュアル・ナラティブとは

ナラティブ（narrative, もの語り）とは、ことばによって語る行為と語られたものをさす。ビジュアル・ナラティブは、**視覚イメージ**によって語る、あるいは視覚イメージとことばによって語る行為である[1]。

ビジュアル・ナラティブでは、視覚イメージとことばが連動して働く。それによって、抽象的なことばはわかりやすい具象的なイメージを呼び起こし、自分の経験や身体感覚とむすびついた多様な生きたイメージとなる。言語による語りは、論理的な概念や決まった意味解釈や定型構造をもつ。ビジュアルのほうが自由で新たなもの語りを生みやすくなる。

ビジュアル・ナラティブは感性や直感によって伝える形式であり、**共感的コミュニケーション**に威力を発揮する。また、効率もよく、ビジュアルでは、数十巻の哲学書におさめられるような内容を曼荼羅のように一枚の絵にして全体的・直感的に把握できる。

[1] やまだようこ 2018「ビジュアル・ナラティヴとは何か」『N：ナラティヴとケア』9, 2-10.

今までナラティブの**テクスト**を「小説」「**言説**」「**会話**」などに求めてきたのは狭すぎたといえよう。歴史的にみても文化的にみても、ことばだけで伝達するほうが特殊だからである。壁画、建築、衣装、化粧、装飾、絵巻物、絵解き、浮世絵など、古くからわたしたちはビジュアル・ナラティブを使ってコミュニケーションしてきた。さらに現代では、**バーチャル・リアリティ**やミックス・メディアなど、拡張された現実世界に生きている。ビジュアル・ナラティブを扱う質的研究の理論や方法論の探究は、今後の興味深い課題である。

■ビジュアル・ナラティブによる人間観の変革——「心」の投影からインタラクションへ

心理学において**実験**や観察や調査の手段として映像などビジュアル・データは多く使われてきた。しかし、「**客観**」的データを重視する従来の心理学では、研究者と研究参与者との関係性やインタラクションを考慮の外におき、「対象・客体（object）」として、分析対象としてビジュアルを扱っているのにすぎなかった。

また**臨床**心理学でも、視覚的イメージは重視されてきた。しかし、それは「内的世界としての心（主観）」を対象にし、ビジュアルは、**深層心理**を投影する検査や、**トラウマ**を浄化するセラピーの手段として扱われてきた。

なぜ、ビジュアル・ナラティブという新しい用語が必要なのだろうか。ビジュアル・ナラティブは、旧《ふる》くからあるが、新しい概念だからである。二一世紀以降の**ナ**

ラティブ・ターンをふまえているかどうかが新旧の境界である。ビジュアル・ナラティブは、人間観が根本的に変革された**ナラティブ・アプローチ**[2]の一環として位置づけねばならない。

わたしたちが現在生きている世界、「今、ここ」にある世界は、心的世界と外界に二元分割された世界ではない。ナラティブは、研究者のものでも、研究参与者のものでもなく、両者が対話的にインタラクションして**共同生成**される。ビジュアル・ナラティブもまた、ナラティブ論の一環として、研究者と研究参与者のインタラクションを重視し、当事者の経験を組織した視覚イメージによる語りを扱うのである。

のインタラクション（相互行為、相互作用）によって成立しており、「客観」と「主観」

もの語りは、「生きもの」「生もの」「生まれるもの」として文脈の中で共同生成される。ことばによる語りに比べると、ビジュアル・ナラティブは、外在化されたものとして目に見えるかたちで表現できるので、新しいナラティブの世界を切り開くことができる。

■ビジュアル・ナラティブによるナラティブ論の変革

ビジュアル・ナラティブは、ナラティブ論に基づく**認識論**や**人間観**や**方法論**を引き継いでいる。しかし、ナラティブ研究における言語中心主義からビジュアル・ターン（視覚的転回）へという転換によって、大きく変わるところもある。ビジュアル・ナラティブは、絵画、ダンス、文学、建築、デザインなど芸術を**記号システム**とし

[2] やまだようこ・麻生武・サトウタツヤ・能智正博・秋田喜代美・矢守克也（編）2013『質的心理学ハンドブック』新曜社

[3] Goodman, N. 1976 *Languages of art: An approach to a theory of symbols* (2nd ed.). Indianapolis: Hackett Publishing.（グッドマン／戸澤義夫・松永伸司（訳）2017『芸術の言語』慶應義塾大学出版会）

て捉える「**芸術の言語**[3]」の中心に位置づく。ビジュアル・ナラティブは、狭義の言語とは異なる特徴をもつ、優れた語り様式である。

　ビジュアル・ナラティブは、最先端のナラティブ論として、理論と方法論を新しく切り開く可能性をもつ。ナラティブの定義は研究者によって異なるが、「経験の有機的組織化」「**意味生成**の行為[4]」、つまり経験を編集する行為をさす。ナラティブは、「はじめ、なか、おわり」「出立、冒険、到達」「一章、二章、三章」など、時間系列によって多くのもの語りが構成されてきた。

　ナラティブを視覚イメージにまで広げると、「ナラティブ」の定義や分析方法も変革される。経験の組織化のしかたとして従来は「時間系列」が重視されてきた。しかし、やまだ[5]は、時間以外の組織化もあると考え、「二つ以上の出来事をむすぶ行為」と定義している。「むすぶ」という日本語は、「結ぶ」「産ぶ」「生ぶ」と表記されるが、むすぶことによって新しい意味が生成されることが重要である。

　もの語りの時間は、「はじまり」から「おわり」へと前進的に流れるとは限らず、過去が現在に蘇り、未来が現在をつくっていくという時間の逆行を含む（図1参照）。さらに視覚イメージでは、絵巻物や曼荼羅のように複数の自己や異なる時間を同じ空間に共存させることができる。ビジュアル・ナラティブでは、過去も現在も未来も同時共存した世界を見ることができ、一方向的に流れると考えられてきた時間概念を変革するのである[6]。

[4] Bruner, J. S. 1990 Acts of meaning. Cambridge, Mass.: Harvard University Press.（ブルーナー／岡本夏木・中渡一美・吉村啓子（訳）1999『意味の復権——フォークサイコロジーに向けて』ミネルヴァ書房）

[5] やまだようこ（編）2000『人生を物語る——生成のライフストーリー』ミネルヴァ書房

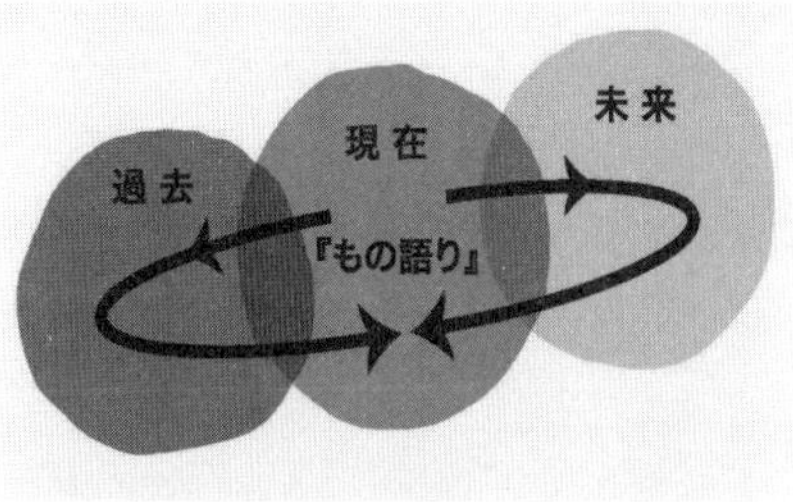

図1　ナラティブ（もの語り）の時間構造

ことばによる語りでは時間順序を無視して、聞き手がコントロールすることは難しい。しかし、ビジュアル・ナラティブでは、観客の自由度が大きく、一枚の絵をどこからでも見ることができ、全体を眺めることも細部をていねいに見ることも、好きなところに注視をとどめておくこともできる。観客の視点や自由度が大きく、イメージの世界と現実の世界をインタラクションするパラレル・ワールドやミックス・ワールドを体験しやすくなる。

■ビジュアル・ナラティブの種類

ビジュアル・ナラティブは、「静的」「動的」「インタラクティブ」の三種類に分類できる。[7] 興味深いことに、絵画のような静止画のほうが、アニメやドキュメントのような動画よりも、時間系列に束縛されず、観客の自由度が大きく、見ながら考える時間も多くなる。今後はゲームや仮想現実のようなインタラクティブ・ビジュアルがますます増えるだろうが、「現実」に近づけるほどメディアとして優れているわけではないことに注意が必要だろう。

最近では、質的研究法やナラティブ研究法の中でビジュアル分析がとりあげられるようになった。リースマン[8]は、ローズ[9]の分類にならって、①映像生成のストーリー（いつどのようにして作られたか）、②映像自体の内容や構成や技巧、③観客の受容プロセスに分けて考察している。事例としては、写真、絵画、ビデオダイアリー、コ

[6] やまだようこ 2010「時間の流れは不可逆的か？——ビジュアル・ナラティヴ「人生のイメージ地図」にみる、前進する、循環する、居るイメージ」『質的心理学研究』No.9, 43-65. ／やまだようこ 2017「ビジュアル・ナラティヴ——時間概念を問う」『心の科学とエピステモロジー 創刊準備号』9-15.

[7] Pimenta, S. & Poovaiah, R. 2010 On defining visual narratives. *Design Thoughts*. August, 25-46.

[8] Riessman, C. K. 2008 *Narrative methods for the human sciences*. Thousand Oaks, CA: Sage.（リースマン／大久保功子・宮坂道夫（監訳）2014『人間科学のためのナラティヴ研究法』クオリティケア）

[9] Rose, C. 2016 *Visual methodologies: An introduction to researching with visual materials* (4th ed.). Los Angeles: Sage.

ラージュなどがとりあげられている。

ビジュアル・ナラティブは、かつてのように研究素材、つまりビジュアル・データとしたり、言語による論述の証拠資料として補助的にプレゼンテーションに使ったりする方法とは根本的に異なる。しかし、まだ研究や分析や解釈の「対象」としての扱いにとどまっていることが多い。

ビジュアル・ナラティブは、それ自体がビジュアル特有の「テクスト」であり、独特の「経験の組織化のしかた」「語り方」「コミュニケーション方法」をもつので、その特徴を生かすべきであろう。ビジュアル・ナラティブは、言語によって構成される時間構造や概念枠組を超え、イメージを飛躍させ、感性や感情の伝達を容易にし、異文化コミュニケーションや臨床コミュニケーションに威力を発揮すると考えられる。

■ビジュアル・ナラティブによる関係性の変革と心理支援

ビジュアル・ナラティブは、人と人との関係性も大きく変革する。[10] それによって臨床支援や教育の方法も変わる。臨床場面で考えてみよう。図2の二項関係は、権威ある専門家が患者をベットサイドで診る伝統的な臨床関係を表している。

図3はナラティブ・アプローチが基本とする二項関係（対面的・対話的関係）である。人と人が対面し、相互に対話してインタラクションする関係を表している。図4は、ビジュアルを媒介にした三項関係（並ぶ関係、共存関係）を表している。ビ

[10] やまだようこ 2013「看護とナラティヴ――「並ぶ関係」で当事者の物語を聴く」『看護診断』18(1), 34-39.

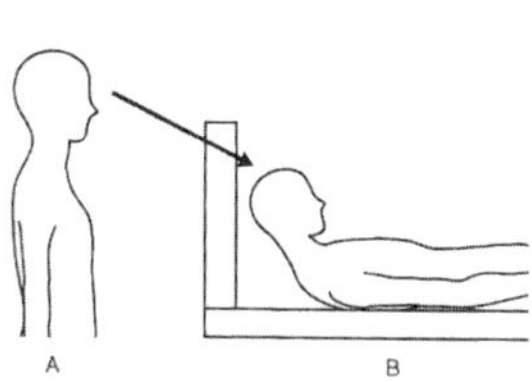

図2　伝統的な医師と患者の関係性（二項関係「臨床関係」）（やまだ, 2013）[10]

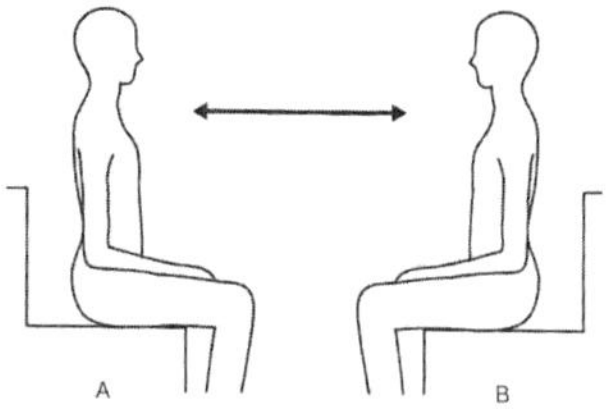

図3　ナラティブ・アプローチの関係性（二項関係「対話・対話関係」）（やまだ, 2013）[10]

ジュアル・ナラティブでは、人と人は並んで共存し、共鳴しながら、ともに同じものを見る「共同注意」を行う。対面した対話は対抗的になりやすいが、並んで同じものを見る三項関係では、共鳴的・共感的な雰囲気になる。ビジュアル・ナラティブをつくる共同作業をすると、それだけで集団の質が変わるので、ワークショップにも利用しやすく、新しい心理・教育・支援モデルが提案できるだろう。

　現代社会では、ビジュアル・プラクティス、つまりマンガ、アニメ、映像ゲームなど、ビジュアルで考え、ビジュアルで語り、ビジュアルで伝える方法は、すでにポピュラーであり、大いに使われている。しかし、学問は旧態依然とした言語中心主義で語られている。ビジュアル・ナラティブを学問の理論や方法論として練りあげていくのは、今後の課題である。

　ビジュアル・ナラティブは、完全にカルチャー・フリーというわけではないが、異文化に伝えやすい方法である。また、マンガやアニメなどのように、日本文化が得意としてきた方法でもある。日本では、感覚的次元は抽象されないことが批判され、「実感信仰」といわれてきた。[11] しかし、理論は外来のものを使いながら、日常生活は「実感」を大切にして暮らしてきたこと自体は非難されることではない。感性や感覚やイメージによる日常の「実感」から出発して、それを自前の「理論」にして国際的に発信していく道こそ、これから必要な作業だと考えられる。

〔やまだようこ〕

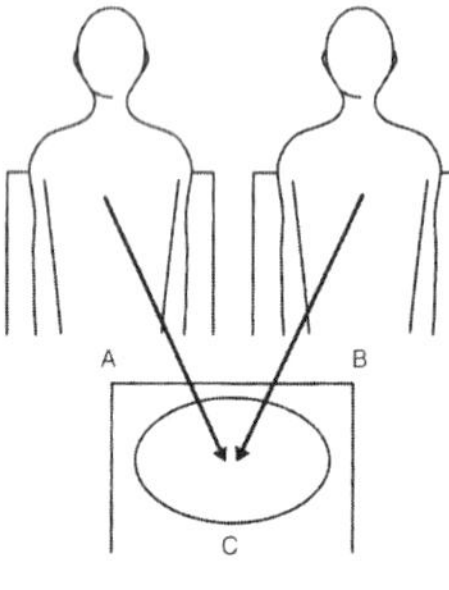

図４　ビジュアル・ナラティブの関係性（三項関係「共存・共同注意関係」）（やまだ, 2013）[10]

[11] 丸山真男 1961『日本の思想』岩波新書

3-7 TAE（Thinking At the Edge）

■TAEとは

TAE（Thinking At the Edge）は、現象学の流れを汲む哲学者で、心理臨床家ロジャーズ（Carl Rogers）の後継者でもあるジェンドリン（Eugene Gendlin）がヘンドリクス（Mary Hendricks）と共同開発した「わかっているがうまく言葉にできない意味感覚（フェルトセンス）を言葉にする系統だった方法」[1]である。暗在性哲学を理論的背景にもち、実践手順（「ステップ」）を備える。[2]書き込みながら手順が進められる「TAEシート」がウェブ上で公開されており、[3]初心者でも教示を読みながら進められる。質的研究への応用は得丸ら[4]により提唱され、教育、心理、看護などの分野で活用されている。[5]

本稿では、インタビュー分析を想定し、TAEによる質的データ分析手順を紹介する。分析によりインタビュー中の語りに表れた話し手の「行動原理」を探る。「行動原理」とは一貫した行動を生み出す原理で、人が「こういうときはこうする」「ああいうときはああする」という関係性の論理システムである。

[1] Gendlin, E. T. 2004 What is TAE? Introduction to Thinking At the Edge. *The Folio, 19*(1). http://www.focusing.org/TAE-intro.html（ジェンドリン／村里忠之・村川治彦（訳）「TAE（辺縁で考える）への序文」http://www.focusing.org/jp/TAE-intro.html）

[2] Gendlin, E. T. & Hendricks, M. N 2004 Thinking At the Edge (TAE) steps. *The Folio, 19*(1),.12-24. http://www.focusing.org/tae-steps.html（村里忠之（訳）「辺縁で考える（TAE）のステップ」http://www.focusing.org/jp/tae_steps_jp.html）

[3] 得丸さと子 2008『TAEによる文章表現ワークブック』図書文化社／得丸智子（さと子）ほか 2016「TAEリフレクション」http://gen.TAEjapan.org

[4] 得丸さと子 2010『ステップ式質的研究法――TAEの理論と応用』海鳴社

どんなテーマであれ通常、研究者は研究テーマに対して、先行研究や自分の経験等をふまえた一定の理解（「**背景理解**」と呼ぶ）をもっている。研究の最終目的は、その「背景理解」を修正したり、それに新しい「理解」を付け加えたりし、学界あるいは広く社会に提供することである。そのための情報提供が期待できる話し手にインタビューを行う。インタビューの間、聞き手（研究者と同一とする）は、「背景理解」からくる先入観を避け、話し手の語りに集中することが重要である。徐々に話の内容がわかってきて話し手の語りに対する「理解」が形成されていく。しかし、わかったことを即座に言葉にするわけではない。「理解」そのものは、言語以前の、身体的に感得される意味感覚である。この「理解」の性質を「**前言語的**」と呼ぶことにする。インタビュー終了時点でも、「理解」は「前言語的」で、すべてをすぐに言葉にはできない。録音データを文字化しても、「理解」が「前言語的」であることに変わりはない。研究プロセスを進めるためには、研究者が「理解」を言葉に展開する（「**言語化**」と呼ぶ）必要がある。かつては研究者個人の力量任せだったこのプロセスだが、近年は一定の手順をふむことが多くなった。他者もプロセスをたどれるほうがよいと考えられるようになったからである。ここではＴＡＥを用いて「言語化」する。

■独自性を確認する（パートI）

インタビュー終了直後に、「言語化」の対象である当該インタビューの「理解」（「**イ**

［5］末武康弘・諸富祥彦・得丸智子・村里忠之（編著）2017『「主観性を科学化する」質的研究法入門——ＴＡＥを中心に』金子書房

［6］Gendlin, E. T. 1995 Crossing and dipping: Some terms for approaching the interface between natural understanding and logical formulation. *Mind and Machines*, 5, 547-560. http://www.focusing.org/gendlin.html（村里忠之（訳）『交差と浸ること——自然的理解と論理構成との境界面に迫るための幾つかの用語』http://www.focusing.org/jp/gendlin_crossing_jp.html）

ンタビュー理解」と呼ぶ）を「**ディッピング**」により確認しておくことが望ましい。[6]

次のように行う。「インタビュー理解」の意味感覚に集中し、その意味を表現する言葉を探しながら待つ。浮かび上がってくる語を、数語、書き留める。[7] これが「ディッピング」である。インタビューの文字化資料を読み込んだ直後には、必ず「ディッピング」を行う。この時は、書き留めた語の中の二〜三語[8]を使い、短い一文（通常二〇文字以内）を作っておく[9]（「**仮マイセンテンス**」と呼ぶ）。これにより「インタビュー理解」の意味感覚の保持が容易になり忘却しにくい。

次に、「仮マイセンテンス」中の一語[10]を選び、その語の「背景理解」での意味と、「インタビュー理解」に特徴的な独自の意味を、書きながら確認する。「ディッピング」し微妙な違いに集中して行う。書いた語からさらに一語を選び、同様に繰り返す（通常三回）[11]。最後に、ここまでの過程で書き留めた語の中の二〜三語を使い、短い一文（通常二〇文字以内）を作っておく[12]（「**マイセンテンス**」と呼ぶ）。パートⅠで、「インタビュー理解」の独自性を確認する。

■類似性を立ち上げる（パートII）

インタビューの重要部分を小カードに抜き書きする（**カード化**[13]）。それらのカード群に「こういうときにはこうする」「ああいうときにはああする」の類似性を見出し、まとまりを作る（**グループ化**[14]）。これは次のように行う。「インタビュー理解」に

[7]「ＴＡＥシート」を用いる場合は、「1　浮上シート」を用いる。

[8]「インタビュー理解」の意味感覚に照らし重要だと感じられる語を選ぶ。

[9]「ＴＡＥシート」では「3　把握シート」を用いる。

[10]「インタビュー理解」の意味感覚に照らし重要だと感じられる語を選ぶ。

[11]「ＴＡＥシート」では「4　深化シート」を用いる。

[12]「ＴＡＥシート」では「5　再把握シート」を用いる。

[13]「ＴＡＥシート」では「2　実例シート」を用いる。

[14] グループの数をいくつにするか決まりはないが、経験的には一〇前後がよい。

「ディッピング」し、類似性の質感を探る構えでカードを見渡す（特徴的なカードを選んだうえで似ているものを探してもよい）。類似性は「前言語的」な身体感覚である。「似ている」を「〜」、「似ていない」を「?·?·?」と表記することにする。「〜」「?·?·?」を感じ分けながらグループ化を進める。次に、グループごとに、通底する「〜」を見出し、短い一文（通常二〇文字以内）（「**パターン文**」と呼ぶ）で表現する。「パターン文」でグループ内類似性が表現される。「こういうときはこうする」が基本形だが文型は自由に作る。[15]

　ここまでの手順で、「インタビュー理解」の中に、類似性により凝集した意味のまとまり（側面）が立ち上げられ、一側面から一パターンが抽出された。しかし、他のグループ分けの可能性や同一グループから複数パターンが見出される可能性もある。一方、研究目的である「行動原理」の探索に進むために、側面間の関係を探る必要がある。ＴＡＥは、この二つに同時に対処するユニークな手順を有する。側面間の関係を立ち上げながら新しいパターンを見出すのである。これは次のように行う。あるグループから抽出した「パターン」を機械的に（意味を考えずに）別のグループと組み合わせ、両者の意味感覚の間で、「類似する新しい意味感覚があるとすれば何だろう」と問いかけ「ディッピング」する。「パターン」そのものは身体的意味感覚であるから、「〜」「?·?·?」の身体感覚をたよりに動くことができる。動きながら新しい「パターン」の感覚が立ち上がってくるのを待つ。新しい「〜」の感覚が得られたら、ま

[15] 実際にはグループ化とパターン文作成は行ったり来たりしながら進む。「ＴＡＥシート」では「6　パターン抽出シート」を用いる。パターン化が終了したら、「7　パターン一覧シート」に、すべてのパターンを前半と後半に二分割して書く。文法に拘泥せず情報量が等分になるよう分割する。

ずその感覚をよく感じ、次に文（「**新パターン文**」と呼ぶ）にする。メモを書きながら行うとよい。初心者は、ある「パターン文」の前半部分を別の「パターン文」の後半部分へと接続させた文（「**交差パターン**」と呼ぶ）を作り、「ディッピング」して修正しながら新パターンを探ってもよい。このように、他のものとの間で「ディッピング」することを「**交差**（クロッシング）」と呼ぶ。

「交差」は総当たりで組み合わせる。[16] パートⅡで、「前言語的」な「インタビュー理解」の全体に、類似性により凝集した意味感覚のまとまりが立ち上がる。

[16] グループ（側面）数がnの場合、n×（n－1）回、交差を行うことになる。「TAEシート」では「8　交差シート」を用いる。

■論理システムを組み込む（パートⅢ）

「インタビュー理解」の核心を、論理システムとして記述することにより「言語化」する。論理システムとはユニット（単位）が論理的に結びついた全体である。TAEでは、ユニットとして「概念」、論理的関係として「文型」を用いる。「概念」とは定義（明確に説明）された語である。「論理的に結びつく」とは、筋道立った文章中に配置されることである。相互に論理的に結びついた「概念」群の体系が論理システムである。「概念」を得る手順と「論理的に結びつける」手順の二段階で進める。

（1）「概念」を得る手順

候補になりそうな語を論理的に関係づける試行を繰り返し、試行錯誤的に、論理的に結びつく用語へと絞り込んでいく。候補語は「インタビュー理解」に「ディッピング」して得る。論理的に関係づける試行のために、①二者を関係づける文型「○は○である」[17]と、②二者関係の間に位置づく語を得る文型「○は○の性質を持つ（含む）」[18]を用いる。

具体的には次のように行う。まず「インタビュー理解」の意味感覚に「ディッピング」し、意味感覚を表現する候補語を得る。候補語を「A」「B」「C」として進める。[19]次に二語ずつ（順序は問わない）、意味を考慮せず機械的に①「○は○である」の「○」に代入し文を作る（「**文型文**」と呼ぶ）。「ディッピング」し、「文型文」を「インタビュー理解」の意味感覚を表現するよう修正する（「**有意味文**」と呼ぶ）。三つの「有意味文」ができる。二語の順序を変えて代入し六つの「有意味文」を作ってもよい。三つ（六つ）の「有意味文」が論理的整合性を持つように作れたとき、論理的関係にある用語群「A、B、C」が得られたとみなす。そのような用語群が得られるまで、候補語を取り替え試行を繰り返す。[20]

次に、用語「A、B、C」を二語ずつ、②「○は○の性質を持つ（含む）」の「○」に代入し「文型文」を作る。そして「その性質は何だろう」と自問しながら「ディッピング」し、性質を表す語が浮かんでくるのを待つ。得られたら新用語とする。メモを書きながら行う。②の「文型文」を使うことにより、「AとB」の二者関係の中程に新しい性質「X」が立ち上がり、関係が精緻になる。「BとC」、「CとA」も同様に行い、新用語「Y」「Z」を得る。二語の順序を変えて代入し新用語を多く得ても

[17] 英語では"○ IS ○"を用いる。
[18] 英語では"○ IS inherently ○"を用いる。
[19] 「TAEシート」では「9．用語選定シート」を用いる。
[20] 「TAEシート」では「10．用語関連シート」を用いる。

よい。[21] ここまでが、「概念」（正確には「概念」候補）を得る手順である。

（2）「論理的に結びつける」手順

用語（「概念」候補）「A」「B」「C」「X」「Y」「Z」……の中から「概念」にする語を選ぶ。[22] 三個から始めることが多い。ここでは「O」「P」「Q」として説明する。「インタビュー理解」の意味感覚を感じ直し、その核心を「Oは～」で始め「P」と「Q」を使って明確に表現しようしながら「ディッピング」する。すでに（1）の「概念」を得る手順で論理関係が立ち上がっているから、「ディッピング」することが筋道立った「概念」の連続を引き出し、「インタビュー理解」の核心が、「O」を主語とし「P」「Q」を含む「ひとつながりの文」（Oの「**定義文**」と呼ぶ）で明確に表現される。[23]「P」を主語、「Q」を主語として同様に行い、それぞれの「定義文」を得る。三つの「定義文」は「インタビュー理解」の論理システムを異なる角度から表現したものとなっている。その体系性を、三つの「定義文」が同一の意味内容を論理的破綻なく表現していることにより確認する。[24] 確認できないときは（1）の「概念」選びに戻ってやり直す。確認できた場合は、「概念」候補から加えたい「概念」を選び、「定義文」作成と体系性の確認を繰り返す。加えたい「概念」がなくなったら終了する。[25] この手順で、「インタビュー理解」の核心が、「概念」が論理的に結びついた全体、すなわち「論理システム」として「言語化」される。

［21］「TAEシート」では「11. 用語探索シート」を用いる。

［22］TAEでは、用語は、明確に説明（定義）されたとき「概念」と呼ばれる。

［23］「概念」の数が多くなると文が長くなるので、二～三文に分割しても構わない。

［24］「TAEシート」では「12 用語組込シート」を用いる。本稿では「13 比喩シート」の手順は省略する。

［25］加える「概念」は通常「A」「B」「C」「X」「Y」「Z」……の中から選ぶ。概念数に決まりはないが、五～八個の場合が多い。

■**結論を表現する**

「定義文」の中からもっともわかりやすい表現を一つ選ぶ（「**骨格文**」と呼ぶ）。「骨格文」は「論理システム」の骨格を表現している。「骨格文」の、「概念」と「論理的つながり」（論理システム）を保持したまま、リサーチクエスチョン（研究設問）を主語として書き換えたり、当該研究の具体性を加えたりし「インタビュー理解」の意味感覚を「言語化」する（「**結果文**」と呼ぶ）[26]。得丸らは、「結果文」を分割し「結果パターン文」とし、パートⅡのはじめにインタビューの重要部分を抜き出した小カードを、「結果パターン」の意味感覚に基づき「実例カード」を再グループ化する手順を加えている[27]。

インタビュー・データに限らず、実践家の実践知、フィールドワークでの参与観察など、身体的に「理解」している意味感覚を「言語化」する作業に、TAEは有効である。

〔得丸智子（さと子）〕

[26]「TAEシート」では「14 骨格文・結果文シート」を用いる。

[27]「TAEシート」では「15 結果パターンシート」を用いる。

3-8 自己エスノグラフィー（autoethnography）

■自己エスノグラフィーとは

自己エスノグラフィーとは、近年、社会学や心理学においても注目を集めつつある、研究者自身の経験のエスノグラフィーという質的研究の一つの形態である。自叙伝的な記述を通し、個人と文化を結びつける重層的な意識のありようを開示していくことを研究プロセスとする。[1] エッセイや日誌など、個人的な経験が記述された他のものと一線を画する特徴として、①文化や**文化的実践**への言及や批判が含まれていること、②先行研究への貢献となる知見を提示していること、③脆弱《ぜいじゃく》な自己を開示し表現していること、④読み手との相互作用を呼びかけるものであること、といった四点があげられる。また、自己エスノグラフィーには、①研究実践の規範を打ち破る、②**インサイダー**としての知識を出発点とする、③痛み、当惑、怒り、不確実性に対応し人生をよくする、④沈黙を破り、声を上げる、⑤研究者以外のさまざまな読み手にも届ける、といった目的がある。[2] 日本ではまだまだ発展途上の方法ではあるが、修士論文や博士論文の中で挑戦する学生が徐々に増えている。

[1] C・エリス&A・P・ボクナー 2006「自己エスノグラフィー・個人的語り・再帰性——研究対象としての研究者」（N・K・デンジン&Y・S・リンカン（編）／平山満義（監訳）『質的研究ハンドブック3巻——質的研究資料の収集と解釈』（pp.129-164）北大路書房）

[2] Holman, J. S., Adams, T. E., & Ellis, C. 2013 Introduction: coming to know autoethnography as more than a method. In Holman J. S., Adams, T. E., & Ellis, C. (Eds.) 2013 *Handbook of autoethnography* (pp.17-48). Walnut Creek, CA: Left Coast Press.

■自己エスノグラフィーのこれまでの展開

自己エスノグラフィーの歴史的な流れは、一九七〇～八〇年代に遡る。まず、**表象の危機**が社会科学における調査の目的や形態を再考する機会となった。質的研究への理解が少しずつ進んでいたこともあり、研究者は、物語が思考や感情を提示し、道徳や倫理を教えたり自己や他者を理解したりするのに役立つものだと認識し始めた。同様に、研究対象との関係を考慮せずに植民地主義的に行う研究方法への批判も出てきたことにより、倫理的な問題に関する議論がなされ、新たな方法が模索され始めた。その流れで、これまで表には出てこなかったような個人的な経験に基づいた、感情に訴えかけながら示唆に富む研究が求められるようになった。加えて、読み手が自分たちとは異なる人々に共感できる表現形式が必要とも考えられ、自己エスノグラフィーが研究としてなされるようになった。また、自己エスノグラフィーの研究者は、誰をどのように調査するか、どのように結果を書くか、といった研究プロセス一つひとつにおける研究者の選択が研究に影響を及ぼすことを認識し始めた。それゆえに、自己エスノグラフィーは、**主観性**、**感情**、および**研究者が研究に及ぼす影響**を、隠したり存在しないと仮定したりするのではなく、これらを積極的に活用するアプローチの一つとなった。[3]

そもそもの自己エスノグラフィーの起源は、フィールドワークを実施し他文化を研究してきた人類学者による自身の経験の記録である。ハイダー[4]が自分の行為を報告す

[3] Ellis, C., Adams, T. E., & Bochner, A. P. 2010 Autoethnography: An overview. *Forum Qualitative Sozialforschung /Forum: Qualitative Social Research*, 12(1), Art.10. http://nbn-resolving.de/urn:nbn:de:0114-fqs1101108 (2019/7/18 情報取得)

[4] Heider, K. 1975 What do people do? Dani-autoethnography. *Journal of Anthropological Research*, 31, 3-17.

ることを自己エスノグラフィーとして言及したが、この用語の創始者は、人類学者が「自分自身を文化的レベルで研究すること」と定義したハヤノとされる。[5]しかしその後は、厳密な定義や用法の規定が曖昧なまま発展し、類似した他の用語の基で研究されたものも多い。自己エスノグラフィーという言葉や方法を定着させ、本書でも一章設けられるようになるまで発展させたのは、社会学者エリスの功績が大きい。彼女は、自身の自己エスノグラフィーだけではなく、自己エスノグラフィーという方法について、そして物語やナラティブのもつ力を多くの著書や論文で精力的に広めている。

[5] Hayano, D. M. 1979 Auto-ethnography: Paradigms, problems, and prospects. *Human Organization*, 38, 113-120.

■自己エスノグラフィーの手続き

自己エスノグラフィーは、分析方法の一つという位置づけではない。したがって標準化された手続きというものもない。[6]しかし、自己エスノグラフィーが自己エスノグラフィーたるには、いかに自分の経験を記述するかにかかっているといっても過言ではない。その物語が、自分自身や読み手との対話を促し、社会や文化、そして自己や他者理解につなげるという研究そのものの目的の柱となるからである。自己エスノグラフィーの記述は、自叙伝的な部分とエスノグラフィー的な部分が重なり合っており、どれだけ読み手を揺さぶるような、豊かで**分厚い経験の記述**がなされたかが重要といわれる。つまり、その場面の行動や感情、思考、やりとりなどが読み手にありありと伝わるような丁寧な記述が必要である。また、この物語の意味づけが、いわゆ

[6] 自己エスノグラフィーを実践したい人向けにある程度の手続きを体系化・文章化した道しるべ的な書籍もある。たとえば Chang, H. 2008 *Autoethnography as method*. Walnut Creek, CA: Left Coast Press.

る分析や解釈に相当する。そこでは、文化的な解釈や理論を組み込む必要があり、分析的に一歩引いてみる目も大切だが、同時に自身の感受性を生かすことも重要であり、芸術的な側面が必要でもある。データに相当する物語と、分析・解釈の部分を切り離すことは難しく、それらが入り交じって記述されることが多いのも一つの特徴である。[7]

従来は、研究者個人による記述とその解釈が中心だった。近年では、対話的（dialogical）、二重の（duo）、協同的（collaborative）、共同体（community）など、データ収集、そして分析・解釈の段階において二人以上で行う方法も多く開発されている。[8] また、研究成果の形態も広がりをみせており、論文や書籍以外に詩や演劇、ダンス、映像、作曲、脚本など、芸術的な手段による表現もなされている。[9] 研究者個人の創意工夫が必要とされる方法でもあり、今後の発展の可能性を大いに秘めた方法でもある。

■自己エスノグラフィーの特徴[10]

（1）自己エスノグラフィーの強み——物語・個人的経験のもつ力

はじめに、研究者の経験が主なデータとなっているため、研究者にとってはアクセスしやすい。また、自らの生や内面をその内側から描き出すという点においては、他者の経験を研究するのとはまた違った強みがある。加えて、自己エスノグラフィーの

[7] 筆者は、実際カテゴリー分析を行ったところ、他者へのインタビュー・データを分析するのと大差ないような結果になってしまい、自己エスノグラフィーの良さを生かすことができなかった経験がある。

[8] 対話的なものは沖潮（2013）を、それ以外はボクナーとエリス（2016）を参照。沖潮（原田）満里子 2013「対話的自己エスノグラフィー——語り合いを通した新たな質的研究の試み」『質的心理学研究』No.12, 157-175. ／Bochner, A. P., & Ellis, C. 2016 *Evocative autoethnography: writing lives and telling stories.* New York: Routledge.

[9] Bartleet, B-L. 2013 Artful and embodied methods, modes of inquiry and forms of representation. In Holman J. S., Adams, T. E., & Ellis, C. (Eds.) 2013 *Handbook of autoethnography* (pp.443-464). Walnut Creek, CA: Left Coast Press.

実践、共有、読みは、研究者と読み手の双方の**自己省察**を引き起こさせ、**自己変容**させるきっかけとなる。物語は学術的な記述よりも読みやすく、自分に引きつけて考えやすいことから、読み手が気づきを得ることも多い。研究者自身にとっても研究自体がトピックに対する対処方略となることもある。また、質的研究には、人の主観に現れてくる意味の世界を検討し、それにかかわるさまざまな現象を捉え直していくという特徴があるわけだが、自己エスノグラフィーはその極みともいえるだろう。物語や個人的経験のもつ力を最大限に生かすことのできる方法である。

（2）自己エスノグラフィーの弱み ― 批判と困難

これだけ特徴的なアプローチには、数々の批判がつきものである。学術的な側面からは、データが記憶に頼りすぎており、自己語りを妥当化するプロセスが組み込まれていない場合には反証可能性もなく、評価が困難だという批判もある。また、自己に焦点が絞られすぎて他者とのかかわりが切り離されているようにみえると批判される場合もある。その一方で、文学・芸術的な側面からは、物語の特徴である読みやすさやわかりやすさに欠け、味気ないものもあるという批判もある。

ここで加筆すべきは、自己エスノグラフィー研究の困難さである。自身の経験の研究というものは一見簡単そうにみえるかもしれないが、そこには数々の壁が立ちはだかることがある。第一に、自身の経験を記述・分析するにあたり、**自己を客観視**することの難しさに直面する。それによってなかなか筆が進まないということはよくあ

［10］本節は、沖潮 2013 前掲［8］の一部を加筆修正している。

る。第二に、研究プロセスに伴う**感情的側面**にかかわる困難さも生じる。これまで気づかなかった、あるいは無意識に追いやっていた自身の姿に直面することで傷つくこともある。第三に、研究成果を発表する際に伴う**匿名性のなさ**があげられる。自身の経験が公にさらされることや、学術的なコメントの内容が自分の人生に関するものとなり、緊張を強いられることもある。多くの自己エスノグラファーはこのような困難に向き合いながら、自分の経験だからこそ書けることがあり、そこに大きな意義があるのだと考えながら取り組んでいるのである。

■研究論文の紹介[11]

自己エスノグラフィーの提唱者とも呼ばれるエリスによる最初の著書『最後の交渉——愛と喪失、慢性病の物語』[12]は、指導教員であり、後に夫にもなったジーンとの出会いや恋愛、彼の慢性病との闘い、そして彼との死別体験の物語が想起的に綴られている。さらには、物語を書くという行為そのものについての議論も展開されている。

沖潮は、障害者のきょうだいとしての経験を軸に、共同研究者との対話を通して、きょうだいが抱える二つの揺らぎについて明らかにしている。[13] 一つは、存在するだけで価値があるという家族的な価値観と、経済的な活動などができることに意味がある社会的な価値観の狭間での揺らぎである。もう一つは、社会的言説でもある、人は自立して生きていく、つまり障害者もそのきょうだいも別々に生きていくというストー

[11] 自己エスノグラフィーによる研究は、物語を伝えるという目的を含む性質上、学術雑誌に投稿する際、字数の制約があり苦労することが多い。

[12] Ellis, C. 1995 *Final negotiations: A story of love, loss and chronic illness*. PA: Temple University Press.

[13] 沖潮(原田)満里子 2016「障害者のきょうだいが抱える揺らぎ——自己エスノグラフィーにおける物語の生成とその語り直し」『発達心理学研究』27, 125-136

リーへの追従と、それへの葛藤の間に揺らぐというものである。

世界で唯一の盲ろう者の大学教授である福島は、失明と失聴による他者とのコミュニケーションの喪失から、指点字によるコミュニケーションの再構築という過程を通して、自身の「生のありよう」の本質的な意味を探究している。[14] 福島の母による過去の膨大な記録や資料のおかげで、かなり詳細な幼少期以降の福島の姿が浮かび上がっている。

自己エスノグラフィーの先駆けともされてきた、四肢まひの経験が描かれたマーフィー[15]や、心臓発作と睾丸がんを患ったフランク[16]の作品をはじめ、これまでの多くの研究は、障害や病いに関する知見の蓄積に貢献してきた。現在では、教育学や政治学、医療看護、ジェンダーなど、幅広い領域において活用されている。

■さらに学ぶために

エリスによる『自己エスノグラフィー的な私――自己エスノグラフィーについての方法論的な小説』は、彼女が担当する自己エスノグラフィーの授業の様子を自己エスノグラフィー的な小説として、学生との対話形式で提示されている。自己エスノグラフィーとは何かを学ぶだけではなく、実際に研究を進めていくうえでどのような疑問が浮かび、どのような点でつまずくのかといった点なども非常によくわかる参考書である。[17]

[14] 福島智 2011『盲ろう者として生きて――指点字によるコミュニケーションの復活と再生』明石書店

[15] Murphy, R. F. 1990 *The body silent: The different world of the disabled*. New York: W.W. Norton.（マーフィー／辻信一(訳) 2006『ボディ・サイレント』平凡社）

[16] Frank, A. W. 1991 *At the will of the body: Reflections on illness*. Boston: Houghton Mifflin.（フランク／井上哲彰(訳) 1996『からだの知恵に聴く――人間尊重の医療を求めて』日本教文社）

[17] Ellis, C. 2004 *The ethnographic I: A methodological novel about autoethnography*. Walnut Creek, CA: AltaMira Press.

自己エスノグラフィーというジャンルの全体像や多様なあり方が知りたいという人には、『自己エスノグラフィーのハンドブック』[18]を薦める。本書は初の自己エスノグラフィーに関するハンドブックである。全三四章にわたり、歴史や倫理、表現形式、評価などをテーマにした自己エスノグラフィー的な論考や、実際の研究例が数多く収録されている。

最後に、エリスによる『改訂 人生とワークの自己エスノグラフィー的な省察』[19]では、**メタ自己エスノグラフィー**と呼ばれる、自己エスノグラフィーに対する内省的な作業が記述されている。もともと本書は、著作集としてこれまでの著者の自己エスノグラフィーの作品を集めた本になる予定だったという。しかし、エリスはただ過去の出来事をその時感じたまま本として出版することができず、時が経った現在の彼女の視点からはどのようにその出来事や物語が感じられるのか、また別の枠組みをもって記述がなされている。先に紹介した『最後の交渉』もその題材の一つになっている。読み比べてみると、時間の経過を感じたり、それでもなお色褪せないその出来事の生々しさを感じたりすることもでき、人生の物語は一つのストーリーで完結するわけではないことをあらためて知るきっかけにもなる。メタ自己エスノグラフィーはまだ本書以外に類をみないが、自己エスノグラフィーのさらなる発展とともに、自己エスノグラフィーのもう一つの軸になるかもしれない。

〔沖潮（原田）満里子〕

[18] Holman J. S., Adams, T. E., & Ellis, C. (Eds.) 2013 *Handbook of autoethnography*. Walnut Creek, CA: Left Coast Press.

[19] Ellis, C. 2008 *Revision: Autoethnographic reflections on life and work*. Walnut Creek, CA: Left Coast Press.

4章　「過程×理念性」──記述の意味づけ

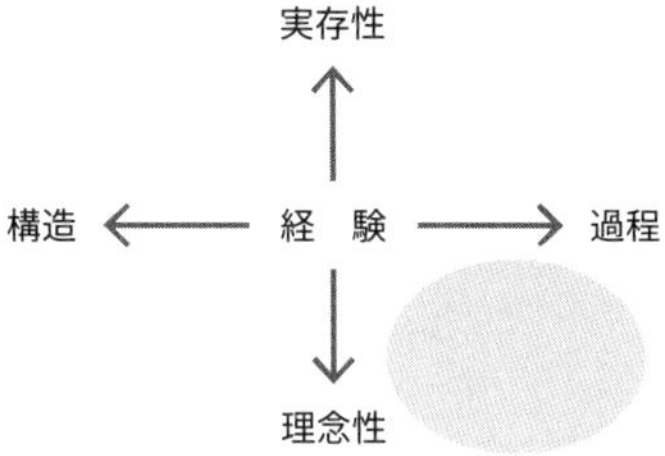

4-1 ナラティブ分析（narrative analysis）

■ナラティブ分析とは

（1）ナラティブの概念

ナラティブ分析においてまず理解しておきたいのは、「ナラティブ」とはどういうものかということである。そこには複数の意味が含まれている。第一にそれは、表現された一続きの物語である。その内容は一般に、人（のようなもの）が登場して何らかの行為をし、それがその人自身や周囲に何らかの影響をもたらすといった時系列的な事象の連なりによって構成される。哲学者のアリストテレスはその形式的な特徴を、「はじめ－中間－終わり」と非常にシンプルな定式化をした。

第二に、ナラティブは物語るという行為であり、それによって意味が生成される。やまだはこの側面を重視して、「ストーリー」の概念を「二つ以上の『出来事』をむすびつけて筋立てる行為」と定義した[1]が、これはナラティブにもあてはまる。人は、非定型的な体験をしたときに、それを既知の物語と結びつけてそれを取り込む傾向がある。また、出来事を自分とつなげることで経験が作られ、自分が自分であるという感覚（ナ

［1］やまだようこ 2000「人生を語ることの意味――ライフストーリーの心理学」やまだようこ（編）『人生を物語る――生成のライフストーリー』（pp.1-38）ミネルヴァ書房

ラティブ・アイデンティティ）も生まれる。[2]

第三に、ナラティブは社会の中で生じる事象である。物語る行為は真空の中で生まれるのではない。人が自分の経験であれ空想したことであれ物語りを語るときには、聞き手がその場にいることが普通で、その語りは聞き手の態度によって影響を受ける。また、その場にいる聞き手のみならず、社会に流通している思考の型や物語の類型なども語りという出来事に影響を与える。その意味で、ナラティブは個人と社会のあいだに生成されるものであるともいえる。[3]

（2）ナラティブ分析の射程

前述のナラティブの概念を踏まえたうえで、「ナラティブ分析」が何をしようとしているのか考えておきたい。その中心にあるのが、ナラティブを通じて生成される意味の世界を明らかにし、その生成にかかわる個人や集団や状況への理解を深めることである。それにより、対象者と交流しつつ同じ世界で生きていくための足場を広げることができるかもしれない。また、ナラティブの構成の過程を知ることで、そこに何らかの不都合が生じた場合に何らかの対処が可能になることも考えられる。[4]

ナラティブ分析は、そうした志向をもつ分析法の総称である。たとえばＫＪ法のように単一の分析手続きが用意されているものではなく、さまざまな分析手続きがありうる。分析対象の中心に位置づけられるのは、個人が自分や自分の体験について生み出す表現である。普通は言語によるテクストの形をとるが、近年では、描画などの視

［2］こうした行為が人間の生において不可欠の部分であるのは、わたしたちが自然科学的な論理科学モードよりも、ナラティブモードと呼ばれる認識の型を日々駆使しているからであろう。以下も参照のこと。能智正博（編）2006『〈語り〉と出会う』（pp.11–72）ミネルヴァ書房

［3］前掲［2］で示した文献を参照のこと。

［4］Bamberg, M. 2012 Narrative analysis. In H. Cooper, et al. (Eds.) *APA handbook of research methods in psychology* (vol. II, pp.85–102). Washington, DC: American Psychological Society.

覚的表現が分析対象となることもある。[5]

そうしたナラティブ・テクストを中心としつつ、理解を深めるために周辺情報をどこまで取り上げるかは、ナラティブをどのように定義するかにかかってくる。たとえばナラティブの内容面に注目する場合には、語りの音声資料とその逐語録がもっとも中心的な資料となる。実質語（名詞や動詞など）を中心に分析する場合が多いが、明示的には語られていない内容を読み解く手がかりとして機能語（助詞や間投詞など）やパラ言語学的な属性（沈黙など）にも目配りすることがある。

ナラティブを行為や事象として捉える場合には、個人の表現を中心にしつつも、それが生じた状況にも注意を払う。そのため、語りの場面のビデオ撮影をしておいて、語り手の非言語表現や聞き手の振る舞いも含めて分析することになる。また、より広い社会的文脈と結びつけて分析するとしたら、関連するドキュメントも資料として重要だろう。こうした形の分析は、ディスコース分析にも近づくことになる。[6]

■ナラティブの内容を探る

ナラティブを分析する際にまず必要な作業は、与えられたテクストから物語内容を同定することである。[7] それは、個々の部分的な意味のまとまりを捉えたうえでそれを帰納的に結びつけていくことで達成できるかもしれない。しかし、しばしば乱雑な個人の発話から物語内容を抽出することは簡単でない場合もある。そこで考えられるの

[5] 本書「3-6　ビジュアル・ナラティブ」を参照。

[6] 本書「3-5　マイクロエスノグラフィー」「4-2　ディスコース分析」も参照

[7] もちろんそれ以前に、ナラティブ分析に適した豊かな語りを引き出すようなインタビューが必要とされるだろうし、逐語録を作成する際の工夫も必要になる。以下も参照のこと。S. Kvale 2007 *Interviewing*. London: Sage.（クヴァール／能智正博・徳田治子（訳）2016『質的研究のための「インター・ビュー」』新曜社）

は、ナラティブの一般的な型を参考にして構成要素の有無やその内容の特異性に気づき、語り手の生きる世界を明らかにするという手法である。

これまで提案されてきた代表的なナラティブの型として、社会言語学者のラボフによるものがある。[8] それは、「要約」(要するにどういう話か)、「方向づけ」(どういう場所・時間にどういう人が登場するか)、「複雑化」(出来事がどう展開するか。行為がどう発展するか)、「評価」(その出来事がどういう点で重要なのか)、「結果」(出来事がどう解決し、どんな結果がもたらされたか)、「終結」(語りを現在に引き戻す)、という五つの構成要素からなる。実際の語りにおいてはこれらの要素がすべて揃っているとは限らないし、出現順序にも揺れがある。リースマンは、離婚経験者のナラティブの分析にこの枠組みを利用した。[9] その結果、パートナーの浮気から離婚に至る過程は類似していても、「評価」にあたる浮気の意味づけは事例によって大きく異なっており、各要素の出現順序などの語り方の違いにも目配りしながら、離婚体験のあり方の特殊性・多様性を明らかにした。

ただ、こうした出来事のナラティブだけではなく、自分の人生全般を語るようなかなり長いナラティブもあり、ラボフ的な型がそのまま使えるとは限らない。その場合、テクストをよく読んで、全体から「評価」的な内容を取り出すことから始められるかもしれない。テクスト全体の内容、形式、語り方などを基に、「楽観的」とか「悲観的」とかいった語りの調子(トーン)を取り出してみると、それを通じて対象

[8] Labov, W. & Waletsky, J. 1967 Narrative analysis: Oral versions of personal experience. In J. Helm (Ed.), *Essays on the verbal and visual arts* (pp.12-44). Seattle, WA: University of Washington Press.

[9] Riessman, C. 1989 Life events, meaning and narrative: The case of infidelity and divorce. *Social Science & Medicine, 29*, 743-751.

者の人生の物語を方向づける力が浮かび上がってくることがある。[10] また、そうした個人のナラティブは個人間の比較を通じて類型化される。特定のカテゴリーに属する人たちは彼らに固有の視点をもっているが、それをさらに細かく分類していくことで、彼らの経験の共通点と多様性を明らかにすることができる。たとえばクロスリーは、ＨＩＶ陽性の診断を受けた患者の語りを「時間感覚」という観点から、「今を生きよう―脱成長ストーリー」「未来を夢見る―世間並み志向ストーリー」「虚ろな今が過ぎていく―喪失ストーリー」の三つに分けている。[11]

■「小さな物語」を探る

もっとも、自分に関する個人のナラティブは、「自分はこういう人間だ」とか、「自分はこういう経験をした」といった、はっきりした形をとるものばかりではない。かつて社会学者ゴッフマンが指摘したように、人が日常の対人関係の中で口にする言葉には、積極的に聞き手に伝えたいことだけではなく、意図に反してその語り口や非言語的な行動から漏れ出してくる情報が含まれる。[12] それに気づいた周囲の人の反応を見て、語り手は自分についての認識を修正することもあるだろう。

ナラティブについても同様のことがいえる。バンバーグは、明示的に「自分は…」という形で語られる自己についての表現を「大きなストーリー（big story）」とし、それと対比させてもっと微妙な形で現れるアイデンティティを「小さなストーリー

[10] 「ナラティブ・トーン」と呼ぶことがある。McAdams, D. P. 1993 *The stories we live by: Personal myths and the making of the self*. NY: William Morrow.

[11] Crossley, M. L. 1999 *Introducing narrative psychology: Self, trauma, and the construction of meaning*. Buckingham, UK: Open University Press.（クロスリー／角山富雄・田中勝博（監訳）2009『ナラティヴ心理学セミナー――自己・トラウマ・意味の構築』金剛出版）

[12] Goffman, E. 1959 *The Presentation of Self in Everyday Life*. NY: Anchor（ゴッフマン／石黒毅（訳）1974『行為と演技――日常生活における自己呈示』誠信書房）

(small story)」として概念化した[13]。彼は、後者に個人のアイデンティティのダイナミックな側面を探る重要な鍵が隠されているとし、日常場面に近い少年たち数名のやりとりをビデオ録画して、そこでのさまざまな機能語や非言語的表現も含めてミクロな分析を行っている。

たとえば、気になる女の子についての雑談の中で、少年ビックは友人のウォルトから、こんなことを言われる（**太字**は発話の中で強調されていた部分）。

「そのいかした娘《こ》ってのがそこの通りに住んでてさ、**こいつの**（手で引用符のジェスチャーをしながら）〝**友だち**〟が言ったってんだけど、その友だちってのが彼女の足を見て、――彼女ドレスを着てんだけどさ、でそいつが言ったってさ、『すげー』って。俺は〝友だち〟って言うのは**おまえ**のことだと思うんだけどね」。

それに対してビックはかぶりをふり、レゲエ歌手シャギーの歌のさわりを口真似しながらこう返す。

「俺じゃねえよ、俺じゃねえ、**ほら**俺シャギーだぜ、あれは俺じゃねえ（上半身をダンス風に動かす）」。

[13] Bamberg, M. & Georgakopoulou, A. 2008 Small stories as new perspective in narrative and identity analysis. *Text & Talk*, 28, 377–396.

ここで彼は、その歌に歌われている、性的にアクティブだがそれを認めない男に自分を重ねつつ、ウォルトの軽口をかわしている。そこからバンバーグは、歌の登場人物と重ねられて呈示される思春期の性的アイデンティティの一つの形を取り出すのである。[14]

■個人のナラティブを方向づける外部の力を見る

アイデンティティを生みだすこうした日常的なやりとりは、真空の中で生じるわけではない。それは、文化・社会の中に広く浸透した価値を伴う「マスター・ナラティブ」、特定のコミュニティの中で権威をもちその成員の生を方向づける「モデル・ストーリー」などに、程度の差こそあれ影響を受けている。[15] 前者の例としては、〝すべての人は平等な個人である〟といった近代社会の理念をあげることができる。また、後者の例としては、断酒会で断酒を維持する指針とされている「一二ステップ」などが該当するであろう。こうした社会・文化的なナラティブの型は、個人が自分や自分の経験について物語を作り上げるためのひな形を提供する。もちろん一方的に影響されるとは限らず、意図的・積極的に利用しながら、自分なりのナラティブを形成することもある。

そうした社会的な語りの型を個人のナラティブの分析に統合しようとしたのが、現象学的心理学者ラングドリッジのいう「批判的ナラティブ分析」である。[16] これは哲学

[14] ナラティブの個人内におけるダイナミズムを検討する分析法としては、他にもフランクの対話的ナラティブ分析がある。Frank, A. W. 2012 Practicing dialogical narrative analysis. In Holstain J. A. & Gubrium, J. F. (Eds.) 2012 *Varieties of narrative analysis* (pp.33-52). Thousand Oaks: Sage.

[15] 桜井厚 2005「インタビューテクストを解釈する」桜井厚・小林多寿子（編著）『ライフストーリー・インタビュー』(pp.129–201) せりか書房

[16] Langdridge, D. 2007 *Phenomenological psychology: Theory, research, & methods.* Harlow, UK: Pearson Education（ラングドリッジ／田中彰吾他（訳）2016『現象学的心理学への招待』新曜社）

者リクールのナラティブ論に基礎をおきつつ、ナラティブ・アイデンティティの分析手続きを整理したもので、その名のとおり、「批判的」視点をもつ点に特徴がある。それは、対象者が語るナラティブが――マスター・ナラティブであれモデル・ストーリーであれ――どのような社会的な力によって拘束されているかについて「批判的」であることを意味するだけではない。対象者のナラティブを捉えようとする研究者の視点に対しても「批判的」な視線が向けられる。こうした分析は、語り手自身の可能性を制限しているかもしれない抑圧的なナラティブを動かすための契機を提供するだろう。

■ナラティブ分析の位置

本書における質的研究法のマッピングによれば、ナラティブ分析は経験という中心に近い場所ながら、「過程」と「理念性」を重視する傾向が強い象限に位置づけられている。この象限における研究は、「記述の意味づけ」を重要な手続きとしており、「記述のコード化」や「モデル構成」や「理論構築」を行う研究とはやや性格が異なっている。それは決して間違いではないが、以上述べたようなナラティブ分析の多様性を考えると、その位置づけは、現在のマップ上の表記を中心としつつもう少し広く考えたほうがよいかもしれない。[17]

〔能智正博〕

[17] ナラティブ分析の概要については、次の文献も参照のこと。能智正博 2013「ナラティヴ・テクストの分析」やまだようこ他(編)『質的心理学ハンドブック』(pp.324–343) 新曜社

4-2 ディスコース分析（discourse analysis）

■ディスコース分析とは

一九七六年二月一六日の衆議院予算委員会でロッキード事件のため証言を求められた国際興業グループ創業者の小佐野賢治氏は、「記憶にございません」を何度も繰り返した。[1] 委員会ではこの言葉は不利な証言をするのを回避するために発せられたと理解されたようで、一度は委員達の失笑を招いた。このテレビ中継を見た国民の間では、この言葉はその後流行語になった。ある人があることについて「記憶にない」と言ったとき、その言葉を文字通りに受け取るなら、話題になったそのことについて本当に記憶がない、覚えていない、ということである。もちろんそういう場合もある。しかし小佐野氏の証言にみられるように、状況次第では自分の利益を守るために同じ言葉が発せられることがある。

ディスコース（discourse）とはひとまとまりの言葉のことで、実際に使われたディスコースをその文脈を含めて研究するのが**ディスコース分析**である。この方法では言葉を、事実を伝えるたんなるメディアとは考えない。そうではなく、「言葉は何か

[1] 正確には「記憶はございません」「記憶をしておりません」などだった。衆議院予算委員会一九七六年二月一六日議事録。

をする」と考える。たとえば衆議院予算委員会での小佐野賢治氏の「記憶にございません」という発言は、彼の内的事実を伝えたのではなく、彼が不利な状況に陥るのを防いだと、ディスコース分析を行う研究者は考える。あるいはそういう可能性を含めてデータに向かう。[2]

「言葉は何かをする」とは、人が言葉を使って自分の利益を守ることを意味するだけではない。人が自分についての**物語**や**アイデンティティ**を作るのも言葉によってである。[3] 考えがまとまらないままに紙に書いたり人に話したりしたら、考えがまとまることもある。この場合、考えが先にあってそれが言葉になるのではなく、言葉にすることで考えが形成されるのである。また言葉は心理現象だけでなく社会的現実も作る。たとえばヘイトスピーチがあることで、それまで多くの人がとくに何とも思っていなかった特定の国民や民族の存在が社会の中でくっきりと浮かび上がる。こうした言葉が人の心や社会の現実を作るという言語観は、**社会構成主義**のそれである。ディスコース分析に関心のある読者は社会構成主義の考え方に馴染むとよい。[4]

■方法の概要

ディスコース分析は言語学では談話分析と呼ばれ、おもに実際の話し言葉をデータにしている。また哲学者フーコー（Michel Foucault）が始め、彼の影響を受けた哲学や社会学の方法でもあり、この場合は言説分析と呼ばれておもに書かれたものを

［2］筆者らは、ディスコース分析とは研究を行う際の一つの態度、観点、姿勢、アプローチであると考えている。これはデータへ向かう際も同じである。鈴木聡志・大橋靖史・能智正博（編）2015『ディスコースの心理学――質的研究の新たな可能性のために』（ミネルヴァ書房）を参照。

［3］ナラティブとディスコース分析の関係については、能智正博 2015「質的研究におけるナラティヴとディスコース」鈴木聡志・大橋靖史・能智正博（編）『ディスコースの心理学――質的研究の新たな可能性のために』（pp.3-23）（ミネルヴァ書房）を参照。

［4］社会構成主義（social constructionism：社会構築主義ともいう）の概説書として、Burr, V. 2015 *Social constructionism* (3rd ed.). Routledge.（バー／田中一彦・大橋靖史（訳）2018『ソーシャル・コンストラクショニズム』（川島書店）がある。

データにしている。言語学、哲学、社会学と比べると心理学がこの方法を取り入れたのは比較的新しく、ポッターとウェザレルの一九八七年の著作『ディスコースと社会心理学』[5]が嚆矢である。[6]

鈴木[6]はディスコース分析の方法を次の五段階に分けて説明している。①背景を知る、②データを集める、③分析する、④分析を洗練させる、⑤文章にする。このうち②のデータ収集と③のデータ分析がディスコース分析に特徴的なので、この二つに絞って方法を説明しよう。質的研究一般に共通する話題、たとえばインタビューを録音する際にインタビュイーから許可を得ることなどは省略する。

まずデータ収集の段階について説明する。データは話し言葉と書き言葉に分けられる。データとなる話し言葉には、テレビやラジオの番組、電話、インタビューなどがある。研究者の中には自然に生起したデータに限定し、このため研究者自身がインタビュアーになってデータを収集することを好まない者もいるが、インタビュアーの存在がインタビュー状況に及ぼす影響に注意を払うならこのことにこだわる必要はないだろう。

話し言葉をデータにする場合、音声を文字化する作業が伴う。このとき、テレビの登場人物やインタビュイーの話したことを言い換えたり要約したりしないで、できるだけそのまま文字化する。話の内容を文字化したトランスクリプトを作成するのにかかる時間は、一時間の録音につき四〜五時間であるが、詳細なやり取りに関心がある

[5] Potter, J. & Wetherell, M. 1987 *Discourse and social psychology: Beyond attitudes and behaviour*. London: SAGE.

[6] ディスコース分析も談話分析も言説分析も英語では同じdiscourse analysisなのだが、日本では学問分野で使い分けることを鈴木(2007)が提唱している。
鈴木聡志 2007『会話分析・ディスコース分析――ことばの織りなす世界を読み解く』新曜社

ため会話分析[7]で使うようなトランスクリプトを作成する場合には、その数倍の時間がかかる。

データとなる書き言葉には、公的文書、新聞や雑誌の記事、アンケートの自由記述などがある。Ｗｅｂでのコミュニケーションが盛んになった近年では、ブログやＳＮＳもデータになる。データを入手したなら、一定の書式に従って書き写す。このとき、話し言葉のデータと同じように、言い換えたり要約したりしない。書かれている文章を書き写すのは、話し言葉の文字化よりは楽な作業である。

次にデータ分析の段階について説明する。まず、データを何度も繰り返して読む。読みながら何か引っかかるところを探す。その際、繰り返し現れる表現や比喩に注目する。そして言葉のパターンを発見する。そのためにＫＪ法[8]やオープンコーディング[9]を使うのもよい。そしてある「読み」が生まれたとき、なぜこんなふうに読めるのだろうと自問する。このとき**解釈レパートリー**[10]、**ポジショニング**[11]などの分析概念を知っていると役に立つ。

■研究例

日本では概して宗教に否定的なイメージがあるが、日本にも熱心な宗教信者がいる。彼らにとって宗教は自分の信仰を表現する言葉であるが、日本人の宗教イメージに則ることは自分を否定することになる。日本人キリスト教徒はキリスト教徒でもあ

[7] 本書「2－5　会話分析」参照。

[8] 本書「2－1　ＫＪ法」参照。

[9] 本書「2－4　オープンコーディング」参照。

[10] 解釈レパートリー（interpretative repertoires）とは行為や出来事や現象を特徴づけたり評価したりするのに使われる用語のシステムである。一定の範囲の用語からなり、特定のメタファーやイメージを中心にして作られる。バー（前掲［4］）、ポッター＆ウェザレル（前掲［5］）参照。

[11] ポジショニング（positioning）とは、自分や他者を言葉や物語によって何者かに位置づけること。Haré, R. & van Langenhove, L.（Eds.）1999 *Positioning theory: Moral contexts of intentional action.* Massachusetts: Blackwell.

り、宗教者一般でもあり、日本社会に生きる者でもある。これらの立場に葛藤が生じた時、彼らはどのように対処するのか。こうした問題意識から綾城[12]は一四名の日本人キリスト教徒とのインタビュー・データを分析した。

ポジショニング理論[11]によって検討した結果、宗教一般について語ってからキリスト教について語るということで、語り手らは葛藤を無化していた。また語り手らは個人性を強調すること（個人的ポジショニング）で、矛盾する複数の義務の対立を回避したり、義務に抵抗したりしていた。**表1**はあるデータの一部である。ここで語り手Lは、日本社会の否定的な宗教イメージに対して、六行目の「私は」以下で抵抗している。個人的ポジショニングの検討から綾城は、この発話は語り手の固有性を指示し、その結果として語り手を社会的役割の外部（聖域）に位置づけると指摘した。

表1　Lのインタビューより（綾城, 2014）[12]

1	L:	ま無いわけじゃないですけど。宗教，あと，日本で宗教って
2		言うと，宗教は例えば病気になったりとか，弱い人が持つもの
3		だみたいな，イメージがあるんじゃないかなって私は勝手にイ
4		メージしているんですけど。
5	IR:	イメージで全然大丈夫です。
6	L:	ああ，だから私はその，自分の，例えばその，自分一人が
7		幸せになりたいために自分は宗教を持っているわけじゃない，
8		私は。

L: 対象者。IR: インタビュアー。引用に当たり改変した。

[12] 綾城初穂 2014「「聖域」としての個人――日本人キリスト教徒は日本社会の「宗教」ディスコースにどうポジショニングするのか」『質的心理学研究』No.13, 62–81.

■さらに学ぶために

ディスコース分析全般について日本語で読める文献をあげると、まず鈴木の『会話分析・ディスコース分析』[6]がある。鈴木・大橋・能智の『ディスコースの心理学』[2]は、ディスコースの観点が心理学にもつ意義を概説する理論編と、ディスコース分析を用いた九つの研究例の実践編からなる論文集である。ラプリーの『会話分析・ディスコース分析・ドキュメント分析』は、第二版が邦訳された。

Rapley, T. 2018 *Doing conversation, discourse and document analysis* (Book7 of The

SAGE Qualitative Research Kit). London: Sage.（ラプリー／大橋靖史（訳）2018『会話分析・ディスコース分析・ドキュメント分析』新曜社）

英語文献では、ウェザレルらによる次の二冊がディスコース分析を広く捉えた論文集で、ディスコース分析を生んだ諸理論と多くの研究例に触れることができる。

Wetherell, M., Tailor, S. & Yates, S. J.（Eds.）2001a *Discourse as data: A guide for analysis*. London: Sage.

—— 2001b *Discourse theory and practice: A reader*. London: Sage.

研究方法について詳しく知りたい場合、ウィリッグの『心理学のための質的研究法入門』の六章と七章がよい。ディスコース分析にはいろいろな種類があるが、その中でもディスコース心理学とフーコー派ディスコース分析の違いが分かる。

Willig, C. 2001 *Introducing qualitative research in psychology: Adventures in theory and method*. Buckingham: Open University Press.（ウィリッグ／上淵寿・大塚まゆみ・小松孝至（訳）2003『心理学のための質的研究法入門——創造的な探求に向けて』培風館）

英語文献では次の二つを勧める。

Willig, C. 2014 Discourse and discourse analysis. In U. Flick（Ed.）. *The SAGE handbook of qualitative data analysis*（pp.341–353）. London: Sage.

Wiggins, S. 2017 *Discursive psychology: Theory, method and applications*. London: Sage.

〔鈴木聡志〕

4-3 エスノメソドロジー（ethnomethodology）

■質的研究法における問題とエスノメソドロジーにおける対処法

質的研究法においては、データそのものが強く「意味」を帯びている。それゆえ、そのデータの「意味」についての分析が、実際の文脈から切り離された解釈に引きずられないようにすることが、研究を適切に進めるための戦略的なポイントとなる。

よくしつらえられている場合には、「質的研究法マッピング」における、「過程」や「理念性」は、「意味」の「理論化」や過剰な解釈に引きずられないようにする「道具」として働く。エスノメソドロジーにおいては、「**相互反映性**」という道具立てが伴われる。これによって、「過程」に注目することは、その結果である「構造」に依拠する以上に、精緻な分析を可能にする。また、「理念性」に注目することは、「人びとの理念性への依拠」というかたちをとることで、実際に解決可能な問題を、実際の文脈についての理解のもとで考えることを可能にする。

■エスノメソドロジーの概要と二つの特徴――「過程」に注目して

具体的な話に入る前に、エスノメソドロジーの概要について述べておこう。エスノメソドロジーとは、その名のとおり「エスノ（人びとの）」の「メソッド（方法）」に学ぶ「ロジー（研究法）」である。その創始者は、ガーフィンケル（Harold Garfinkel）であり、主著『エスノメソドロジー研究[1]』は、部分的に邦訳されている。彼は、日常会話における挨拶、質問と答え、行列、講義といった題材を基に、新たな研究法、新たな社会学を構想した。

エスノメソドロジーには、二つの特徴があるといってよいだろう。一つは、社会構造について「部分的な事実から全体構造へ」という、一方向の、積み上げ的な理解をやめて、部分と全体が相互に支え合う「過程」に注目していることである（特徴A）。もう一つは、「研究者の理解枠組み（理論）」を「人びとの理解枠組み（概念）」に依存させる方針があり得ることを発見し、探究の対象を、研究者が解くべき問題から、当事者が解きつつある問題に変更したことである（特徴B）。つまりは（どの程度の抽象度で、どの程度の解明をするべきか、という）探究のアポリアを「人びとが実践している問題解決の過程を詳細に追うことで解明する」というかたちで解決したことである。

特徴Aは、先に「相互反映性」と呼んだ視角の採用といってもよいだろう。すなわち、意味理解を根拠づける文脈と、その文脈によって理解された「証拠」が相互に支

[1] Garfinkel, H. 1967 *Studies in ethnomethodology*. Englewood Cliffs, NJ: Polity Press.
ガーフィンケルほか／山田富秋・好井裕明・山崎敬一（編訳）2004『エスノメソドロジー――社会的思考の解体（新装版）』（せりか書房）などの中に、部分訳がある。

え合っていることを「過程」の根本的な特徴としたことである。
特徴Bは、「**メンバー**」(成員)概念の導入と、「メンバー」の実践であるエスノメソッド(人びとの方法)への注目という、探究の対象の革新によって達成されている。

本書で用いられている「構造」と「過程」という対概念で、エスノメソドロジーを解説し直すなら、エスノメソドロジーは、わたしたちが生きている世界の把握を、「構造」の斉一性、反復性、規範性を産み出す「方法」の探究でなそうとしているということである。「過程」は「構造」ほど単純に世界の把握を規定する力を持つことはない。だが、その「過程」の細部にある、見るべきものを見落とさないなら、その場面における展開が、「人びとの方法(エスノメソッド)」を基盤に組織され、多様な意味を産み出している過程を追うことが可能となり、世界の把握を可能にする。上記の対比は、以下の理解のもとで重要である。

■「理念性」と「個別性」を両立させる方法の探究がエスノメソドロジーである

質的研究法といえども、多くの研究法は、文脈から切り離された「部分」を自立した「事実」として「蓄積」することでなされる。たとえば、そのために(インタビューなどではよく)「意味のコード化」が行われている。例外や偏差はあるにしても、この「意味のコード化」のためには、同じ「部分」が、同じ意味、同じ位置価を持つことが「出発点」とされ、そのような「事実」に基づいて議論することが、ゆるぎない学問の基盤であるとされている。

だが、エスノメソドロジーは、意味について「**文脈依存性**」を主張することで、そのような議論における「出発点」を否定する。同じ言葉の意味は同じではない。また、この主張だけだと「文脈を精密に記述し、各言葉のそれぞれの意味を確定させていこう」という方向になりかねない。だが、エスノメソドロジーは、「相互反映性」にも配慮することで、人びとが、一目でそれと分かる「**アカウンタビリティ**[2]」を持つ「事実」を産み出すメカニズムを、意味と文脈の同時生成を前提とした議論の中で扱う。さらには、場面を組織する方法が、文脈ごとに個別性を持っていることを「**個別的（ユニーク）な適切さ**」として主題化する。この方向は、「記述のコード化」よりも文脈の多様性にフィットした方向である。場面の「似ているけれども違っている」性質や「違っているけれども似ている」性質をよく取り扱うことができる。つまり、エスノメソドロジーは、文脈の多様性に繊細であろうとし、「理論構築」や「モデル構成」とは対称的な議論の方向性を持ちながら、概念による媒介を否定する「実存性」に居直ることもしない営みなのである。

■「自然的態度」を支える人びとの方法の探究がエスノメソドロジーである

ガーフィンケルは、パーソンズ（Talcott Parsons）に代表される、社会秩序と規範

[2]「アカウンタビリティ」は、多くの場合、説明責任と訳されている。だが、エスノメソドロジーにおいて、この言葉は、全ての「実時間的」、具体的な場面において、ある行為や活動が、それとして観察でき、そのおかげで、人びとは、「次に何をすべきか」が理解することができるということを指している。

の問題への解法を乗り越える中で、自然科学が人文・社会科学のモデルになりえないことを主張している。なぜなら、自然科学に範をとることは、法則のもとにある経験的な問題と、規範に従うための共通理解の礎ともなる「理念的な」問題との差異を見えなくさせることになるからである。

質的研究法を含む、人文・社会科学における現象は、独立して、法則に従う、中立的な事実ではない。わたしたちが事実をどのように見て、結びつけて考えるかという「カテゴリー化」と、わたしたちがそれらの記述を組織して、一目でそれと分かるアカウンタビリティをもたらす「実社会的で実時間的な行為」から産出されたものなのである。

フッサール現象学の「事象そのものへ」という発想も、エスノメソドロジーに引き継がれている。現象学の言う「自然的態度」とは、わたしたちは「センス・データ（感覚所与）」を知覚する以前に、病院や学校といった日常的な世界を知覚して、それを生きているということである。厳密に言うなら、人は、他者と同じものを見る経験も、知る経験も持たない。社会秩序が成立するのは、それらを「理念的に」同じものとして知覚して、行為を組織していく「方法」があるということである。そのようにして社会的な「事実」を作り上げていく「方法」をエスノメソッドと呼ぼう。そうすれば、人びとの実践から、それを学びとる研究法が「エスノメソドロジー」となる。何と何とが同じものかを組織し、それと知ることができるのは、「メンバー」であり、逆に、「メンバー」の手による「理念化」である「カテゴリー化」を経由しないと、例えば、ある人物が、どういったアイデンティティの元にその場にいるのかを特定することはできない。

研究者が、記述の対象を「X（たとえば、教師）」として「カテゴリー化」し、「XならY当然、Yという特性を持っている」といった一般化された記述ができるのは、それが「メンバー」の使用している概念に支えられてあるときのみである。すなわち、研究者による記述が、「人びとの理解枠組み」である（授業といった）「概念」とそれが「カテゴリー化」によって組織され、同時生成されている（教室といった）「文脈」を含みこんでなされるときのみなのである。それゆえ、エスノメソドロジーにおいては、事例の持つ「**個別的**（**ユニーク**）**な適切さ**」が重視され、作品化にあたっては、見るべきものを見落とさない観察と詳細なデータの提示が求められる。

■「ドキュメントを証拠とした理解の方法」が人びとの意味理解の方法である

わたしたちは、具体的な記述の方法を経由しないで、意味について考察することはできない。それは、言語の性質について考慮しないで、思考そのものの性質について考慮することができないのと同じである。意味ということでいうと、わたしたちは、異なる文脈では異なった話し方をする。それゆえ、意味や理解、またそれを支えている概念について、文脈の中で、目に見えて、使われている方法、すなわち、「話し方」

や「カテゴリー化」と一緒に分析しなければならない。これは、社会のどのような側面を研究するにせよ、それぞれの現場で、実際に、どのように記述がなされ、組織され、使われて、意味が達成されたかという「**ドキュメントを証拠とした理解の方法**」を研究の対象にしなければならないということである。[3]

「理念性」とのかかわりで言うなら、ルールは、それを適用する実践と切り離すことはできない。わたしたちが「するべきことをする」のは、どこか遠くにルールが存在するからではない。ルールが、実際に存在するのは、わたしたちがするべきことを実践しているからなのである。ルールに則って行為していることを本人が知らないなら、その人の行為をルールに従っているとは言うことはできない。研究者の行う一般化が、ルールに従う実践である「カテゴリー化」と別に行われるなら、それは、現場での出来事を産み出している「理念化」とは、別の「理論化」だということになるのである。

頭の中で進行中のことを観察することができないのと同様に、それについての「内省」によって、作動しているルールを引き出すこともできない。わたしたちは、少なくとも、ルールが適用される世界についての観察から、ルールの存在とその効力を引き出さなくてはならない。この循環の中では、ルールに従うことこそが、有意味な行為、すなわち社会的な行為だということになる。「同じ意味」は、この循環の中で作り出される。またそれによって、研究者は、一目でそれと分かる「アカウンタビリ

［3］「ドキュメントを証拠とした理解の方法」という言い方における「ドキュメント」とは、「文脈の証拠になるもの」である。本稿の前半で述べたキーワードを用いるならば、この理解の方法は、以下のように定義できよう。すなわち、単純に「**文脈依存性**」に基づいた意味理解をしているのではなく、その文脈の証拠にも言及しながら意味理解をしている。このことを「相互反映性」を用いた意味理解ということができる。そして、この方法こそは日常世界における「自然的態度」的な世界理解の方法なのである。ガーフィンケルによって、この点がどのような形で語られているのかについては以下の論考などを参照せよ。北澤裕・西阪仰（編訳）1989『日常性の解剖学』マルジュ社

ティ」に基づいて、「同じもの」を特定し、それに依拠して研究を進めることができるようになる。

■まとめ

前述のように、エスノメソドロジーは、人びとの行っている「理念化」に寄り添うので、人びとの「理念化」に根拠をもたない「理論化」を導入しないという方針をとる。つまり、勝手な「社会理論化」をしないということである。

本稿は、前半では、エスノメソドロジーの特徴を「構造」ではなく「過程」に注目することで論じた。後半では、「実存性」ではなく（人びとの）「理念性」に依拠するものとして扱うことで、研究者が一方的に社会理論を創るための研究法ではなく、人びとが実際に解きうる問題を解くことに寄り添う研究法としての可能性がエスノメソドロジーにあることを論じた。

■さらに学ぶために

Garfinkel, H. 1967 *Studies in ethnomethodology*. Englewood Cliffs, NJ: Prentice-Hall.[1]

樫田美雄・中塚朋子・岡田光弘（編）、藤崎和彦（監修）2018『医療者教育のビデオ・エスノグラフィー――若い学生・スタッフのコミュニケーション能力を育む』晃洋書房樫田美雄 2018「ビデオで調査をする方法③　ビデオで調査をして当事者研究的社会学調査を行おう」小川博司・樫田美雄・栗田宣義・好井裕明・三浦耕吉郎（編）『新社会学研究3』（pp.192–197）新曜社
北澤裕・西阪仰（編訳）1989『日常性の解剖学』マルジュ社
串田秀也・好井裕明（編）2010『エスノメソドロジーを学ぶ人のために』世界思想社
前田泰樹・水川喜文・岡田光弘（編）2007『ワードマップ　エスノメソドロジー――人びとの実践から学ぶ』新曜社
岡田光弘 2001「構築主義とエスノメソドロジー研究のロジック」中河伸俊・北澤毅・土井隆義（編）『社会構築主義のスペクトラム――パースペクティブの現在と可能性』（pp.26–42）ナカニシヤ出版
岡田光弘 2019「エスノメソドロジー研究の想像力――社会に学ぶ想像力を開放する」『現象と秩序』10, 39–56.
山田富秋・好井裕明・山崎敬一編（訳）1987『エスノメソドロジー』せりか書房

〔樫田美雄・岡田光弘〕

4-4

ライフヒストリー (life history)

■ライフヒストリーとは

ライフヒストリーという用語は、一般的には個人の誕生から現在に至る全人生またはその一部のことを指すが、社会科学や人間科学の領域では、調査対象者個人の人生や生活過程の経験を基に社会や文化の諸相や変動を探究する研究方法のことでもある。「生活史」も同義語として使われるが、日本では「むらの生活史」のように集合体を表象する意味が込められて使用されることがあるため、近年では個人の生命や心理、生活の意味がより鮮明なライフの用語を用いてライフヒストリーが利用されている。方法としてのライフヒストリーは**伝記的研究**(biographical research)とも呼ばれ、個人の**語り**や**個人的記録**(自伝、手紙、日記、備忘録、写真など)を基に分析や解釈を行う多様な質的研究のアプローチの中で古くから用いられてきた手法である。

■ライフヒストリー研究の歴史

ライフヒストリーは、人文科学、社会科学および医学など幅広い分野で古くから広く用いられてきた。心理学では、オールポート[1]（Gordon W. Allport）が、フロイト（Sigmund Freud）やジェームズ（William James）の著作を例にあげて古典的作品のほとんどすべてがそれを書いた著者の個人的記録にほかならないと述べる。ライフヒストリーを個人と社会の関係を探究する経験科学のデータとして方法論に位置づけたのは、社会学のトマス（William I. Thomas）とズナニエツキ（Florian W. Znaniecki）による『ポーランド農民』（原著一九一八～二〇年）であった。これをきっかけにアメリカのシカゴ大学を中心にホームレスや犯罪者、非行少年などを対象とした数多くのライフヒストリー研究が出版された。[2] アメリカの社会科学研究評議会では『ポーランドの農民』の方法論や歴史学や人類学などの隣接分野の個人的記録の活用にも注意が向けられた。[3] この時期、主に個人的記録が重視されたのは、音声保存の技術が未発達だったため、ライフヒストリーのオーラルな語り（ライフストーリー）は客観性を欠くと考えられたからであった。『ポーランド農民』では自伝（生活記録）を「完璧な社会学的資料」と位置づけ、オールポートが個人的記録を「書き手の精神生活の構造とダイナミックスと機能に関する情報をもたらす、いっさいの自己表示的な記録である」と定義したのも、自己や社会生活の経験は当該個人の意図や説明によってもっともよく理解できると考えられたからであった。しかしながら、この時期のライフヒストリー研究には二つの問題が指摘されている。一つは、ライフヒストリー資料の入手方法の不明確さなどの社会調査法の問題、もう一つは、概念や分析・解釈図式の不足の問題である。

[1] G・W・オールポート／福岡安則（訳）2017「個人的ドキュメントの活用」『質的研究法』(pp.9–294) 弘文堂

[2] 代表的作品としては、C・R・ショウ／玉井真理子・池田寛（訳）1998『ジャック・ローラー――ある非行少年自身の物語』（東洋館出版社）がある。『ポーランド農民』の抄訳は、桜井厚（訳）1983『生活史の社会学』（御茶の水書房）に収められている。

[3] 米国の社会科学研究評議会(Social Science Research Council)が刊行した報告書に、Blumer, H. 1939 *Critiques of research in the social sciences I: An appraisal of Thomas and Znaniecki's the polish peasant in Europe and America.* および Gottschalk, L., Kluckholn, C., & Angell, R. (Eds.) 1945 The use of personal documents in history, anthropology, and sociology. がある。オールポート前掲[1]も同評議会から一九四二年に刊行された報告書で、原題は *The personal documents in psychological science* である。

一九四〇〜六〇年代になると、実証主義的な考え方を基盤に実験的、数量的研究が盛んになり、ライフヒストリー研究に代表される**個人中心的アプローチ**は低迷することになる。ただこの時期でも、これまでのライフヒストリー研究の課題に挑む優れた研究が少ないながら生まれてはいる。ここでは人類学のルイス（Oscar Lewis）と心理学のエリクソン（Erik H. Erikson）の二人をあげておこう。[4] ルイスは貧困の文化の研究をライフヒストリー法で行い、その優れた成果を『サンチェスの子供たち』（原著一九六一年）や『ラ・ビーダ』（同一九六五〜六年）で著した。家族成員のライフストーリーを活かしてデータの信頼性と有効性を示しただけでなく、**羅生門的技法**と命名した手法を用いて**多元的リアリティ**の意義を提示したのである。またエリクソンは、『青年ルター』（同一九五八年）で心理・歴史的研究方法を試み、**アイデンティティ概念**を通して意識と歴史、社会とのダイナミックな関係を解き明かしたのであった。それは個人史と歴史を媒介する概念であり、のちに個人のライフヒストリーを統合しながら歴史の価値を創造していく主体的な自我概念へと結晶する。これはライフヒストリー研究に理論的な枠組みを与える試みであった。

■ライフヒストリーの特質と構成

ライフヒストリーや伝記を描くとき、通常、誕生から幼少期、教育期、就職、結婚など、過去から現在までの人生の節目や重要な出来事の経験を時系列の順に並べて

[4] O・ルイス／柴田稔彦・行方昭夫（訳）1969『サンチェスの子供たち』みすず書房
O・ルイス／行方昭夫・上島建吉（訳）1970『ラ・ビーダ1・2』みすず書房
E・H・エリクソン／西平直（訳）2002-3『青年ルター――精神分析的・歴史的研究 1・2』教文館

構成しようとするのではないだろうか。このように自己が遭遇した出来事を時系列的に編成するのは、この形式が誰もが了解できるライフヒストリーの常識的なモデルとなっているからである。そして、ライフヒストリーはあくまでも個人的な経験をもとにしているけれども一定の歴史的出来事や事実が含まれているため、調査研究者は当該個人の証言や個人的記録をもとに公文書やマスメディアなどの資料を補うことで、首尾一貫した真実のライフヒストリーを構成しようとする。そうした工夫は、ライフヒストリーの主体を客観的に理解可能なものにしようとする**実証主義的な見方**を前提にしている。

しかし、この伝統的な見方はいまや大きな転換点を迎えている。その理由の一つは、個人の語り、すなわちライフストーリーがライフヒストリーを構成する重要な資料として位置づけられてきたことが大きい。ライフストーリーは、語られることだけではなく語り方も意味構成の重要な要素であること、過去の出来事や体験が現在の時点で語られること、過去の出来事が語り手によって選択的に一貫性をもって語られることなどの特質をもつことが踏まえられなければならない。さらに、ライフストーリーは語り手と聞き手との相互行為である**対話**をとおして生成することから、研究者の**立場性**やインタビュー手法なども検討される必要がある。[5]

[5] 一九八〇年前後からライフヒストリー研究のリバイバル期がはじまる。この初期の方法論の成果は、中野卓・桜井厚（編）1995『ライフヒストリーの社会学』（弘文堂）を参照。ライフストーリーの方法論については、桜井厚 2002『インタビューの社会学――ライフストーリーの聞き方』（せりか書房）を参照。

■研究方法と実践の課題

今日の方法論には大きく二つの考え方がある。一つは、多数のライフヒストリーを収集することで特定の社会的カテゴリーの人間像や社会的現実の意味を解明し、一般化を目指そうとするものである。この方法では、多数のライフヒストリーの重なりの濃淡に着目する**重ね焼き法**が比較的よく知られている。[6] またライフストーリーを主要な資料とする研究では**分析的帰納法**が有力な考え方である。最初に一人ないし少数のライフストーリーを詳細に検討して仮説を出し、その後に新しい事例を積み重ねながら仮説を修正し、修正の必要がない**飽和**へ到達することで一般化が成し遂げられるとするものである。[7] ここでは、それぞれの個人の記憶違いや偏見、誤解を多数の事例から選別することで**一つの真実や現実**が明らかになると考えられている。

もう一つは、一人ないし少人数のライフヒストリーを詳細にかつ比較的長期間にわたってインタビューして分析する方法である。一人に複数回のインタビューを重ねたり深いインタビューを行うなどして、それぞれのライフストーリーの強調点や互いの相違、矛盾に着目して、それらを単一のライフヒストリーに統合するのではなく、その生成の背景にあるアイデンティティや**コンテクスト**を探究するものである。コンテクストとは、人びとの行為が成立する空間的・時間的・身体的・社会的・歴史的・文化的環境のことであり、これが人間理解の資源となる。そのためにはライフストーリーや個人的記録の特質、インタビューの**相互行為**のあり方などを踏まえる必要が

[6] 重ね焼き法の研究事例として、森岡清美 1991『決死の世代と遺書』(新地書房)がある。

[7] 方法論については、D・ベルトー/小林多寿子(訳)2002『ライフストーリー――エスノ社会学的パースペクティヴ』(ミネルヴァ書房)を参照。

あり、研究過程の**反省性**《リフレクシビティ》が求められる。ここには、個人のライフを深く理解することが社会や文化の理解につながるという考え方がある。いずれの方法にせよ、研究者は自己がどのような方法論的立場に立つのかについて自覚し、その過程を明らかにしながら研究を進める必要がある。[8]

ライフヒストリー研究には、ほかの研究方法と比べてとくに注意を払うべき調査研究の実践過程がある。ライフヒストリーをどのように**記述**するかは、収集手法や分析・解釈の方法と並んで重要な過程である。それは調査協力者のライフ経験だけではなく、それを分析・解釈する研究者の経験をもとに作品化され、同時に読み手の経験にも媒介されて理解される。この**三者関係**を踏まえたライフヒストリーの記述と構成に心がけなければならない。そのためには調査協力者と研究者の関係形成やインタビューによる語りの生成、分析や解釈の方法など、調査研究の全過程が明示される必要がある。

またライフヒストリー研究は、個人のプライバシーに直接かかわる情報を得ることになり、しかも比較的長い関係を築くことから、調査協力者の**人権**や**個人情報保護**に対する最大限の配慮が求められる。どのような調査研究でも必要だが、ライフヒストリー研究には**調査倫理**がとくに重要であることを肝に銘じたい。こうして、今日のライフヒストリー研究では、伝統的な方法論とは異なる研究過程全体におよぶ再検討と新たな研究実践の試みが行われている。

〔桜井 厚〕

[8] 優れた研究例の一つに、蘭由岐子 2017『「病いの経験」を聞き取る（新版）――ハンセン病者のライフヒストリー』（生活書院）がある。ライフストーリーを主要な資料とし、その特質とともに研究者の立場や語り手との相互行為を重視する方法論は、実証主義に対して「対話的構築主義」と呼ばれることがあるが、こうした研究方法につながる成果として、西倉実季 2009『顔にあざがある女性たち――「問題経験の語り」の社会学』（生活書院）、矢吹康夫 2017『私がアルビノについて調べて書いた本』（生活書院）などがある。

4-5

解釈的現象学 (interpritive phenomenology)

■解釈的現象学とは

解釈的現象学とは、**先行理解**を更新させることにおいて、経験を理解（＝解釈）しようとする方法である。本方法は「解釈」を焦点化したものであるが、その哲学的・理論的基盤に、二〇世紀に生まれた哲学の運動である**現象学**および**解釈学**をおいている。現象学的哲学の創始者フッサール（Edmund G. A. Husserl）は「**事象そのものへ**」立ち返り、意味を帯びた「**生きられた経験**」の構造を記述することを提案した。そのため、現象学的研究においては、事象そのものへ接近するために、わたしたちが常にすでにもってしまっている先入見、既存の知識や理論的枠組、価値観、前提などと距離をとることが求められる。[1]この態度を徹底し、事象が現れるままに記述的に探究する方法が記述的現象学である。

たとえば、震災に見舞われて生活を立て直そうとしている人びと、新人教員として学生と接し始めた人びと、経験を積んだ専門家の実践などを理解しようとしたとき、その人びとにおいて、いかなる意味としてそれらが経験されているのか、が問いとな

[1] 現象学用語として、「現象学的還元」「エポケー」「カッコ入れ」などと呼ばれる。

る。〝その人びとにおいて〟、つまり人びとのパースペクティブから経験を探究しようとする際に、先に述べた先入見などから距離をとり、生きられた経験そのものへとアプローチするのが、この研究方法の特徴である。

しかし、現象学が**還元**と呼んだ先入見をカッコに入れることを、わたしたちが十全に行うことは不可能である。ハイデガー（Martin Heidegger）やメルロ＝ポンティ（Maurice Merleau-Ponty）、サルトル（Jean-Paul Sartre）などの実存主義の哲学者たちは、現象学的態度を重視しつつも、経験の主体は行為を通じて世界に埋め込まれている「**世界内存在**[2]」としてあること、それゆえ、上空飛翔的に世界をまなざすことは不可能であり、その意味で、見る者と見られるもの、主体と客体、精神と身体などの二元論を退けようとする。またそれゆえに、意味を帯びた生きられた経験は、その地平から浮かび上がる構造をもっているとされ、習慣化され自明となっている前意識の次元をも射程に入れている。現象学的研究が、意味を浮かびあがらせる文脈を重視するのはそのためである。

この人間的実存に内在する文化的・歴史的状況で生じる**理解**（**了解**）を重視したのが、ハイデガーやガダマー（Hans-Georg Gadamer）の解釈学[3]である。彼らにおいて言語は、実存的存在であるわたしたちが世界を理解するための手段である。このわたしたちの存在の仕方そのものでもある理解は、ハイデガーによって解釈と呼ばれる。世界内存在としてあるわたしたちにおいて、特定の地平において起こっている先

[2] ハイデガーの概念であり、人間の存在のあり方を表わしている。人間を「現存在」という概念に置き換え、現存在は、いかなる反省にも先立って世界内に存在し、この世界を理解しつつ存在せざるを得ないことを意味する。

[3] 聖書解釈に起源をもつ。

行理解が、他の地平による別の理解と重なり合い、先行理解が更新されることによって**地平融合**が起こるのである。これを通して、互いに理解しあうことができる。

解釈的現象学はこの理解、つまり解釈のあり方を探究者と研究参加者の関係でもある研究の過程に取り入れる。言い換えると、研究者が自身の先行理解を自覚し、研究参加者の先行理解との対話によって、これを更新させていくことにおいて、理解が生まれると考える。[4] こうした哲学と方法を特徴とするのが、解釈的現象学である。

■開発過程

現象学的研究[5]および解釈的現象学[6]は、多様な人間科学領域において開発されているため、その過程も一様ではない。しかし、一貫していると思われるのは、フッサールが指摘した「ヨーロッパ諸学の危機[7]」ともいえる事態に直面し、それを乗り越えようとして思索される過程で開発された点である。

「危機」というと大げさに響くかもしれないが、たとえば心理学や教育学、看護学のように人間の生きる営みに関心を向ける学問分野でさえ、研究においては、人間が歴史や文化に埋め込まれているという事実を退け、また、見る者と見られるもの、精神と身体、主観と客観などなどが分かれているとする**二項対立図式**を前提とし、だからこそ因果関係を重視した**自然科学**を採用してきた。もちろん、自然科学的方法によって探究することが望ましい研究課題もあるが、すべての事象の探究にこれを用

[4] 理解は、部分と全体を循環しつつ成り立つため、これを「解釈学的循環」という。研究方法の名称においても、解釈学的研究とされることがある。そのため、解釈的現象学は、解釈学的現象学と呼ばれることもある。本書では、両者を合わせて、解釈的現象学と呼んでいる。

[5] 心理学者のジオルジの方法など。後述の「さらに学ぶために」参照。

[6] スミスらの Interpretative Phenomenological Analysis（IPA）や教育哲学者のヴァン＝マーネンの方法など。後述の「さらに学ぶために」参照。

[7] E・フッサール／細谷恒雄・木田元（訳）1995『ヨーロッパ諸学の危機と超越論的現象学』中央公論社

いることは賢明ではない。それは既存の理論を活用する場合も同様である。多くの理論は、自然科学を自明の基盤として構築されてきている。これを反省し、再び「事象そのものへ」立ち返ることを推奨する現象学や解釈学をその哲学的基盤として、伝統的な研究方法に縛られない方法の開発において現象学的方法、解釈的現象学は開発された。こうして、一つの分野で開発された方法が、他の分野で応用されることもしばしば起こっている。

他方で、そもそも現象学は、事象のほうが方法を強いてくる、という考え方をもっている。つまり、研究方法はあらかじめ形式化された方法としてあるのではなく、探究しようとする事象の特徴に合わせて作り出すのであり、その方法によってこそ事象へとアプローチすることが可能になる。

データを得る方法は、人類学などの調査方法に多くを負っている。具体的には、多くの研究法でインタビューや参与観察が活用されている。とくに、現象学は、誰にとっての経験（体験）＝事象の現れであるのかが問われる。半構造化、あるいは非構造化インタビュー法は、経験者が自らの経験を自らの視点において語りだすため、適切な方法として採用される。その他にも、グループインタビューや参与観察などの方法は、当の経験者自身もはっきり自覚できていなかったり言語化が難しかったりする経験や実践を、言語化するための方法として採用されることが多い。こうした方法も、探究しようとする事象の特徴に合わせて選択され、組み合わされて、生きられた経験へと接近できるようデザインされる。

■手続き

開発者によって多少の違いはあるが、多くは次のとおりである。

(1) 研究計画の検討

①研究しようとしている事象の特徴、および目的を洗練する。それによって、いかなる点が先入見となって、事象へのアプローチを難しくしているのかを検討する。それは、なぜ現象学的な考え方がその研究において求められるのかを論じることにも通じる。目的との適合性もこれによって保障される。

②研究(調査)のデザインを考える。現象学的研究では、先に述べた通り「事象のほうが方法を強いてくる」とされている。事象に適した方法を、事象の特徴と照らし合わせて選択する。あわせて、探究しようとする事象が、習慣化されていたり自明であったりするため、はっきり自覚されていない場合が多い。その際、この自覚されていない事象をいかに開示するのかをデザインする。

③研究参加者の条件と人数、参加者へとアプローチする方法を検討する。参加者数は比較的小規模[8]な場合が多く、目的適合的に募集されることが多い。

(2) 研究者自身の自らの関心や先入見などの反省

現象学的研究に求められる先入見などから距離をとること、さらには解釈学においい

[8] 数人から十数人まで多様である。

ては先行理解ともいわれる自らの理解の枠組みを確認することは、研究の全過程において繰り返し行われる。

(3) 研究参加者への直接アプローチ

インタビュー(半構造化面接、非構造化面接)、参与観察などの方法[9]によって語りやフィールドノーツを得る。インタビューでの語りは、インタビュアーとインタビューとの共同作業で生みだされるとされ、参与観察において調査者はその場に入り込みその場の習慣を身体化しつつ調査を行う。フィールドノーツは、研究目的に応じて記録の残し方が異なるため、つねに目的と照らして観察と記録の方法を検討する必要がある。

(4) トランスクリプト化

インタビューの音声データは、できるだけ詳細にトランスクリプトに起こす。視線やうなずきなどの身振りや手振りも可能な範囲で記録に残す。

(5) 分析・解釈

①トランスクリプトを何度も読み返し、全体的な印象をつかむ。あわせて、どのフレーズや行為などが、そのテクストの主要な意味となっているのかを探る。同時に、気づいたことや分析・解釈の視点を記していく。

②①からテーマを見出し、その意味を検討する。

③テーマの構成を検討し、各テーマがいかに成り立っているのかを記述する。

[9] どのような立場でフィールドに入るのか、どの場にいるのか、誰と共に動くのかなどなど、さまざまな視点について吟味する必要がある。

④記述を何度も読み返し、再解釈を行う。
⑤再度、全体の構成を検討し、経験を貫くテーマを見いだす。

(6) 再解釈

研究参加者に記述を読んでもらい（メンバーチェッキング[10]）、意見を基に再解釈を行う。

[10] メンバーチェッキングの意義については、議論が分かれている。

■さらに学ぶために

(1) 研究例

Benner, P. & Wrubel J. 1989 *The primacy of caring: Stress and coping in health and illness*. Menlo Park, CA: Addison–Wesley.（ベナー＆ルーベル／難波卓志（訳）1999『現象学的人間論と看護』医学書院）

Cole, J. 2004 *Still lives: Narratives of spinal cord injury*. Cambridge, MA: MIT Press.（コール／稲原美苗ほか（訳）2013『スティル・ライヴズ――脊髄損傷と共に生きる人々の物語』法政大学出版）

(2) 方法書

Giorgi, A. 1970 *Psychology as a human science: A phenomenologically based approach*. New York: Harper & Row.（ジオルジ／早坂泰次郎（監訳）1981『現象学的心理学の系譜――人間科学としての心理学』勁草書房）

松葉祥一・西村ユミ 2014『現象学的看護研究――理論と分析の実際』医学書院
Smith, J. A., Flowers, P. & Larkin, M. 2009 *Interpretative phenomenological analysis: Theory, method and research.* London: SAGE.
van Manen, M. 1997 *Researching lived experience: Human science for an action sensitive pedagogy* (2nd ed.). London: Althouse Press.（ヴァン＝マーネン／村井尚子（訳）2011『生きられた経験の探究――人間科学がひらく感受性豊かな〈教育〉の世界』ゆみる出版）

〔西村ユミ〕

5章　質的研究の方法論的基礎

5-1 フィールドエントリー（field entry）

■フィールドエントリーとは

フィールドエントリーとは、「フィールド・サイトを訪ねて、そこで人間関係を築く継続的なプロセス[1]」のことを指す。ある社会的状況や集団において維持・継承される「意味」を理解したい、人びとの生活世界や経験を知りたいと考える研究者にとって、フィールドワークは魅力的な方法である。とは言え、人びとが生活する場や経験についていざ調査を始めようとすると、調査者としての役割やフィールドとのかかわりに戸惑う場面も少なくない。以降では、参与観察を中心としたフィールドワークを想定し、フィールドとの関係を築くプロセスについて記述する。

[1] 箕浦康子 1999『フィールドワークの技法と実際――マイクロ・エスノグラフィー入門』(p.43) ミネルヴァ書房

■フィールドと出会う

どのような調査法にも共通することであるが、まずは何を調査するのか、その目的やリサーチクエスチョン（研究設問）を整理する。フィールドワークの場合、フィールドに即して研究目的・課題が変わることも珍しくないため、最初から立派な研究目的・課題を立てようと躍起になる必要はない。自分自身もしくは周囲の人びとの疑問や違和感についてリストアップしてみよう。社会的な存在である人間が、社会を生きる中で感じた疑問や違和感は、「システムの構成要素がお互いに何らかの形でこすれあって発熱している」状態である。[2] そうした個人とシステム、あるいはシステム間のズレや揺らぎについて考え、先行研究を参照しつつ問いを立てる。

こうして「問い」を立てたら、次はフィールドの選定である。フィールドの選定方法としては、アングロシーノが指針を出している。[3] その指針とは、①研究関心がある程度明瞭なかたちで見られるともっとも期待できるサイトを選ぶ、②他の研究者によって研究されていて比較可能であるが、研究されきってはいないサイトを選ぶ、③「要許可」障害が最小なサイトを選ぶ、[4] ④コミュニティの役に立ちこそすれ負担にならないサイトを選ぶ、である。

フィールドの候補をあげたら、フィールドに研究協力を依頼する。何らかの施設にエントリーを希望する場合、直に依頼するよりも、何らかの伝手を頼る・つくることを勧める（すでに関与してきた場や活動もフィールドになりうる）。フィールドは研究のための場ではないので、調査内容だけでなく、フィールドで手伝えそうなことも考えておく。「『現場』側の好意という僥倖《ぎょうこう》に恵まれて、わたしたちはフィールド・エントリー（フィールドに入ること）を果たすことができる」[5] のである。

[2] 佐藤達哉 1997「心理学で何ができるか――違和感分析への招待」やまだようこ（編）『現場心理学の発想』(pp.31-52) 新曜社

[3] Angrosino, M. 2007 *Doing ethnographic and observational research* (SAGE Qualitative Research Kit 3). Los Angeles: SAGE.（アングロシーノ／柴山真琴（訳）2016『SAGE質的研究キット3 質的研究のためのエスノグラフィーと観察』新曜社）

[4] エントリーに際して許可をもらうための障害がもっとも小さい場所を選ぶこと。

[5] 志水宏吉 2005「学校文化を書く――フィールド・プレーヤーとして」秋田喜代美・恒吉僚子・佐藤学（編）『教育研究のメソドロジー――学校参加型マインドへのいざない』(pp.139-162) 東京大学出版会

■フィールドに入る

フィールドから協力の意向を示してもらえたら、研究主旨をあらためて説明する。初回の面談には、研究の背景、目的、観察したい事柄、希望の日程などを記載した説明書を持参する。その際、できるだけ学術用語の使用は避け、自分の言葉で研究内容や関心事を伝えることを心がける。観察範囲やフィールドでの役割などを確認したら、いよいよフィールドワークの始まりである。

留意しておきたいのは、**研究の説明と合意形成**は、調査開始前の一回で終わるものではなく、フィールドワークの全過程を通して行われるということである。フィールドに入って調査を重ねる中で、調査者の視点や研究上の問いは変化する。問いが変化すると、観察対象となる行為者や活動も変化する。こうした問いの変化の経緯も含めて研究の説明を行うと、フィールドの人びとに主旨が伝わりやすい[6]。

もっとも、ここで調整されるのは、「研究に関する情報」に留まらない。フィールドの人びとは、調査によって自分たちの仕事の限界が明るみに出されるのではないか、調査者の研究動機が分からないといった不安を感じる[7]。こうした不安は、研究者に対する信頼の問題にかかわっている。フィールドとの信頼関係を築く意味でも、研究の説明と合意形成を図りつづけることが重要である。

その際、「研究上の問い・観察対象が変わったから聞いて」では相手に負担がかかってしまうため、フィールドの人びとと日程調整は欠かせない。柴山[8]は、フィール

[6] 自分の中では一貫したテーマがあり、筋の通った観察をしているつもりでも、それが相手に伝わっているとは限らない。また、観察を重ねる中でフィールドとのかかわりが深くなり、観察者であることを忘れられる場合もある。

[7] Flick, U. 1995 *Qualitative Forschung*. Hamburg: Rowohlt Taschenbuch Verlag GmbH.（小田博志・山本則子・春日常・宮地尚子（訳）2002『質的研究入門――〈人間の科学〉のための方法論』春秋社）

[8] 柴山真琴 2006『子どもエスノグラフィー入門――技法の基礎から活用まで』新曜社

ドにいるときに良好な関係を維持するうえで、①フィールドワークの計画を小刻みに調整すること、②資料へのアクセスの範囲を確認すること、③目配り・気配りをしながら聞き取りをすることを留意点としてあげている。フィールドワークにおいては、フィールドへの細やかなホウレンソウ（報告・連絡・相談）を心がけたい。

■フィールドにかかわる

観察対象となる人びとや活動との**かかわりの「程度」**は、参加しない、消極的な参加、中程度の参加、積極的な参加、完全な参加まである。[9] 自分が生活している場に、調査者が継続的にやってくることを想像すると分かりやすいが、調査者のかかわりによって、フィールドの人びとの振る舞いは変わる。[10] どのようなデータを得られるかは、調査者のかかわり方にかかっていると言っても過言ではない。

したがって、フィールドの人びとどこまで、どのようにかかわるのかについて、調査目的もふまえつつ、常に熟慮することが求められる。ただし、調査者が熟慮したからといって、かかわり方やその程度を一方的に決定できるわけではない。かかわりは、調査者とフィールドとの相互行為の中で調整されていく。たとえば、大学生や大学院生による調査の場合、学生ならではの役割（調査者としてではなく、フィールドの一員として動くこと）を期待するフィールドも少なくない。

フィールドワーカーは、多くの場合、内部者と外部者の境界に位置する。こうし

［9］Spradley, J.P. 1980 *Participant observation*. London: Thomson Learning.（スプラッドリー／田中美恵子・麻原きよみ（監訳）2010『参加観察法入門』医学書院）

［10］たとえば、相手が何をどこまで知っているか、どういう人物であるかを判断しながら、どこまで内部事情を話すのかを決定するだろう。

た、「スパイのようにさえ思われかねないフィールドワーカー特有のあいまいな立場」は、フィールドワーカーにストレスを引き起こす。[11] 内部者と外部者双方の視点をもてるよう、フィールドにおける自分自身の振る舞いについて記録をとる、観察する場面・行為・人を限定するなどの工夫を心がけたい。[12] このような線引きや役割のとり方そのものが、フィールドと研究者双方の文化を表しているともいえる。

■フィールドから離れる

調査を報告としてまとめる段階においても、内部者と外部者、あるいは学問とフィールドの境界にいるがゆえの難しさに出くわす。言葉の使い方一つをとっても、フィールドの言葉と学術用語とでは異なる。言葉づかいに、フィールドとの関係や研究者の立場が表現されるため、注意してもしすぎることはない。報告書のまとめ方について論じることは本稿の範疇《はんちゅう》を超えているので、専門書を参照されたい。[13]

報告書が完成したら、フィールドの人びとに見てもらう。その方法は、報告会を開く、一人ひとりに説明する、回覧してもらうなどさまざまである。全文を読んでもらうことが難しい場合には、使用したエピソードや語りに説明を加え、全体の要旨を添えてミニレポートを作成し、確認してもらう方法もある。

論文として公刊する場合は、査読を受けるプロセスで大きく主旨が変わることもある。したがって、論文を修正した後にも、フィールドの人びとに見ていただくほうが

[11] 佐藤郁哉 2002『フィールドワークの技法——問いを育てる、仮説をきたえる』(p.75) 新曜社

[12] たとえば筆者の場合、フィールドの飲み会で観察者になることは難しいと判断し、記録をとらないことにした。また、フィールドに慣れてくると外部者の視点を忘れがちになるので、見聞きしたことと素直な疑問を列挙して、研究室の先輩に意見をもらうようにしている。

[13] Van Maanen, J. 2011 *Tales from field: On writing ethnography* (2nd ed.). Chicago: University of Chicago Press.（森川渉（訳）1999『フィールドワークの物語——エスノグラフィーの文章作法』現代書館〔初版1988の訳〕）

望ましい。また、投稿先によって（誰を読者とする雑誌なのかによって）フィールドの人びとの意見が変わることがある。日々の暮らしや個人的な経験が報告されているからこそ、フィールドの人びとは読者（誰に読まれるのか）に敏感である。したがって、投稿先の雑誌名だけでなく、その雑誌がオープンアクセスかどうか、主な読者層は誰かについても可能な範囲で調べ、事前に相談しておくことを勧める。

研究が終盤にさしかかったら、どのように場を「離れるか」についても考え、フィールドの人びとに伝える。フィールドの事情によって調査が中止になることもあるが、そうした場合にも、フィールドに負担のない形で研究の報告を行い、終結の日を設定できるとよい。フィールドは、「自分の居場所を見つけながら、手間暇をかけて人びとと共同で育てていくもの」である。[14] だからこそ、期限を決める、別の人（研究室の後輩など）に引き継ぐ、研究ではない形でかかわるなどして、**「研究としての終結点」**を設定し、離れる準備もまた必要であろう。

フィールドエントリーのプロセスには、人と人が出会って別れるまでに経験するさまざまなやりとりと調整がある。こうした調整のプロセスやフィールドとの関係性は、学術論文では二、三行にまとめられることが多いが、論文全体で用いられる言葉づかいや、結果で用いられるエピソードなどにも反映されている。ぜひ、フィールドとのかかわりについて想像を膨らませながら論文を読んでいただきたい。

〔神崎真実〕

[14] 柴山真琴 2013「フィールドへの参与と参与観察」やまだようこ・麻生武・サトウタツヤ・能智正博・秋田喜代美・矢守克也（編）『質的心理学ハンドブック』(pp.190–204) 新曜社

5-2 インタビュー（interview）

■インタビューとは

質的調査技法としてのインタビューとは、主として言語的相互作用を通して新たな知を生成しようとする営みである。[1] 質的研究においては、個人の主観的経験やその意味づけにアプローチし、それをその人の全体性や具体的な生活文脈、社会・文化・歴史的背景との関係で理解する方法として重要な位置を占めるようになっている。

インタビューは、日常生活における会話をベースにしながらも、目的と専門性を伴った会話として位置づけられる。[2] クヴァールは、**専門的会話としてのインタビュー**の特徴として、①おのおのが異なる目的と構造をもつ、②システマティックな**質問技法**を用いる、③相互作用のダイナミクスを感知し、インタビュアーが必要に応じて何らかの対応をする、④調査者がインタビュアーとインタビュイー双方の発言に関して批判的な関心をもつことをあげている。[2] このように、質的研究におけるインタビューとは、相互性や共同性をベースに、聴き手となる調査者が持ち込む**リサーチ・クエスチョン**を中心に構成される専門的会話として理解することができる。[3]

[1] Kvale, S. 2007 *Doing interviews* (Book 2 of The SAGE qualitative research kit). London: Sage.（クヴァール／能智正博・徳田治子（訳）2016『質的研究のための「インター・ビュー」』新曜社）

[2] Kvale, S. 1996 *InterViews: An introduction to qualitative research interviewing*. Thousand Oaks, CA : Sage.／鈴木淳子 2005『調査的面接の技法（第2版）』ナカニシヤ出版

[3] Holstein, J.A., & Gubrium, J.F. 1995 *The active interview* (Qualitative Research Methods Series Vol. 37). Thousand Oaks, CA : Sage Publications.／クヴァール前掲[2]

■インタビュー法の選択と研究のデザイン

インタビュー法は、感情や思考、意図、過去の行動や未来への態度など、直接観察できない事柄について、当事者の視点からその経験を理解し、その意味づけを捉えるうえで有効なデータ収集法である。他方、質的調査インタビューの多くは、対面式で長時間にわたって行われるため、得られるデータが豊かなものになる反面、研究協力者の時間的負担は大きく、プライバシーの問題にも配慮が必要となる。インタビュー法を実施する際は、研究の目的や対象の特徴を吟味し、必要な情報は何であり、インタビュー法はそれを得るために最善の方法であるかを十分考慮したうえで選択し、必要な工夫と配慮を施すことが重要である。

クヴァール[1]は、インタビュー研究における七つの段階を示しながら（表1参照）、インタビューを実施する前のテーマ設定とデザインの段階に十分時間をかけることの重要性を指摘している。また、各研究段階で必要となる判断や作業についてある程度見通しをもちつつ、前倒し的に次の作業に必要な手続きを行っていくことの有効性を示している。[4] なお、近年、研究者自身の認識論と方法論のつながりが整理されてきている。[5] 調査の実施にあたっては、その都度柔軟に変更していく可能性をもたせながらも、研究計画の段階から、データ分析の手法や成果の報告の仕方を視野に入れた研究デザインを組むことが有効であろう。このように、研究目的やリサーチ・クエスチョンの精査に加え、**研究者自身がもつ認識論や方法論**についても自覚的になりながら、

[4] たとえば、最終報告で述べる方法の部分の執筆のため、研究実施の手順を体系的に記録しておいたり、インフォームドコンセントの際、データの公刊を視野に入れて、倫理的なガイドラインを作成しておくことなどがあげられる（クヴァール前掲[1]）。

[5] この点について、Willig, C. 2012 Perspectives on the epistemological bases for qualitative research. In H. Cooper (Editor-in Chief), *APA Handbook of Research Methods in Psychology: Vol.1. Foundations, planning, measures, and psychometrics* (pp.5-21). American Psychological Association. は特に参考になる。

表１　インタビュー研究の7段階
（クヴァール, 2007/2016より作成）[1]

①テーマを設定する インタビューを実施する前に調査の目的やテーマに関する概念を明確にする。研究を「なぜ（why）」行い、「なに（what）」を明らかにするかを明確にしたうえで、「いかに（how）」という方法について検討する。
②研究をデザインする インタビュー研究にかかわる７つの段階全体を念頭におきつつ、研究デザインを考案する。どのような知識の生成を目指すかとともに、その研究がもたらす道徳的な影響についても考慮する。
③インタビューを実施する インタビューガイドに基づいて実施する。インタビューの実施にあたっては、獲得を目指す知識やインタビュー状況、とくにインタビュアーとインタビュイーの関係性を内省しながら行う。
④文字に起こす 分析を行うための資料を作成する。逐語録の作成中にあたっては、対象者のプライバシーの保護はもちろん、公表されることを念頭においたインタビューの読みやすさを考慮しておくとよい。
⑤分析する 調査の目的やトピック、インタビュー・データの属性に基づいて、どのようなタイプの分析が適しているかを決定する。
⑥検証する インタビューから得られた知見の信頼性（結果がどれだけ一貫しているか）、妥当性（その研究が明らかにしようとしたことが実際に明らかにされているか）、一般化可能性を確認する。
⑦報告する 研究によって得られた知見とそのために用いられた方法について、わかりやすく伝える。その際、科学的な基準に合致するような形式を用いる他、調査の倫理的側面についても考慮して執筆する。

具体的な研究方法やデザインの選定を行っていくことが望ましい。

■インタビューの構造化とインタビュー・スケジュールの作成

インタビューには、さまざまな種類と区分の仕方があるが、その中でももっとも一般的なものが構造化による区分である。インタビューは、構造化の程度によって、**構造化インタビュー**、**非構造化インタビュー**、**半構造化インタビュー**に区分される。ここでは、質的研究法で一般的によく用いられる半構造化インタビューについて概説する。[6]

半構造化インタビューでは、**インタビュー・ガイド**の作成が重要な研究手続きの一

[6] 詳しくは、徳田治子 2007「半構造化インタビュー」やまだようこ（編）『質的心理学の方法——語りをきく』（pp.100-113）新曜社を参照。

つとなる。インタビュー・ガイドの利用は、後のデータ分析におけるケース間の比較可能性を高めるだけでなく、インタビュー・スケジュールの作成自体が研究目的の精緻化や確認につながる（インタビュー作成の大まかな流れについては表2を参照）。研究者自身が、インタビューという言語的な相互作用を通して、何をどこまで知りたいのか、そのためには、どのような問いかけや言い回しが有効かを前もって検討しておくことは、常に即興的な対応を迫られる実際のインタビュー場面で大きな助けとなる。[7]

また、質的調査インタビューでは、インタビュー研究の先駆者によってさまざまな質問技法や守るべき原則が示されている。インタビューガイドを作成する場合には、そのような知見も参考にするとよい。[8]

表2　インタビューガイドの作成手順
（徳田, 2013）[8]

①質問領域および質問項目の設定 インタビューで話し合われる全体的な問題範囲を定め、それらを研究目的およびリサーチ・クエスチョンに基づいて領域として整理し、領域ごとに質問項目を設定する。
②質問の順序を決める 一般的な質問から個人の経験や見解にかかわる質問へ、事実確認的な問いから個人の経験や感情を捉える質問へなど、質問の順番を決定する。論理的な順序とともに、経験の意味づけや自己の感覚にかかわる深い質問は関係性が安定し、内省が深まる後半にまわす等、語り手の感情や経験の流れに配慮した順番にする。
③ワーディングを考える 適切な応答を引き出すワーディング（言葉遣い）を工夫する。リサーチ・クエスチョンをそのまま質問項目に落とすのではなく、できるだけ協力者にわかりやすい日常的な表現を用いるようにする。
④追加的な質問を設定する 実際の相互作用場面をイメージしながら、こちらの問いに対する協力者の回答をいくつか想定し、それらに応じた追加の質問を設定する。
⑤予備的インタビューの実施 一度インタビュー・スケジュールが完成した段階で、ロールプレイ等を通して予備的インタビューを行い、不自然な言い回しやわかりにくい言葉遣いを修正する。また、インタビュー全体の流れを見渡して、質問順序を変える等、修正を加える。

[7] 半構造化インタビューでは、研究目的やリサーチ・クエスチョンに応じて、あらかじめ質問項目を言い回しを準備しておくが、実際のインタビュー場面では、調査協力者の反応、語った内容や話題の展開に応じて、質問の内容や順番等に柔軟性をもたせて実施される。

[8] 詳しくは、徳田治子 2013「インタビューの方法」やまだようこ・麻生武・サトウタツヤ・能智正博・秋田喜代美・矢守克也（編）『質的心理学ハンドブック』（pp.307-323）新曜社／クヴァール前掲［1］／やまだようこ 2006「非構造化インタビューにおける問う技法」『質的心理学研究』No.5, 194-216. を参照。

■インタビューにおける相互作用の質と倫理的課題

すでに述べたように質的な調査インタビューとは、言語的な相互作用を通して知識が構築される一つの場として位置づけられる[2]。その意味で、**インタビューの質**とは、インタビュアーとインタビュイーの相互作用の質であり、両者の間で結ばれる関係性のあり方がそこで得られるデータの質と密接にかかわってくる。インタビューという相互作用の場を設定するうえでは、**ラポール形成**をはじめ、インタビュー場面での**安全感と肯定感**が重要になる[9]。また、調査者は、語られた内容についてのプライバシーの保護といった面だけでなく、他者に自らの内的な経験を語るという行為の意味を十分理解しながらインタビューという知の生成の場を設定し、参与していく必要がある。その際、両者の相互性や対等性といった側面だけでなく、インタビュー状況における力の不均衡さや専門家としての権力性といった問題にも自覚的になることが求められる[10]。

■誰に何回実施するか

インタビューを誰に、何回、どのくらい行うかという〝数と量〟の問題も、実際にインタビューを実施し、分析へとつなげていくうえで重要な検討事項である。協力者の選定においては、まず研究目的にしたがって、戦略的に協力者を選定する**目的的サンプリング**を行うことが重要である[11]。

[9] 岩壁茂 2010『はじめて学ぶ臨床心理学の質的研究――方法とプロセス』岩崎学術出版社

[10] 川島大輔 2013「インタビューの概念」やまだようこほか（編）『質的心理学ハンドブック』(pp.294-306) 新曜社

[11] 詳しくは、以下を参照。Flick, U. 1995 *Qualitative Forschung*. Humburg: Rowohlt Taschenbuch Verlag GmbH.（フリック／小田博志ほか（訳）2002『質的心理学入門――〈人間の科学〉のための方法論』春秋社）／Merriam, S. B. 1998 *Qualitative research and case study applications in education*. San Francisco, CA : Jossey-Bass Publishers.（メリアム／堀薫夫ほか（訳）2004『質的調査法入門――教育における調査法とケース・スタディ』ミネルヴァ書房）

質的調査インタビューを実施するうえで必要な人数や回数については、必ずしも標準的な基準があるわけではない。[2] ただし、近年、それぞれの研究手法の積み重ねによって、ある程度のガイドラインが提示されるようになっている。研究で明らかにしたい内容に加え、モデルとなるような先行研究などを参考にしながら、適切なデータの数を見極めていくとよい。[12] おそらく、質的調査インタビューを行う際に覚えておくべきことは、分析の深さや綿密さと数はある程度、反比例する関係にあるということである。一人ひとりの声や多様性を重視した分析を目指すのであれば、自ずと分析可能な人数には限りがある。かといって少なすぎる場合には、結局は人それぞれというかたちで、一般化に向けた作業が困難になる場合もあるので注意が必要である。

■トランスクリプションの作成と分析

インタビューを用いた研究では一般に、何らかのかたちで録音された音声データを文字化して**トランスクリプション（逐語録）**を作成し、これを用いて分析データとする。今日では、音声データを文字化する作業がすでに分析の一部であるとする見解が広く認められている。[13] 実際、トランスクリプションを作成する過程で新たな分析の観点に気づくことは少なくない。書き起こすという作業自体が、話し言葉から書き言葉への変換を伴う分析的作業であり、[1] 何をどの程度厳密に文字起こしする必要があるかは、研究目的およびデータ分析の手法によって変わってくる。[13] なお、**質的分析**（QD

[12] たとえば、TEAでは、1／4／9の法則として同じ対象者に3回会うことを前提に、1事例（個人の径路＝経験の深みを知る）、4±1事例（経験の多様性を描く）、9±2事例（経路の類型を把握する）それぞれの事例数に応じた分析の強みを示していて、参考になる（荒川歩ほか 2012「複線径路・等至性モデルのTEM図の描き方の一例」『立命館人間科学研究』25, 95-107.）。

[13] Gibbs, G. R. 2017 *Analyzing qualitative data* (2nd.ed.) (Book 6 of The SAGE qualitative research kit). London: Sage.（ギブズ／砂上史子・一柳智紀・一柳梢（訳）2017『質的データの分析』新曜社）

A）ソフトウェアの利用においては、トランスクリプトの作成段階から必要となる手続きやデータ処理上の工夫があるため、なるべく早い段階からソフトの使い方などについて習熟しておくことが必要であろう。

具体的な分析方法については、他章ですでに述べられていることから、ここでは詳細には踏み込まないが、重要なことは、やはり、研究デザインの段階から、ある程度後の分析と執筆を視野にいれたデータ収集を心がけることであろう。同時に、特定の分析手法にこだわりすぎず、丁寧にデータを読み込み、データ間の比較を丹念に行いながら、得られたデータをもっとも活かす分析方法を探っていく姿勢も必要である。[14]

[14] この点については、ギブズ(前掲[13])、クヴァール(前掲[1])などが参考になる。

■さいごに

質的調査インタビューの多くが向き合っていくのは、人びとが具体的な生活文脈の中で生きる経験世界とその意味づけである。研究とは、研究者がそれを公の知識として新たな言葉で語り直していく営みと言える。その点で、研究者にはさまざまな責務や倫理的配慮が求められる。何を、どのように問いかけ、それをどのような姿勢で聴くか。そして、それを、新たな知識としてどのように語り直していくか。質的調査インタビューにおける研究者の専門性や職人性はこのような点においてとくに重要である。

〔徳田治子〕

5-3 観察（フィールドワークの）

フィールドワークは、人間の経験理解を可能にする質的研究法として、すでに一定の位置づけを得ている。本項においては、フィールドワークにおける主なデータ収集法である**参与観察**[1]について概説する。

■フィールドワークにおける観察とは

「おや、何だろう?」――何かを知りたいと思った時、わたしたちはその対象を〝よく見る〟ことから始めるだろう。この〝対象をよく見る〟という日常的な営みに制約とルールを導入したものが、研究法としての観察法である。観察は領域を問わずあらゆる研究の基礎と言うことができ、心理学研究においても、質問紙法、面接法とともに代表的なデータ収集方法である。[2]

観察法は、自然状況下での**自然的観察法**と、条件を操作的に統制した状況下における実験的観察法の二つに大別できる。前者は、特定の状況にある多様な要因が複雑に絡み合う中で生起する事象の理解に強みをもち、後者は因果関係の特定に効力を有

[1] 原語はparticipant observation, participatory observationなど。「参加観察」「関与しながらの観察」と訳されることもあるが、本稿では「参与観察」に統一する。

[2] 心理学研究法としての観察法については、続有恒・苧阪良二（編）1974『心理学研究法10 観察』（東京大学出版会）や中澤潤・大野木裕明・南博文 1997『心理学マニュアル観察法』（北大路書房）に詳しい。

する。参与観察は、前者に属する観察法であり、フィールドと長期的なかかわりをもち、観察の質的記録データを収集する手法である。

■参与観察とは

参与観察は、「調査者自身が、調査対象となっている集団の生活に参加し、その一員としての役割を演じながら、そこに生起する事象を多角的に、長期にわたり観察する方法」[3]と定義される。観察そのものは対象と距離をおいて客観的に観るという営みであるが、参与観察は、生身の人間として対象と対話やかかわりをもつという主観がからむ関係性の中で行われるというパラドックスを孕《はら》む手法であり、「人びとを観察する」というより「人びとから学ぶ」といった趣が強い。

研究法としての参与観察は、一九二〇年代に文化人類学者の**マリノフスキー**(Bronisław K. Malinowski)がトロブリアンド島に長期間滞在し、その間の調査記録に基づき文化を読み解いたことに端を発する。ほぼ同時期に、アメリカの**シカゴ学派**が都市における小集団研究を発表し、一つの伝統を打ち立てた。日本においては、一九六〇年代から文化人類学、一九八〇年代に看護学[4]において関心が向けられた。社会学や心理学において研究法として受け入れられたのは一九九〇年代といってよいだろう。現在では、言語学を含め、人文・社会科学の多様な領域において、生の生活文脈における人間の経験理解を可能にする手法として定着している。

[3] 三隅二不二・阿部年晴 1974「参加観察法」続有恒・苧阪良二(編)『心理学研究法10 観察』(pp.139–181)東京大学出版会

[4] 一九八二年刊行の『看護研究』(医学書院)第一五巻三号においては、「看護研究における参加観察法」が特集として組まれている。

■参与観察の特徴

参与観察においては、仮説を検証することよりも、対象を理解することに重きがおかれる。長期間フィールドに参加し、参加者としての役割を担うことにより、研究者が単なる「よそ者」「お客様」にとどまらず、**内部者の視点**を獲得し、外部者・内部者の二つの視点から現象を見ることが可能になる。結果として、内部者の視点ならではの、フィールド・メンバーの行為や現象について生態学的妥当性の高い理解を得ることができる。これは、参与観察の大きな利点である。

ビデオなどの機材を活用することもあるが、基本的な観察の道具は研究者自身の五感である。生身の人間としての研究者が見、聞き、感じたことを記録として文字に落とし込んだものが分析対象データとなる。観察から得られる情報を補うために、インタビューや文書分析など他の手法をあわせて用いる方法論の**トライアンギュレーション**[5]により妥当性担保が図られることも多い。

■観察における参与の程度

参与観察においては、フィールドにおける研究者なりの立ち位置や参加の程度を確立することになるが、参与の程度には、次の五種類がある。[6]

①完全参与（complete participation）

[5] ホロウェイとウィーラーは、トライアンギュレーションには四種類あることを指摘している。Holloway, I. & Wheeler, S. 2002 *Qualitative research in nursing* (2nd ed.). Oxford: Blackwell.（ホロウェイ&ウィーラー／野口美和子（監訳）2006『ナースの質的研究入門──研究方法から論文作成まで（第2版）』医学書院（原著1996の訳））

[6] Spradley, J. P. 1980 *Participant Observation*. London : Thomson Learning.（スプラッドリー／田中美恵子・麻原きよみ（監訳）2010『参加観察法入門』医学書院）

役割をもち、フル・メンバーシップをもって当事者として関与する。（例：教師あるいは生徒として参加しながら教室活動のメカニズムを探るとき）

②積極的参与（active participation）

その場の人と同じ活動をすることで文化的行動規範を理解する。（例：ボランティアとしてフィールドにかかわるとき）

③中間的参与（moderate participation）

インサイダーとアウトサイダーのちょうど中間。（例：ゲームセンターで、勝つことは目的とせず形だけゲームをしながら人びとの行動観察をするとき）

④受動的参与（passive participation）

場に入ってはいるが関与を最小限にし、淡々と記録をとることで場の文化的ルールを理解する。（例：教室の隅で活動の様子を観察するとき）

⑤非参与観察（non–participation）

フィールドの人・活動への関与は一切なし。（例：ワンウェイミラーを用いた観察やテレビ番組の分析）

こうした研究者の参与の程度は、得られるデータや解釈の質に大きく影響する。研究者は、フィールドにおける自分の参与の程度や立ち位置を常に自覚し、データや解釈への影響についても省察しながら観察を行う必要がある。

■参与観察研究のプロセス

あらゆる研究は問いを立てることから始まるが、参与観察研究においては、たとえば「院内学級においてはどのような教育実践が行われているのか?」のような比較的ざっくりとした現象そのものを問う研究設問(リサーチクエスチョン)からスタートする。参与観察においては、全身を目や耳にするつもりで、〝よく見ること〟〝よく聞くこと〟が何よりも大切になるのは言うまでもない。しかし、漫然と見聞きしているのでは研究データ収集にはならない。参与観察は、次の三つの段階を進んでいく[7]。

最初に行われるのが、**記述的観察(全体的観察)**である。この段階では、「このフィールドは一体どのような場なのか?」という大きな問いのもと、フィールドの物理的環境や出来事の流れ、人の動きなど、大漁網を投げるがごとくとにかくフィールドで見聞きしたことすべてに網羅的関心を向け、記録する。フィールドの沿革を記したパンフレットなど印刷物やウェブページの情報もあればあわせて活用し、フィールド全体の包括的な理解を目指すのが第一の段階である。

記述的観察の結果に基づき、観察の焦点を絞っていくのが、次の段階の**焦点的観察**である。この段階では、記述的観察の結果から浮上したより絞り込まれた研究設問と関連のありそうな文献や理論を参照しながら、データ収集の単位である**観察ユニット**の定義を定めていく。現象を考察する切り口ともいえる理論的枠組みも絞られ、より体系的なデータ収集に移行していくことになる。

[7] スプラッドリー(前掲[6])や箕浦(1999)を参照のこと。箕浦康子(編著)1999『フィールドワークの技法と実際——マイクロエスノグラフィー入門』ミネルヴァ書房

最後の段階である**選択的観察**では、焦点的観察段階で絞り込まれた理論的枠組みに即しつつ観察ユニット・データを蓄積していくことになる。

各段階の移行に関しては、たとえば記述的観察は五回で大丈夫……などの所定の回数や総観察時間が決まっているわけではない。観察において浮上する研究設問の絞り込みと概念枠組みとの関連性の検討の中で移行していくのである。

■フィールドノーツの書き方

参与観察の記録は**フィールドノーツ**と呼ばれる。よいフィールドノーツを書くことは研究の成否を分けるといっても過言ではない。

フィールドノーツにおいては、記録を見ただけで現象が生き生きと伝わるような記述が求められる。たとえば「A君は具合が悪そうだった」ではなく「他の子どもたちが手をたたきながら笑顔でリズムに乗ってジャンプしているのに対し、青白い顔色のA君だけが口を一文字に結び、半分だけ目を開けた状態で、ワンテンポ遅れたリズムで手だけ弱々しくたたいていた」のように、事実を具体的に記すよう心がける。また、記憶の歪みを最小限に抑えるためにも、なるべく観察直後、少なくともその日のうちに参与観察中につけたフールド・メモに基づき、詳細なフィールドノーツを書き上げることが肝要とされる。[8] フィールドノーツを書く際には、書きながら浮上した理論的示唆、方法論的示唆、個人的メモなどを観察事実の記録とは別立てて記しておく

[8] フィールドノーツの書き方については、エマーソンら(2011/1998)や佐藤(2002, 2006)に詳しい。Emerson, R. M., Fretz, R. I., & Shaw, L. L. 2011 *Writing ethnographic fieldnotes* (2nd ed.). Chicago: University of Chicago Press. (エマーソン、フレッツ&ショウ/佐藤郁哉・好井裕明・山田富秋(訳)1998『方法としてのフィールドノート――現地取材から物語《ストーリー》作成まで』新曜社〈原著1995の訳〉)/佐藤郁哉 2002『フィールドワークの技法――問を育てる、仮説をきたえる』新曜社/佐藤郁哉 2006『フィールドワーク 増訂版――書を持って街へ出よう』新曜社

と後の分析の際に大いに活用できる。

■よりよい参与観察のために

参与観察データは、構造化されていない詳細なデータであり、膨大な量にのぼることもしばしばである。研究が研究たるためには、当該学問領域における理論的発展に寄与することが必要であるが、参与観察においては、フィールド・データの新奇さと多様性に圧倒され、理論との関連が見えづらくなることも珍しくない。単なる現象の記述に終わらないよう、理論的視座の基に参与観察データを収集・分析していくことを肝に銘じたい。

また、観察中から、常に研究目的、とくに〝どの視点から何を伝える研究なのか〟を明確に意識する必要がある。すなわち、〝フィールドのメンバーが気づかないような研究者ならではの視点をメンバーに対して明示するのか〟、〝フィールドのメンバーの視点を非メンバーに対して明示するのか〟、〝あるいは、フィールドのメンバーAの視点をメンバーBに対して明示するのか〟という研究のスタンスである。この基本スタンスがぶれてしまうと、観察データもばらついて分析俎上に乗りづらいデータに終わってしまい、研究としての筋が通らなくなってしまう恐れがある。

もっとも心にとどめておくべきことは、参与観察において研究者が見ることができるのは、あくまでも特定の視点から切り取られた現実の一部、すなわち部分的真実で

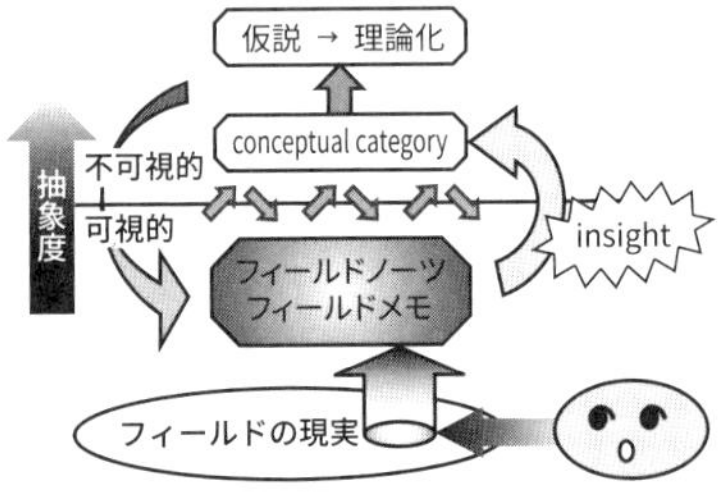

図1　参与観察研究のプロセス

観察により現実の一部が特定の視点から切り取られ、記録として文字化される。

あるということであろう。参与観察は、特定の属性をもつ研究者が一定の角度から混沌とした現実を切り取るという営みである（図1）。したがって同じフィールドでも、異なる視点から現実にアプローチする別の研究者は、また別の知見を呈示する可能性があることを忘れてはならないだろう。

参与観察研究とは、状況に埋め込まれた他者の言動や事象を基に、人びとがどのような意味世界に生きているかを考察すること、つまり、実践を詳細に見つめることで、その背後にある原理や何らかのパターンを発見していく営みである。研究法としての効率は必ずしもいいとはいえず、研究の蓄積も決して多いほうではない[9]。しかし、混沌としたフィールドにおける現実は、見れば見るほど見えてくるものがある。特定の切り口から見つめなおすことで得られるオリジナルな発見の醍醐味は、参与観察ならではのものといえ、まったく新しい研究知見への一歩となりうるだろう。

〔谷口明子〕

［9］参与観察を用いた研究例として次のものがある。村本由紀子 1996「集団と集合状態との曖昧な境界——早朝の公園で見出される多様なアイデンティティ」『社会心理学研究』12(2), 113–124.／柴山真琴 2001『行為と発話形成のエスノグラフィー——留学生家族の子どもは保育園でどう育つのか』東京大学出版会／谷口明子 2009『長期入院児の心理と教育的援助——院内学級のフィールドワーク』東京大学出版会／青木美和子 2007「記憶障害を持って人と共に生きること」『質的心理学研究』No.6, 58–76.／北村篤司・能智正博 2014「子どもの「非行」と向き合う親たちの語りの拡がり——セルフヘルプ・グループにおけるオルタナティヴ・ストーリーの生成に注目して」『質的心理学研究』No.13, 116–133／神崎真実・サトウタツヤ 2015「通学型の通信制高校において教員は生徒指導をどのように成り立たせているのか——重要な場としての職員室に着目して」『質的心理学研究』No.14, 19–37.

5-4

観察（エソロジー的乳幼児の）

■乳幼児をどのようにして研究するか？

乳幼児と、それ以上の年齢の人を研究の対象とする場合で、研究手法に大きく違いを与える要因の一つとして、言葉を使えるか使えないかがあげられる。乳幼児の場合、実験条件の教示を理解すること、実験者からの質問に言葉で回答することは難しい。幼児期の子どもであればある程度は可能であるが、課題の理解や言語理解の確認が必要である。そのため心理学に限らず乳幼児を調査する方法には、さまざまな工夫がなされてきた。たとえば視力を測定する場合、大人であれば画面に表示されるランドルト環の線が抜けている向きを回答する方法が使用できるが、乳児にこの方法は使用できない。そこで、乳児の視力測定は、**選好注視法**や眼球運動の測定によって行われる。このように乳幼児が対象の場合には、行動を観察することが非常に有効な手段となる。先ほど例にあげた選好注視法は、心理学では実験法として扱われるが、刺激を提示して視線という行動を観察するという点では、実験観察法ともいえる。実験観察法に対して、対象者の自然な生活場面の行動を観察する研究方法を自然観察法（以下、観察法）という。観察法はエソロジーという学問と大きく関係がある。本稿では、エソロジーについて紹介し、観察法の種類やそれぞれの特徴について紹介する。

■エソロジーが心理学へ与えた影響

観察法は、エソロジーからの大きな影響を受けている。エソロジーとは、それぞれの動物種に固有の行動の中から特定の一つの行動についてばかりではなく行動間の関連性などにも注目して行動の生起を詳しく調べ、行動の発生や機制を明らかにし、さらに進化の問題に迫ろうとする学問領域である。[1] このエソロジーを学問分野として体系化したのは、一九七三年にノーベル医学生理賞を受賞したローレンツ（Konrad Z. Lorenz）、ティンバーゲン（Nikolaas Tinbergen）、フリッシュ（Karl R. von Frisch）らである。彼らは、さまざまな動物の行動を細かく観察し、得られた結果を基に実験を行うことで、さまざまな動物の行動の謎を明らかにしてきた。愛着理論で有名なボウルビィ（John Bowlby）は、ローレンツの著書である『ソロモンの指環』[2] から、エソロジーに関心をもち、大きな影響を受けている。このように、エソロジーは心理学の研究手法に大きな影響を与えている。

■エソロジー的観察法の具体的な方法（図1）

観察法では、研究の目的に応じた最適な方法での観察が非常に重要となる。エソ

[1] 南徹弘 2013「比較行動学の考え方」日本発達心理学会（編）、田島信元・南徹弘（責任編集）『発達科学ハンドブック1――発達心理学と隣接領域の理論・方法論』(pp.192-203) 新曜社／本書「3-4エソロジー」も参照。

[2] Lorenz, K. 1949 *Er redete mit dem Vieh, den Vögeln und den Fischen*. Wien : Borotha-Schoeler. K・ローレンツ／日高敏隆（訳）2006『ソロモンの指環――動物行動学入門』早川書房

ロジーでは、観察を通して**行動目録（エソグラム）**を作成し、それらに基づいた実験から、動物の行動を明らかにする。行動目録の作成は、研究の肝となり、仮説生成ために必要不可欠である。そのため研究対象となる行動について、詳細な観察が欠かせない。この観察法は、何をいつ見るのかという**サンプリング方式**、どのように記録するのかという**記録方式**によって分けられる。[3] まず、サンプリング方式は、アドリブサンプリング、個体追跡サンプリング、走査サンプリング、行動サンプリングに分けられる。アドリブサンプリングは、何をいつ見るのかについて、ルールを設定しない方法である。この方法は、予備観察や研究初期の仮説生成に有効な方法である。ただし、目立った個体・行動に観察が偏るリスクを考慮する必要がある。個体追跡サンプリングは、一定時間内の一個体のすべての行動を記録する方法である。この方法は、観察個体について詳細なデータを得ることが可能であるが、観察個体を見失わないように注意を払う必要がある。走査サンプリングは、集団の観察において、一定の時間間隔でその瞬間の各個体の行動を記録する方法である。この方法は一度に多くの個体の行動を捉えることができるが、観察の瞬間に姿が見られない個体については観察ができないため、観察が可能な個体に偏りが生じる場合がある。行動サンプリングは、集団の観察において、特定の行動が起こるたびに記録する方法である。この方

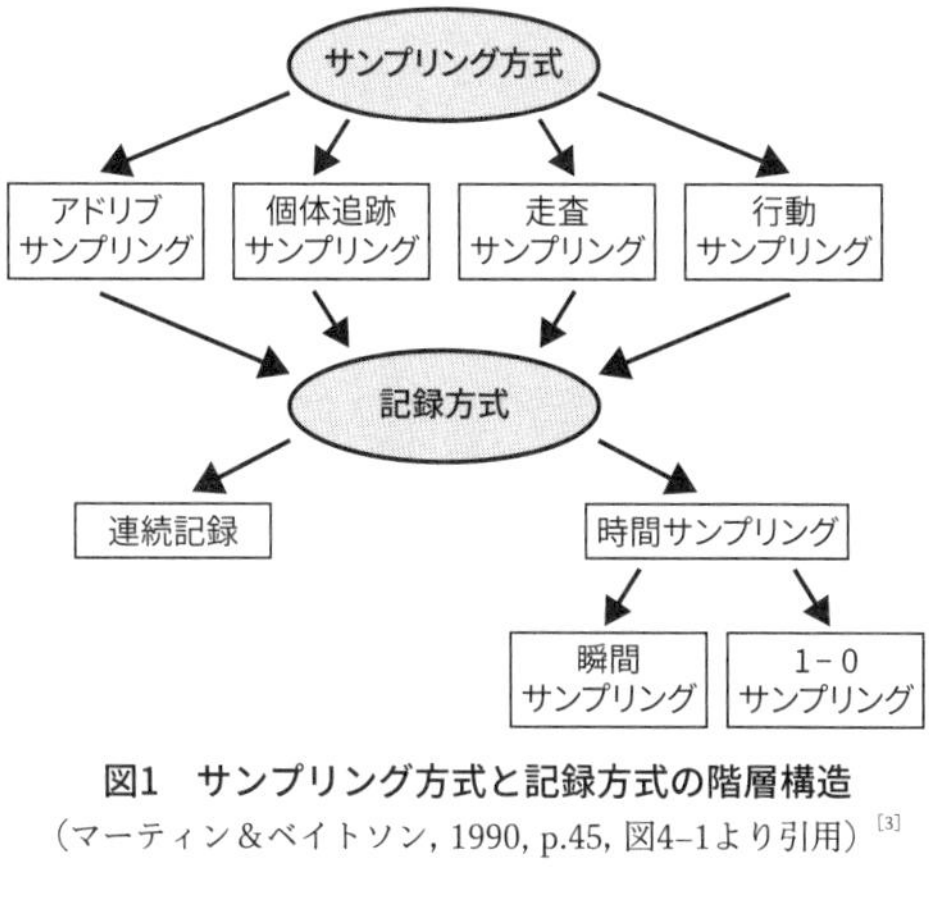

図1　サンプリング方式と記録方式の階層構造
（マーティン＆ベイトソン, 1990, p.45, 図4-1より引用）[3]

[3] Martin, P. & Bateson, P. P. G. 1986 *Measuring behaviour: An introductory guide*. Cambridge: Cambridge University Press.（マーティン＆ベイトソン／粕谷英一・細馬宏通・近雅博（訳）1990『行動研究入門――動物行動の観察から解析まで』東海大学出版会）

法は、あまり起こらない行動を観察するのに優れた方法である。しかし、特定の行動を起こしやすい個体、目につきやすい行動に観察が偏ることを考慮しなければならない。

次に、記録方式には、連続記録と時間サンプリングに分けられ、時間サンプリングについては、さらに1－0サンプリングと瞬間サンプリングに分けられる。連続記録は、行動の始まりから終わりまでを記録し続ける方法である。この方法は、正確な行動の生起頻度や連続しておこる行動を捉えることが可能な方法である。しかし、記録するべき情報量が多くなるため、一度に多くの行動を対象にすることができない。一方、時間サンプリングは、観察時間を短時間のインターバルに切り分け、行動を記録する方法である。1－0サンプリングは、各インターバルの間にターゲットとする行動の有無を記録する方法であり、瞬間サンプリングは、各インターバルの切れ目の瞬間にターゲットとする行動の有無を記録する方法である。時間サンプリングは、同時間に複数の行動の生起頻度を観察するのに優れた方法である。しかし、行動の持続時間を記録することができないため、連続性のある行動を記録することも困難である。また、観察のインターバルの切り分け方によって、行動の生起頻度が、実際より少なく測定されたり、多く測定されたりする可能性がある。観察する行動に適したインターバルを設定することが重要である。

■さらに学ぶために

（1）研究論文

加藤真由子・大西賢治・金澤忠博・日野林俊彦・南徹弘 2012「2歳児による泣いている幼児への向社会的な反応――対人評価機能との関連性に注目して」『発達心理学研究』23, 12–22.

加藤らの研究は、観察法として、個体追跡サンプリングによる連続記録と時間サンプリングを観察する行動ごとに使い分け、泣いている幼児の特徴やその幼児との親密性が、その幼児への向社会的な反応に与える影響を検討している。

（2）専門書

Blurton–Jones, N.（Ed.）1972 *Ethological studies of child behaviour.* Cambridge: Cambridge University Press.（ブラートン（編）／岡野恒也（監訳）1995『乳幼児のヒューマンエソロジー――発達心理学への新しいアプローチ（第2版）』ブレーン出版〔初版1972の訳〕）

Martin, P. & Bateson, P. P. G. 1986 *Measuring behaviour: An introductory guide.* Cambridge: Cambridge University Press.（マーティン＆ベイトソン／粕谷英一・細馬宏通・近雅博（訳）1990『行動研究入門――動物行動の観察から解析まで』東海大学出版会）

〔廣瀬翔平〕

5-5 質的研究の倫理

■研究倫理とは

現代では、心理学に限らずあらゆる学問領域での研究活動や実践において倫理的責任が問われるようになった。国内の心理学諸学会でも倫理委員会を設置し、綱領やガイドラインを作成し、倫理的に問題がない研究が行われるように導いている。いずれかの倫理審査機関からの承認を得た研究でなければ論文投稿を認めない学会もみられるようになってきた。研究倫理は時には研究者と衝突し、場合によってはデータ収集方法や研究テーマそのものを変更する必要に迫られることもある。しかし研究者は研究遂行の特権を有しているがゆえに、高い倫理観を持つことが求められる。[1] 研究の自由と自治を守るためにも、研究者自身がこれから行おうとしている研究に倫理的問題がないのか、問い続ける必要がある。本稿では研究倫理について概観するとともに、とくに質的研究における倫理とのかかわりについて述べる。

研究倫理とは、おおよそ以下の二つの側面から構成される。一つはインフォームド・コンセントや個人情報の守秘など、**調査協力者の人権**にかかわる倫理である。と

［1］眞嶋俊造 2015「今、なぜ研究倫理なのか」眞嶋俊造・奥田太郎・河野哲也（編）『人文・社会科学のための研究倫理ガイドブック』（pp.1-24）慶應義塾大学出版会

りわけ医学や心理学など生身の人間を対象として扱う領域では、実験や調査そのものが研究協力者になんらかの影響を与えうる。そのことを事前に十分に説明し、調査協力者に自由意志での研究協力を求めなければならない。また研究成果の発表についても、その内容や表現によって協力者に不利益がもたらされないよう注意する必要がある。

もう一つは剽窃《ひょうせつ》や捏造《ねつぞう》、資金の不正使用など、**研究活動における公正性**にかかわる問題である。学術的研究は公共の福祉の発展に大きく寄与してきた。優れた研究には資金の投入や環境の整備など、多くの援助が与えられる。しかしこの援助を巡って、成果を得るために研究成果が歪められたり、資金を適切な目的と用途以外で使用したりするなど、不誠実な活動が問題となることがある。研究者は研究を通して社会貢献を行うという役割に乗っ取り、個人の利益を追求するような利益相反を起こさないように努める義務を有する。

■研究倫理の歴史

学術領域での倫理は、医学から始まっている。古くは医学の祖と呼ばれるヒポクラテスによるものとして伝えられている「ヒポクラテスの誓い」が、現代医学教育でも医師の職業倫理の根幹を成すものとして影響を与えている。近代になり医学倫理が再出現したのは、第二次世界大戦後のことである。ナチス・ドイツの行った人体実験に対するニュルンベルグ裁判の結果、研究目的の医療行為を行う際に厳守するべき指針として一九四七年にニュルンベルク綱領が提言された。一九六四年には世界医師会が人間を対象とする医学研究の倫理的原則としてヘルシンキ宣言を提唱し、主に医師の医療研究における指針として示した。

その後、一九七九年にアメリカでは医学研究に限定せず臨床研究全般に対する規制を目的として国家研究法が制定され、「生物医学および行動学研究の対象者保護のための国家委員会」によって、研究対象者保護のための倫理原則および指針である「ベルモント・レポート」が提出された。ベルモント・レポートは「人格の尊重」「恩恵（善行）」「正義」の三つを普遍的な倫理原則とし、とくに研究協力者との関係について研究者の行動原則とガイドラインを定めた。このレポートは、これ以後に作成されたさまざまな団体や機関による倫理綱領などの基礎として大きな影響を与えた。[1]

[2] 笹栗俊之 2012「倫理規則と指針」笹栗俊之・武藤香織（編）『シリーズ生命倫理学第15巻 医学研究』（pp.24–51）丸善出版

■質的研究における倫理

研究者は、研究の開始から終了時まで、研究協力者へのフィードバックなどを考えれば終了後に至るまで倫理的責任を果たさなければならない。質的研究において倫理が問題となる場面として①**研究構想・立案**、②**研究の場の設定**、③**研究実施段階**、④**個人情報の扱い**、の四つがあげられる。[2]

まず研究構想・立案に関して、質的研究では量的研究や他領域の研究よりも繊細で

[3] 能智正博 2013「質的研究の倫理」やまだようこ・麻生武・サトウタツヤ・秋田喜代美・能智正博・矢守克也（編）『質的心理学ハンドブック』（pp.71–94）新曜社

敏感な問題であることが多い。テーマによっては調査協力者にとって思い出したり語ったりすることが強い負担となり得るようなことも、インタビューによって聞かなくてはならない。また、研究発表によって公表される情報が、研究協力者にとって必ずしも利益であることばかりではない。たとえば研究として貧困問題を扱ったとき、成果の公表は問題や現状への関心を高めたり、諸機関に対策をとるよう働きかけたりすることもできるが、一方で研究協力者に対して世間からの（場違いな）批判が生じるなどの不利益が生じることもある。このような研究協力による負担や生じうる不利益と、研究が生み出す利益（コストとベネフィット）を秤にかけて、それでも研究を行う意義があるという研究を行わなければならない。

研究の場の設定の場面で問題となるのは、インフォームド・コンセントがあげられる。インフォームド・コンセントは研究者と協力者の立場を対等にするために、上記の研究協力による負担や時間、コストとベネフィットおよびデータや個人情報の扱いなどについて協力者が理解し、自由意志によって研究協力に同意を得るための作業である。このインフォームド・コンセントはしかし、協力者から直接得ることが難しい場面がいくつかある。低年齢や障がいなどのため研究理解が難しい場合や、社会的望ましさなどの影響を避けるために研究の趣旨を事前に明示できない場合などがあげられる。前者は保護者からの同意を得る、後者は事後的に研究目的を伝え、そのうえでデータを研究に用いてもよいかあらためて確認するなどの方法があるが、いずれにしてもその手続きが妥当なのか、十分に検討されなければならない。

研究実施段階では、信頼関係（ラポール）の形成に配慮する必要がある。一般的にラポールの形成はお互いの立場を平等にするためにも、また研究の質を高めるうえでも有効である。しかし質的研究の場合、研究者と協力者との関係性が親しくなり同一化しすぎる（オーバーラポール）ケースとその問題が考えられる。[4] 研究終了とともに疎遠になった場合の協力者への影響や、研究者と協力者の関係性以上のものを要求される（してしまう）恐れもある。心理臨床の場合はラポールの形成はクライエント治療の手段に含まれるが、よりよい研究のためにラポールを形成しようとする姿は欺瞞的に見られてしまう可能性もある。[5] 研究協力者はともに研究を成し遂げる仲間でもあるが、その距離をゼロにすることは難しいという限界を踏まえつつ、関係性を模索していくことが必要である。[6]

個人情報の扱いは、質的研究における研究倫理について非常に重要であり、また難しい点でもある。量的研究よりもさらにプライベートな情報を収集することになるため、データの保存には実物媒体であっても電子媒体であっても鍵付きロッカーやパスワードにより物理的、電子的に保護する必要がある。語られる固有の経験や特徴的な立場、出来事などをそのまま論文化した場合には、論文の読者が調査協力者を特定できてしまう。そのため、「協力者A」などと通し番号による記述の他、論文に記述する際には協力者に断ったうえで職業や年齢、時には内容についても、問題のない範囲

[4] 佐藤郁哉2002『フィールドワークの技法――問いを育てる、仮説をきたえる』新曜社

[5] Kvale, S. & Brinkmann, S. 2015 *Inter views: Learning the craft of qualitative research interviewing* (3rd ed.). Thousand Oaks, CA: Sage

[6] Fontana, A. & Prokos, A. H. 2007 *The interview: From formal to postmodern*. Walnut Creek, CA: Left Coast Press.

で変更を加えることなどが倫理を守る方法としてあげられる。いずれにせよ、研究協力者が被るリスクを最小限にとどめる努力が求められる。

■研究倫理と協力者

協力者との関係性についての研究倫理を遵守する最大の目的は協力者の権利の保護であるが、時には研究倫理を守ることが協力者の希望に反したり、不利益となったりする。倫理審査では、審査を通過することの条件の一つに匿名性の確保があげられることが多いが、研究協力者である神経難病患者の希望により本名で掲載している研究もある。[7] 倫理審査により手続きが適切でないと判断され修正した結果、修正前までは得られていた協力を拒否されることや、インフォームド・コンセントを了承したことへの署名を「形式的な関係は望まない」と拒否されることもある。協力者は専門家ではないため、研究倫理に則らないことによる不利益を理解していないことも理由としてあるだろう。しかし協力者が不利益も覚悟のうえで協力しようとしているとき、審査委員会が「倫理的に問題はない」という判断を下すことは難しいのではないか。

研究倫理とは明確な形を持たず、時代や文化とともに変化するものである。今後も既存の倫理が変化し、新しい倫理が発見されるだろう。その時々、事例ごとに研究者や研究協力者、倫理審査委員会など研究を取り巻く人間の間で議論し、精査されていくことが求められる。

〔春日秀朗〕

[7] 日高友郎・水月昭道・サトウタツヤ 2012「神経難病患者の生を支えるライフ・エスノグラフィー――在宅療養の場の厚い記述から」『質的心理学研究』No.11, 96-114.

6章　質的研究の広がりと可能性

6-1 混合研究法（mixed methods research）

■混合研究法とは――質的研究法の拡張として

ここ数年、英国・北米の質的研究者を中心に、質的研究と量的研究の両方の要素をもち合わせる**混合研究法**への関心が急速に高まっている。これまで、自然な状況において収集する記述データに根ざして知識構築を試みてきた質的研究者が、質的データから得られる解釈を補強する目的や、合目的的サンプリングに客観的根拠を与える目的で、研究に積極的に数量データを組み入れるようになってきた。混合研究法の核は質的データと量的データの**統合**にあり、質もしくは量のいずれか一つのアプローチからは得ることのできない**シナジーの知**を生み出すことを最重要課題として掲げる。

現在の混合研究法の歴史的起源は、一九八〇年代を中心に展開した**パラダイム論争**にある。パラダイム論争とは、質的研究者と量的研究者の間で起きた、人間科学における知識構築のあり方をめぐる対立であり、研究アプローチの優位性をめぐる闘いである。このパラダイム論争を非生産的と捉え、それぞれの研究アプローチは相補的であり、二つを統合することは可能であると考えた一部の研究者によって、一九九〇年代以降混合研究法は急速な発展を遂げることとなった。発展段階の初期においては、混合研究法を用いた経験的研究、つまり**混合型研究**の多くが質的データを補足的にしか扱っていないという批判があった。しかしながら、混合研究法コミュニティがこれらの批判に真摯に応答する中で、**質的研究主導型混合研究法**が提唱され、混合研究法のあり方が多様になっていった。そして、二一世紀に入った現在の混合研究法コミュニティは、量的研究コミュニティ以上に質的研究コミュニティとの関係性を強めつつある傾向がみられる[1]。

■混合研究法の定義

混合研究法とは何かについて、これまでいくつかの定義が提出されてきた。クレスウェルとプラノ・クラーク[2]は、混合研究法を、哲学的前提、方法論、そして方法の三つの構成要素を含むものとし、次のように定義している。

「混合研究法とは**哲学的前提**（philosophical assumptions）および調査方法を兼ね備えた研究デザインの一形態である。**方法論**（methodology）として、研究プロセスの多くの段階において質的・量的アプローチのデータ収集、分析、および混合の方向性を導く哲学的前提を備え、**方法**（method）として、単一もしくはシリーズの研究において、質的・量的両方のデータを収集、分析、統合することに焦点を当て

[1] この新たな潮流は、学術活動のさまざまなところに見いだすことができる。たとえば、タイトルにQualitative Researchを冠した査読付き学術論文雑誌が投稿規定の中で、質的研究論文に加え、混合型研究論文の投稿を可としている場合が近年散見される（たとえば、*Qualitative Health Research*. SAGE)。この背景には、昨今のCAQDAS《カクダス》(computer-assisted qualitative data analysis software）の発展がある。また、二一世紀初頭に米国ブッシュ政権下で実施された「科学的根拠に基づく」教育改革が研究方法の保守化を招き、米国の多くの質的研究者を混合研究法へと向かわせたことも看過できない要因としてあげられよう。

[2] Creswell, J. W., & Plano Clark, V. L. 2007 *Designing and conducting mixed methods research* (1st ed.). Thousand Oaks, CA: Sage.

る。混合研究法がもつ重要な前提は、量的・質的アプローチを組み合わせて使用することで、どちらか一方の研究アプローチを使用したときよりも研究課題に関するより良い理解が得られるというものである。」（前掲［2］p.5, 下線部筆者）

この定義の特徴は、混合研究法において、データ収集、分析、および統合の具体的な方法が研究者の有する世界観（哲学的前提）によって導かれる点と、混合研究法により生み出される知識が、単一の研究アプローチを用いただけでは得ることのできないシナジーの知である必要性を明確に打ち出しているところにある。本定義は、混合研究法が、異なるパラダイム間の**共約不可能性**[3]の議論を乗り越えて生まれた第三の研究アプローチであることを示している。

■混合型研究の実施プロセス

混合型研究を実施するにあたっては、次の五つのポイントを検討する必要がある。それらは、①単一の研究アプローチではなく混合研究法を用いる理由、②研究が依拠する哲学的前提、③研究の目的およびリサーチクエスチョン、④研究デザイン、そして⑤質的データと量的データの統合の方法である。

混合研究法を用いる際は、まず、なぜ敢えて質的データと量的データの両方を収集・分析し、その結果を統合する必要があるのか、混合研究法を用いる適切性につい

［3］二つの異なる科学理論の体系は共通する尺度をもたないという科学概念で、クーン（Thomas S. Kuhn）によって提唱された。この共約不可能性の概念が、量的研究と質的研究を単一の研究プロジェクトにおいて統合することを阻んできた。

［4］実用主義とも呼ばれるこの哲学は、真理や実在といった形而上学的概念の問題に着目するのではなく、リサーチクエスチョンを重視する。

［5］米国の教育評価研究者マー

て検討する必要がある。研究目的によっては、必ずしも混合型研究を実施することが適切とはいえない場合もあるだろう。

次に、研究が依って立つ哲学的前提について検討する必要がある。現在出版されている混合型研究論文の中でもっとも頻繁に言及されている哲学的前提に米国生まれの**プラグマティズム**[4]（pragmatism）がある。この他にも近年は、**変革のパラダイム**[5]（transformative paradigm）、**批判的実在論**[6]（critical realism）、**弁証法的多元主義**[7]（dialectical pluralism）などが用いられている。社会的実在性は構築されるもので、ゆえに多元的であるとする**構築主義**／**社会構成主義**の立場から、質的研究主導型の混合型研究を実施することも可能である。いずれにせよ、研究者が採る認識論的立場は、研究の進め方と、最終的には研究の評価規準のあり方にも影響を与えるため、研究を実施する際も評価する際にも意識的になる必要があるだろう。

第三のステップとして**研究目的の明確化**がある。混合研究法の目的を類型化した教育評価研究者のグリーンらによる古典的論文[8]は、一九八〇年代末の当該論文出版以前に質的・量的データの両方を用いて実施された教育評価研究をレビューし、これに理論的検討を加えた上で、次の五つの目的を特定している。それらは、①質的・量的データの分析結果が収斂《しゅうれん》するかを確認する**トライアンギュレーション**、②一方のデータをもう一方のデータで強化する**補完**、③一方のデータの分析結果が、もう一方のデータ収集を導く**発展**（たとえば、サンプリングや尺度開発）、④質的・量的分析

トンズ（Donna Mertens）が提唱する、社会的弱者と呼ばれる人びとのアドボカシーを研究の目的に据えた変革のパラダイム。

[6] 英国の哲学者バスカー（Roy Bhaskar）を中心に発展。この視座は、存在論的に社会現象の客観的実在を前提にするものの、認識論的には相対主義を採り、結果として多様な研究アプローチを用いて現象に迫ることを善しとする。

[7] 異なる哲学がもつ多様な視点を弁証法的・対話的に統合し、研究を単一のパラダイムではなく、複数のパラダイムから実施することを支える、ジョンソン（R. Burke Johnson）による比較的新しい混合研究法の哲学的視座。グリーン（Jennifer C. Greene）による弁証法的視座の拡張である。

[8] Greene, J. C., Caracelli, V. J., & Graham, W. F. 1989 Toward a conceptual framework for mixed–method evaluation designs. *Educational Evaluation and Policy Analysis, 11*(3), 255-274.

結果の齟齬《そご》をきっかけに、新たなリサーチクエスチョンを立てる**手引**、そして⑤異なる調査対象から異なる方法を用いてデータを収集し、研究の範囲を広げる**拡張**（たとえば、患者にはアンケート調査を、医療従事者にはインタビュー調査を実施する）である。なお、リサーチクエスチョンについては、具体的に記載している論文もあれば、研究の目的のみの記載にとどまっているものもある。**混合型研究におけるリサーチクエスチョン**とは、質的研究のリサーチクエスチョンと量的研究の研究仮説もしくはリサーチクエスチョンを架橋するものとなる。

第四のステップは**デザイン**を決定する段階である。混合研究法の初学者には、本研究アプローチに慣れるまで、専門書籍で紹介されているデザインの基本型・応用型を理解し、自身の混合型研究の流れを検討することを勧める。とくに広く知られている混合研究法デザインには、三つの基本型デザインと三つの応用型デザインがある（図1）。まず、**三つの基本型デザイン**には、質的・量的データ収集・分析を並行して実施する**収斂デザイン**、量的データの結果を質的データで説明する**説明的順次デザイン**、そして質的データの結果に基づいて量的尺度を開発・検証したり、質的研究によって生成された仮説を量的研究で検証したりする**探索的順次デザイン**がある。さらに、これらの基本型デザインを研究目的によってさまざまに組み合わせたものとして**応用型デザイン**がある。主な応用型デザインとしては、介入の

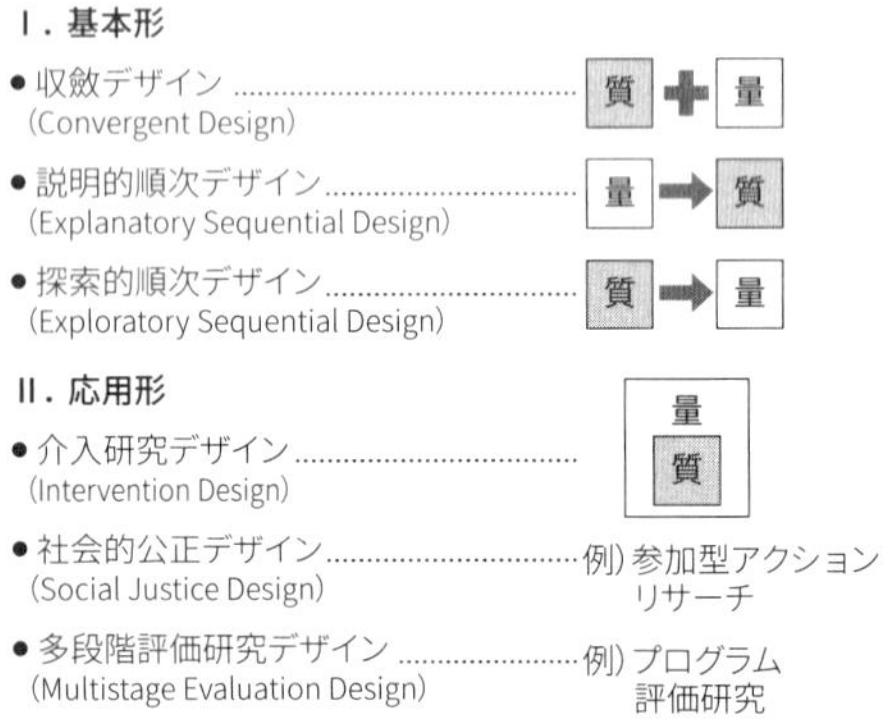

図1　主な混合研究法デザイン

効果検証を目的とする**介入デザイン**、参加型アクションリサーチに代表される、問題解決や社会的弱者のアドボカシーを目的とした**社会的公正デザイン**、そして長期間にわたって実施されるプログラム評価研究を目的とする**多段階評価デザイン**がある[9]。最近では、これら三つの応用型デザインに、事例研究の中で混合研究法を用いるためのデザインなども加えられている。

デザインを検討する際には、質的・量的二つの研究工程における**サンプリングの方法**についても検討することになる。二つの研究工程におけるサンプル間の関係は、研究目的／リサーチクエスチョンによって決まる（図2）。二つの研究工程のサンプルがまったく同じになる場合（**同一**）、同一ではないが同じ母集団から抽出されたサンプルである場合（**平行**）、どちらかの研究工程のサンプルが、もう一方のサンプルの一部を合目的的に選択したものになる場合（**埋め込み**）、そして、いずれか一方の研究工程には学習者、もう一方には教師といった、分析単位が異なるサンプルを質的・量的それぞれの研究工程の中で用いる場合（**多層**）とがある。

最後のステップは**統合**である。この段階では、前の段階で決定したデザインに基づいて収集した質的・量的データの分析結果を意味のある形で組み合わせる。混合研究法のデザインによって、統合の方法は異なってくる。収斂デザインであれば二つのデータは比較検討のために**結合**される。説明的

[9] Creswell, J. W. 2015 *A concise introduction to mixed methods research*. Thousand Oaks, CA: Sage.（クレスウェル／抱井尚子（訳）2017『早わかり混合研究法』ナカニシヤ出版）

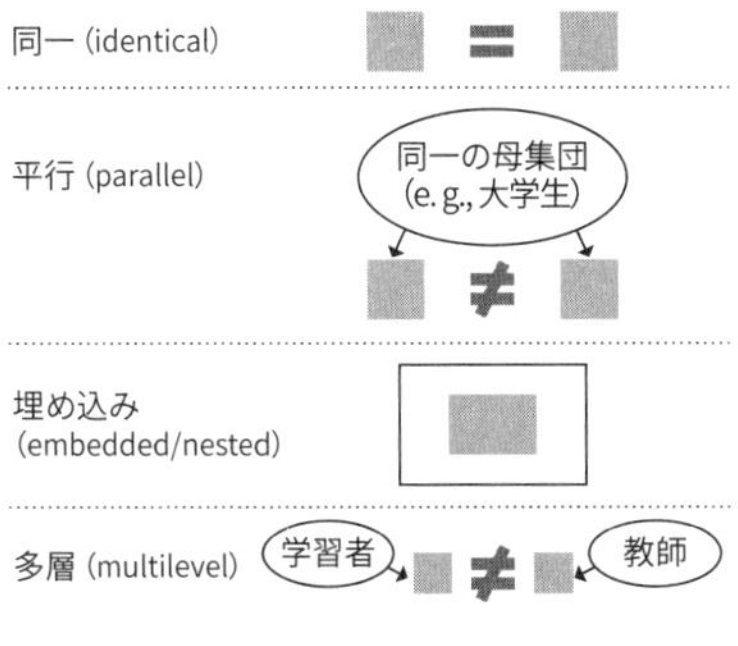

図2　質的量的研究工程における サンプル間の関係性

順次デザインであれば、質的データによって量的分析結果が**説明**される。探索的順次デザインであれば、質的データ分析の結果の上に、量的研究のための尺度開発や仮説の生成およびそれらの検証が**積み上げ**られる。また、介入デザインであれば、事前事後テストの結果の比較を通して量的に介入の効果検証を実施する中で、質的データを介入実施前、介入実施の最中、介入実施後の三つの段階に**埋め込み**、介入試験が提供するエビデンスの質を高めることが可能となる。このように、質的・量的データ分析の結果を統合することによって、最終的には**メタ推論**を導き出し、報告することになる。メタ推論とは、質的・量的研究結果の統合によって得られた結論や推論のことである。また、近年、質的・量的データ分析の結果の両方を一つの表や図に落とし込む**ジョイントディスプレイ**の使用が奨励されている。このツールの利用によって、メタ推論が導き出された根拠を可視化することが可能となる。[10] これ以外にも、**データ変換**による統合もある。質的データを定量化し、もう一方の量的データと合わせて統計的に分析するようなケースが例としてあげられる。

■まとめ

以上のように、混合研究法は、質的・量的データ分析の結果を論理的に統合することによって、単一のアプローチのみを使用したのでは得ることのできないシナジーの知を見いだすことを最終的な目標とする。混合研究法は、いまだ黎明期にあるともい

[10] 各種ジョイントディスプレイの類型と具体例については、以下を参照されたい。抱井尚子 2015『混合研究法入門——質と量による統合のアート』医学書院

われ、研究者の間で見解が収斂していない部分も多々ある。とくに研究評価の議論は今なお流動的であり、混合型研究の評価規準について、今後十分な検討がなされる必要がある。いずれにせよ、混合研究法が、質でも量でもない第三の研究アプローチであることを標榜するのであれば、データ収集、分析、そして最終段階の研究評価に至るまでにおいて、既存の枠組みを超越した革新的なものであることが求められるだろう[11]。

■さらに学ぶために

混合型研究をどのように実施し、論文としてまとめるのかを学びたい読者は、以下を参照されたい。介入デザインを用いた本論文は、最新の混合研究法理論を反映しており、読者は本論文を通じて、執筆に際し網羅すべきポイントからジョイントディスプレイの作り方に至るまでを、具体的に確認することができる。

Bradt, J., Potvin, N., Kesslick, A., Shim, M., Radl, D., Schriver, E., Gracely, E.J., & Komarnicky–Kocher, L.T. 2015 The impact of music therapy versus music medicine on psychological outcomes and pain in cancer patients: a mixed methods study. *Support Care Cancer*, 23, 1261–1271.

日本語で読める混合研究法の最近の書籍としては次のものがある。

[11] Kakai, H. 2018 Researcher Spotlight. In C. N. Poth (Ed.). *Innovations in mixed methods research: A practical guide to integrative thinking with complexity.* London: Sage.

Creswell, J. W. 2015 *A concise introduction to mixed methods research*. Thousand Oaks, CA: Sage.（クレスウェル／抱井尚子（訳）2017『早わかり混合研究法』ナカニシヤ出版）

抱井尚子2015『混合研究法入門――質と量による統合のアート』医学書院.

Teddlie, C. & Tashakkori, A. 2009 *Foundations of mixed methods research: Integrating quantitative and qualitative approaches in the social and behavioral sciences*. Thousand Oaks, CA: Sage.（テッドリー&タシャコリ／土屋敦・八田太一・藤田みさお（訳）2017『混合研究法の基礎――社会・行動科学の量的・質的アプローチの統合』西村書店）

〔抱井尚子〕

6-2

アクションリサーチ（action research）

■アクションリサーチとは——二重の逸脱

本書のような構成のもと、個別の一方法としてアクションリサーチを説明することは、実は困難であり、誤りであるとすらいえる。[1] アクションリサーチは、二つの意味で、個別の一方法を逸脱する存在だからである。

第一に、アクションリサーチは、研究の方法である以上に、研究者の姿勢のことを指す。研究協力者との協働的実践を通して、研究の外部に変化をもたらそうとする活動がアクションリサーチである。その活動を通して、研究者の世界だけでなく、実社会に影響と変化をもたらすことに、アクションリサーチの関心はある。

第二に、そうした目的を達成するため、アクションリサーチは多様な方法を無政府主義的に活用する。アクションリサーチは質的研究に親和的であるものの、量的な研究法も、さらに、まったく異質で新しい研究法も、常に模索し活用する。

こうした逸脱性は、**クルト・レヴィン**[2]による創設時から内包されていた。以下、その開発過程と基本的な方法を概観したうえで、現代の質的研究における、アクション

[1] 当初は個別の一方法としてマップ内部に位置づけられる予定で、本稿もその前提で執筆されていた。

[2] Kurt Lewin（1890–1947）アクションリサーチとグループ・ダイナミックスの創設者。当初ドイツで、のちナチス政権下、アメリカに亡命して活動した。心理学基礎論から実験心理学まで幅広い業績を残している。

リサーチ固有の方法的な特徴を述べる。

■レヴィンによる構想

レヴィンは、産業、教育、差別など幅広い課題を対象にアクションリサーチを展開した。代表的な「食習慣改善運動」の研究は、第二次世界大戦時の食品統制下、忌避されがちだった臓物を食材として活用するよう、主婦グループの調理行動を変えることに挑んだものである。講演法による一方的な説明教示ではなく、集団討議法により各人で主体的に賛否を論じあうことが、結果として行動の変容を促した。また、ユダヤ人差別など、少数者に対する偏見の問題にあたっては、実態調査やワークショップなど多様な方法を活用し、地域や行政とも連携してその解消に取り組んでいる[3]。

こうしたアクションリサーチの方法的な特徴は二点に集約される。第一は、循環性を必須の要件とすることである。社会的な課題や現場からの要請に応え、研究者が実情を調査し、改善につながる計画を立案、それを実践したうえで、結果を検証し計画を修正、再実行…というサイクルがアクションリサーチの基本である。実践と研究、すなわち現場と大学の常なる往復、相互の対話が基本であると言い換えてもよい。

第二は、多彩な方法の活用である。食習慣改善運動では、小集団を対象に実験的手法で介入し比較検討を行った。他方必要に応じて、計量的な意識調査、参加者の発言や行動の質的記述、教育訓練プログラムの作成と実施など、さまざまな方法が用いら

[3] 八ッ塚一郎 2013「アクションリサーチの哲学と方法」やまだようこ・麻生武・サトウタツヤ・能智正博・秋田喜代美・矢守克也(編)『質的心理学ハンドブック』(pp.348-362) 新曜社

れる。協力者との関係を維持しサイクルを進めるにあたって唯一絶対の正解はなく、研究者は状況と目的に即してさまざまな方法を活用しなくてはならない。

二つの特徴の根底には、研究者（観察者）と対象との間に一線を引くことができないという**人間科学**の大前提がある。[4] 自然科学は、研究者と対象を明確に区別し、前者が後者に影響を及ぼさないことを研究の前提とする。しかし、「予言の自己成就」現象に象徴されるように、研究者とその対象となる人びとは、人間科学においては否応なく影響を与え合う関係にある。研究協力者の存在は研究活動の方向を不断に左右し、研究者からの働きかけが研究の進展に影響する。アクションリサーチは、この人間科学における不可避の循環的な関係を否応なく顕在化させる。

逆に、こうした人間科学の大前提を見落とし、自然科学を安易に模倣することが、アクションリサーチへの誤解を生む。研究者と研究協力者の間に一線を引き、人間科学の循環性を看過する既存の心理学は、大学での専門的な研究だけを正当な科学とみなし、現場での社会的な実践を、格下の応用的な一技法とみなしがちである。

社会心理学を新たな科学として確立させなくてはならないという時代的な要請のため、レヴィン自身、ときに応用を従属的に記述してもいる。しかし、レヴィン生涯の構想において、社会的実践は心理学的探究と常に一体化し不可分であった。実践的な課題から距離をおく研究は、ただ現状を肯定するだけで、社会心理学の名には値しないと、レヴィンは考えていたのである。

[4] 杉万俊夫（編著）2006『コミュニティのグループ・ダイナミックス』京都大学学術出版会

■質的研究の時代のアクションリサーチ

現代のアクションリサーチは、企業組織や医療現場、学校等各種の教育活動、地域づくりなどをフィールドに、その改善や活性化に向けた取り組みを重ねている。

アクションリサーチ発展の端緒であり、その焦点であり続けている代表的な領域の一つは、災害と救援、防災と地域復興に関する問題群である。[5] 阪神・淡路大震災（一九九五年）、東日本大震災（二〇一一年）をはじめ、多くの被災地域に研究者自らが足を運び、災害救援や復興支援のボランティア、仮設住宅訪問、まちづくり活動や防災の教育とワークショップなど、多彩な活動を展開している。ここでは、それらの知見と示唆を踏まえて二点の特徴を整理する。

第一は理論的な深化である。たとえば杉万は、アクションリサーチのプロセスを、**一次モードと二次モード**の連続的交替プロセスとして定式化した。[6] 研究者と協力者は、両者をともに規定しながらも当事者としては自覚することのできない「気付かざる前提」に影響されている。たとえば使用する言語、慣習、相互の権力関係が、人びとの相互作用を可能ならしめる一方、そこに制約を加え活動の進展を阻んでいる。一次モードとは、そうした制約のもとでなんとか事態を理解し打開しようとする、事例記述と実践の試行を指す。

二次モードとは、一次モードに徹し協働的実践を蓄積する中で蓋然的に到来する状態であり、「気づかざる前提」の存在に理解が及び、そこで変化が生じる段階のこと

[5] 矢守克也・渥美公秀（編著）近藤誠司・宮本匠（著）2011『ワードマップ 防災・減災の人間科学——いのちを支える、現場に寄り添う』新曜社

[6] 杉万俊夫 2013『グループ・ダイナミックス入門——組織と地域を変える実践学』世界思想社
また、杉万（2006）前掲［4］も参照。

である。「自分たちはこのような価値観に制約されていた」「不可能と確信していたことは思い込みだったのかもしれない」などの洞察が訪れることで、理解が進展し、現象に対する新たなモデルが構成され、アクションも変容していく。

重要なことは、一次モードで試行錯誤を蓄積することなしに二次モードは到来しないという点である。また二次モードの到来で事態が終結するわけではなく、そこで生まれた新たな「気づかざる前提」が、次なる一次モードと二次モードを導く。

第二は、そうした理論を織り込んでの方法の深化である。上述の二次モードは意図的に生み出せるものではなく、あくまで蓋然的に到来する。その到来を促し感知するには、サイクルを反省的に振り返り、研究者の営みやその効果、気づかざる前提の影響を捉え直す、リフレクシブな視点を方法として常に確保しておかなくてはならない。**リフレクシビティ**は、アクションリサーチにとどまらず、質的研究全体に通底する要件としても議論されている。[7]

一方、防災の領域では、被害予測や避難行動などのシミュレーション技術、それに基づく情報提供ツールなどの開発と実装が進み、新たなアクションリサーチを生みだしている。防災ゲームに代表される、相互対話を導くツールも普及して久しく、新しい道具がアクションリサーチの方法を開拓する流れができている。[8]

特筆すべきは、理論が、アクションリサーチにとって不可欠の道具として活用されているという点である。[9] たとえば宮本ら[10]は、新潟中越地震（二〇〇四年）における被

[7] Parker, I. 2004 *Qualitative psychology: Introducing radical research.* Berkshire, UK: Open University Press.（パーカー／八ッ塚一郎（訳）2008『ラディカル質的心理学――アクションリサーチ入門』ナカニシヤ出版）

[8] 矢守克也・吉川肇子・網代剛 2005『防災ゲームで学ぶリスク・コミュニケーション――クロスロードへの招待』ナカニシヤ出版

[9] 矢守克也・李旉昕《フシン》 2018「『Xがない、YがXです』――疎外論から見た地域活性化戦略」『実験社会心理学研究』57, 117-127／宮前良平・渥美公秀 2017「被災写真返却活動における第2の喪失についての実践研究」『実験社会心理学研究』56, 122-136. など。

[10] 宮本匠・渥美公秀 2009「災害復興における物語と外部支援者の役割について――新潟県中越地震の事例から」『実験社会心理学研究』49, 17-31.

災地支援のフィールドワークにあたって「物語復興」の概念を提起した。研究者が地域の人びとと生活をともにし、語らいを重ねる中で、風景や生活のもたらす固有の価値が、気づかざる前提として再発見されていく。紡ぎ出された物語は、人びとを支え、復興の理念としてコミュニティを動かしていくこととなった。

もともとアクションリサーチは、たとえばKJ法をグループワークの道具として活用してきた。観察と記録、ナラティブや言説の分析など、質的研究の多様な方法はアクションリサーチにも欠かせない。他方、古典的な実験的研究である「アイヒマン実験」を、アクションリサーチの先駆として捉え直す議論もある。[11]

アクションリサーチを一方法として語ることは困難で、誤りでさえあると述べた。しかし、アクションリサーチという完成した体系があると考えることも誤りである。アクションリサーチは、常に個別の問題および個別の関係性から出発する。そこでは自然科学的な意味での普遍的な知見は成り立たず、実践上も有効でない。**インターローカル**な対話と新たな問いの生成、暫定的なモデルの共有と更新によって、アクションとリサーチは進展し続ける。

アクションリサーチの方法もまた、あり方としてインターローカルである。本節では、個別の一方法としてではなく、本書に含まれる多様な方法と対話し、相互浸透し、そこから刺激を受けさらに拡張を続ける動的な活動として、その方法を概観した。

〔八ッ塚一郎〕

[11] 矢守克也 2018『アクションリサーチ・イン・アクション』新曜社

6-3 ナラティブに基づく医療（NBM）

■ナラティブに基づく医療とは

ナラティブに基づく医療（narrative based medicine: NBM）は、一九九八年、英国のグリーンハルら[1]によって提唱された物語と医療を結び付ける広範なムーブメントについての概念である。NBMの定義は一義的に決まったものがあるわけではないが、日常的実践という観点からテイラー[2]は「患者が自身の人生の物語を語ることを助け、『壊れてしまった物語』をその人が修復することを支援する臨床行為」と定義している。

NBMは、単なる理論や技法に留まるものではなく、実践論、研究論、教育論などを含む広範な一つの知の体系であるが、研究法という観点からいうとNBMはさまざまな質的な研究法を目的に応じて自由に用いる立場をとる。広い意味での医療の現場における、物語を利用した、あるいは物語論に基づく研究は、すべてNBMの研究の範疇に含まれるということになる。欧米ではむしろ狭義の医療を超えて、健康と病気にかかわる広範な活動を表すヘルスケアという用語が好んで用いられるので、その範

[1] Greenhalgh, T., Hurwitz, B. (Eds.) 1998 *Narrative based medicine: Dialogue and discourse in clinical practice.* London: BMJ Books.（グリーンハル＆ハーウィッツ／斎藤清二・山本和利・岸本寛史（監訳）2001『ナラティブ・ベイスト・メディスン――臨床における物語りと対話』金剛出版）

[2] Taylor, R. B. 2010 *Medical wisdom and doctoring: The art of 21st century practice* (pp.53–54). New York: Springer.（テイラー／石山貴章（監修）、三枝小夜子（訳）2017『医の知の羅針盤――良医であるためのヒント』メディカル・サイエンス・インターナショナル）

囲はさらに広いものとなる。

■物語を用いた研究が科学的研究として認められる条件

医療とヘルスケアにおける研究は、厳密な、再現性のある、標準化された方法を用いて系統的な知を作り出すことであるとされてきた。そして近年では、測定と実験によって作り出される定量的に数値化されたデータを用いた、統計学的な研究でなければ科学的ではないと見なされてきた。物語を用いる研究は、このような条件のほとんどを満たさないので、しばしばそれは科学的な研究ではないと批判されてきた。しかし、物語を用いた研究は、量的な研究者が用いる方法では決して得ることができないような、人が生きている現場における経験を描き出し、意味の生成や洞察をもたらす。一方で、物語とは人間が物心ついて以来、誰でも用いる普遍的な方法であるがゆえに、単に物語を用いたからといって、それが研究と呼べるのかという疑問に常に曝《さら》されてきた。

グリーンハル[3]は、医療とヘルスケアの領域における物語を用いた研究が、科学的な研究として認められるためには、以下の六つの質問に対して答える必要があると論じている。

①研究者は、明確で焦点づけられた研究疑問に答えるために、物語の収集、解釈、

［3］Greenhalgh, T. 2006 *What seems to be the trouble?: Stories in illness and healthcare*. Oxford: Radcliffe Publishing.（グリーンハル／斎藤清二（訳）2008『グリーンハル教授の物語医療学講座』（p.101）三輪書店）

照合、提示を行っているか？

②研究者は、明確な方法論的アプローチ（物語面接、エスノグラフィー、複数の方法を用いた事例研究、アクションリサーチなど）を用いているか？

③その研究法は厳密に、かつ透明性を確保して行われているか？　サンプリングの枠組み、研究ツールの選択、データ収集法、分析法などについて、詳しく検討されているか？

④研究者は研究のプロセスと研究者の役割のすべての側面について、反省的な洞察を示しているか？

⑤分析単位（たとえば、個人、事件、対話、チーム、組織、患者の経過など）が明確にされているか？

⑥経験的に収集されたデータが、明確な理論的枠組みを用いた、有効で透明性のある方法によって分析されているか？　言い換えると、研究者は「物語自身に語らせる」という段階を超えて先に進んでいるか？

前記の項目のすべてが、その研究が「誠実かつ自省的な態度で行われた合理的な探究的行為」であるということを保証するための条件である。これらの条件は、研究自体が仮説検証的であるか、仮説生成的であるかということ自体には触れていない。しかし、少なくとも多くの物語研究は効果研究（すなわちある介入法が他の方法よりも効果が高いかどうか）を志向するものではない。物語研究は、どのように効果があるのかを描き出すことはできるし、どうして効果があるのかについての仮説を生成することはできるが、どのくらい効果があるのかを検証することはできない。医療とヘルスケアの研究において、効果の検証の目的で物語研究を用いることは、多くの場合研究自体の評価に混乱をもたらすので注意が必要である。

■NBMにおいて用いられる物語研究法

NBMにおける研究では、研究目的と研究法の選択に整合性があるならば、どのような研究法をも選択することが可能である。グリーンハルはNBMにおいて用いられる物語を用いた研究アプローチを六つあげて説明している。ここでは、そのうちの五つの研究法（**物語面接、自然主義的物語収集、談話分析、事例研究、アクションリサーチ**）について説明し、さらに筆者が本邦において実施したり指導したりしている質的研究法（**単一事例修正版グラウンデッド・セオリー・アプローチ法、仮説継承型事例研究法**）について論じる。

（1）物語面接（ナラティブ・インタビュー）

グリーンハル[3]は、物語面接の操作的定義を「研究者が、病いの物語を患者から、あるいは専門的実践を保健・医療スタッフから収集し、分析すること」としている。物語面接の目標は、研究協力者の主観的な経験とその意味づけをできるだけ分断せずに聴き取り、物語としての全体構造をできる限り活かして分析することである。そのためにデータの収集法は、非構造化面接あるいは半構造化面接が行われるが、物語面接の典型的な方法は、「何が起こったのか話してください」と促し、物語の最後まで、遮ることなく語ってもらうことである。

伝統的な調査面接の教育を受けている研究者や学生は、先行研究や仮説に基づく焦点化された質問をあらかじめ用意しておこうとする傾向があるが、これは物語面接の狙うところとは正反対である。また物語とは研究協力者が「持って」いるものであり、それを研究者が面接において精密に聴き取ろうとする考え方は、物語の相互構成性を無視することになる。近年の考え方では、研究協力者が自由に語れる状況を確保することを前提にしつつ、面接者の自己開示や創発的な語り合いへの発展をためらわないという姿勢が主流となっている。

物語面接は多くの場合録音され逐語録化される。これがテクスト分析の基本データとなる。どのような分析法を用いるかは研究疑問との関連で選択され、ある意味ではどのようなテクスト分析法を用いてもよいということになる。リースマン[4]はナラティブ研究における分析法として、**テーマ分析**、**構造分析**、**対話／パフォーマンス分析**、**ビジュアル分析**の四つの方法をあげている。物語構造を分断せずに物語の個別性に焦点をあてる分析としては、**ライフストーリー分析**や**エピソード分析**などの方法が用いられる。

[4] Riessman, C. K. 2008 *Narrative methods for human sciences*. Sage Publications.（リースマン／大久保功子・宮坂道夫（監訳）2014『人間科学のためのナラティヴ研究法』クオリティケア）

（2）自然主義的物語収集

物語面接が原則として一対一でフォーマルな形において物語を収集するのに対して、自然主義的物語収集においては、研究者はフィールドワーカーとして組織や集団の中に侵入し、「実際の」物語を非公式に収集する。研究法としてはエスノグラフィーとほぼ同様と考えられ、収集される物語は録音される場合もあれば、フィールドノーツとしてメモされる場合もある。データは多層的な視点から解釈され、フィールドの中での個人がおかれている文脈、フィールド自体が社会や文化の中でおかれている文脈にそって解釈し、厚い記述を行う。

（3）談話分析

研究者は、ある範囲のデータ（たとえば、診療場面、あるいはインフォームド・コンセントの場面などにおける数分間の会話の逐語録）を精密に分析する。個人による言語の使い方を成り立たせたり制限したりする、支配－被支配の関係や、権力構造などを同定する。談話分析の目的は広範囲にわたるが、比較的短い時間のコミュニケーションを、言葉、非言語的な情報（沈黙などを含む）などの観点から、詳細に分析する。

（4）事例研究

事例研究は質的研究のもっとも一般的な方法の一つだが、むしろ対象の選択範囲によって定義づけられるものである。[5] 臨床における事例研究の多くは、一人のクライエ

［5］Stake, R. E. 2000 Case studies. In Denzin, N. K., Lincoln, Y. S. (Eds.), *Handbook of qualitative research* (2nd ed.). New York: Sage Publications.（ステイク／平山満義（監訳）2006「事例研究」『質的研究ハンドブック（第2巻）――質的研究の設計と戦略』(pp.101–120) 北大路書房）

ントや患者への治療やケアの過程を詳細に描き出すことをその目的とするが、あるシステムや組織を一つの事例として研究対象とすることもある。いずれにせよ事例は必ず固有性をもち、境界をもったシステムである。事例研究の目的は「研究対象（事例）の個別性をできる限り豊かに描き出すことを通じて、何らかの転用可能性をもつ知識を提供することである。[6]

（5）アクションリサーチ

研究者は、何らかの目的をもった組織的・社会的活動に参加し、関係者と協働作業を行う。その中で研究者は問題と原因についての共通理解を促進し、対策をたて実行するために、参加と反省の継続的なサイクルを関係者とともに促進する。物語的なデータは、公式、あるいは非公式のインタビュー、ミーティング、会議の記録、実践場面のフィールドノーツなど複数のソースから採取され、柔軟に分析され、活用され、関係者にシェアされる。アクションリサーチの目的は変容を目指す実践そのものである。

（6）単一事例修正版グラウンデッド・セオリー・アプローチ法（SCM-GTA）

木下[6]が開発したM－GTA法を単一事例の質的分析に応用する方法である。GTAは元来、複数事例の参与観察やインタビュー・データを用いて、データに密着した分析から、実践への応用性の高い理論を生成することを目的とする。一事例の分析にGTAを応用することは、GTAの原法では想定されていない。しかし、M－GTAで

［6］木下康仁 2003『グラウンデッド・セオリー・アプローチの実践——質的研究の誘い』弘文堂

は「方法論的限定」という考え方が採用されており、臨床における一事例に分析の範囲を限定した研究にM－GTAを応用することには妥当性がある。語りの聴取と語りを通じての交流をその本体とするNBMと、この研究法は同じ認識論を採用しているために相性がよい。斎藤[7]は青年期慢性疼痛の一事例を対象とした本法を用いた質的研究を報告している。

(7) 仮説継承型事例研究法

仮説継承型事例研究は、事例研究を、常に完成することのない連続した仮説生成の過程と見なす。事例を詳細かつ重層的に記述し分析することから生成される臨床知は、類似した文脈における新たな臨床事例の経験において、継承・変更・改良されていくものと見なされ、その過程は以下のステップを踏む[8]。①発端事例についての厚い記述を行い、明示的な方法による質的分析を通じて暫定的な仮説を生成する。②新事例の分析において、「先行仮説」を参照枠として用い、テクストの丁寧な比較分析を行う。もし先行仮説では新規事例をうまく説明できない点があれば、仮説の変更、応用範囲の調整、新仮説の追加などの改良を加えることにより、先行事例と新規事例の両方をよりよく説明できる新仮説の構成を目指す。これらの過程は懐疑的、反省的態度を必要とするが、実証主義的研究における検証の過程と同じものではない。仮説継承型事例研究は効果研究ではなく、質的改善研究の一種と理解される。

〔斎藤清二〕

[7] 斎藤清二 2005「慢性疼痛──痛みは語りうるのか？」『臨床心理学』5(4), 456–464.

[8] 斎藤清二 2017「夢のなかの治療者像再論──仮説継承型事例研究の試み」『臨床ユング心理学研究』3(1), 5–15.

6-4 学習論の見取り図とその未来

■関係論の普及とその課題

関係論（的学習論）、つまり、正統的周辺参加論[1]、拡張的学習論[2]、アクターネットワーク論[3]など、人びとやモノの関係性の諸変化を学習ととらえる理論的ネットワーク[4]は、質的研究の発展を非常に重要な位置で支え続けてきた。関係論は、今や、学習科学やアクティブラーニングといったメジャー領域で言及されるまで普及したが、国内外関わらず、関係論の本来の特徴や良さをともすれば霧散させてしまう形での、既存のパラダイムとの安易な混同や折衷も目立つ[5]。それゆえ、手短であれどもその特徴や歴史をあらためて確認する意義があるだろう。本稿は、まず、学習論の概略を述べ、関係論の活用にまつわる諸問題を指摘する。そして、近年起こりつつある関係論のさらなる変動《ターン》に伴う、質的研究の次の新たなステップを示す。それは、経済的利益偏重の社会構造を創造的に乗り越える社会形成の研究である。

［1］Lave, J. & Wenger, E. 1991 *Situated learning: legitimate peripheral participation*. New York: Cambridge University Press.（レイヴ＆ウェンガー／佐伯胖（訳）1993『状況に埋め込まれた学習――正統的周辺参加』産業図書）

［2］Engeström, Y. 1987 *Learning by expanding: An activity theoretical approach to developmental research*. Helsinki: Orieta-Konsultit.（エンゲストローム／山住勝広ほか（訳）1999『拡張による学習――活動理論からのアプローチ』新曜社）

［3］Callon, M. 2004 The role of hybrid communities and socio-technical arrangement in the participatory design. *Journal of the center for information studies, 5*.（カロン／川床靖子（訳）2006「参加型デザインにおけるハイブリッドな共同体と社会・技術的アレンジメントの役割」土橋臣吾・上野直樹（編著）2004『科学技術実践のフィールドワーク――ハイブリッドのデザイン』(pp.38-53) せりか書房）

■学習論の変遷

まず、簡単に学習論の変遷を振り返っておこう。学習論には主として三つの立場があると言われてきた。一つめが行動主義で、そこでは学習とは、生理的な刺激と反応の関係（反射）から後天的経験を通して派生する、一定の刺激と反応との連合過程であり、それら外部から観察可能なものを研究対象とすべしとしてきた。二つめが認知主義で、内的な過程こそ、むしろ心の本質であるから、観察可能な刺激と反応から、不可視な頭のなかで生じている情報処理のメカニズムを明らかにすべしとした。認知主義の学習論では、たとえば、課題の種類、教授方法、記憶・学習方略などの独立変数と、従属変数としての課題達成成績との因果関係を、教授‐学習過程として分析してきた。

両者は、一見、外的刺激‐反応を重視するか内的過程を軸とするかに根本的違いがあるようにみえて次の共通点がある。まず、①心の普遍的メカニズムを、客観的な事実（データ）の蓄積や分析を通して明らかにすることが自然科学としての心理学の役割だとする、客観主義を採用すること、次に、②いずれも皮膚を境界として外的環境と内的精神とを区分したうえで「（仮に相互行為や集団に着目しても結局は従属変数としての）個人の変化」を学習と定めてそれを研究対象とする、内外二元論ないし個体主義的立場を採用すること、そして、③しばしば「学習すべき内容」や「正解」、そして、それを測るための「基準や尺度」が、研究者（実験者）や教師らといった権

［4］上野直樹 2006「ネットワークとしての状況論」上野直樹・ソーヤーりえこ（編著）『文化と状況的学習――実践、言語、人工物へのアクセスのデザイン』凡人社

［5］関係論は導入当初は非常にラディカルとされ、心理学の主流派から強固に拒絶すらされてきたが、この十数年でじわりと広がり、今は堰を切ったように普及してきている。折衷派とは、旧パラダイムにも受容しやすいソフトな導入を図る立場、あるいは、旧パラダイムから新パラダイムへの中間的移行段階を示すものといえるだろう。また、折衷の実践自体、普及に伴い現実的に不可避な世の常でもある。ただ、ラディカルなもの言いをすれば、まだ四〇年前の導入派の議論の枠内にとどまっており、発展の余地がこれから大いにあるといえるのかもしれない（むろん、この話題に限らず、そもそもスピノザ、マルクスといった古典哲学は、数百年前から、関係論自身に対しても、常にパイオニアであり続けている）。

力者によって決定されており、その定められた枠のなかで学習者（被験者や学生・生徒）のパフォーマンスを評価するという集権的官僚主義の傾向がみられる。

■活動理論・関係論の特徴と成果

こうした見方に異を唱えたのが、マルクスや（マルクスの思想を心理学的に発展させた）ヴィゴツキーの思想を源流として、主に一九七〇～八〇年代以降に勃興した活動理論を含む関係論である。関係論では、外的環境‐内的精神という二元論に異を唱え、学習とは人と人、あるいは、人とモノ・人工物の間の関係性の変化そのものであり、根源的に、関係性、つまり社会文化歴史的状況（活動）に埋め込まれた過程とみなした[6]。質的研究の重要な理論的基盤の一つ、社会構成主義では、あらゆる社会的リアリティが客観的真理や実在物ではなく、人びとの間で社会的に構成されたものとするが、まさに、関係論がいう学習とは、一方で、人びとがその文化的文脈ないしコミュニティの諸活動に巻き込まれながら、そこで妥当・自明とみなされる見方や振る舞いを演じ、その文脈を自身も構成する一員となっていく過程であり、他方で、既存集合体の規範や環境を自ら変更したり、その文化的自明性から逸脱して、別の社会的現実、物的環境、規範、言説、意味、感情、そしてコミュニティ全体を大きく改編、ないし新たに創造する過程を意味する。

そうして、①学習とは、文化‐歴史的活動ないし社会的実践（実践共同体）へ参加

[6] 香川秀太 2011「状況論の拡大――状況的学習、文脈横断、そして状況間の「境界」を問う議論へ」『認知科学』18(4), 604–623.

していく過程であること、②権力者や組織に期待されるフォーマルな知識の習得だけでなく、その裏側で参加者が主体的に編み出していくインフォーマルな学習に注目すること、③それら共同体は、所属集団の文化的、社会的特徴によって、あるいは文化的には共有しながらも個々に異なる視点が交響しあう多声的時空間であること（よって、実践研究としては、画一的、官僚的学習環境の呪縛から人びとを解放する学習環境の設計を目指す傾向にある）、そして④既存の集合的活動ないし共同体の在り方の改編や、諸集合体の変化そのものを学習とみなすこと[7]という関係論の学習観が構築される。

　こうした考えをもつ関係論的学習論は、研究対象とする具体的な文脈ごとの、ローカルな相互行為や人・モノの関係の変化を追跡するため、質的研究の発展と同期した。主たるものをあげれば、フィールドワーク／エスノグラフィー、ナラティブアプローチ、アクションリサーチ、会話分析、ディスコース分析、グラウンデッド・セオリー・アプローチといった方法が採用され、それらの発展にも寄与してきた。代表的な研究に、学校の算数とスーパーマーケットでの計算実践の比較[8]、アメリカやエストニアの歴史の想起に関する研究[9]、複雑化する患者の病歴を扱う情報システムの、組織を超えた協働的変革に関する（研究者による現場への）介入研究[10]がある。

　さて、以上をふまえることで、同じく、レイヴやエンゲストロームらの関係論の諸概念を活用したり、同じく「相互行為」「フィールド研究」「質的研究」「集合的学習」

[7] もし、集合的変化＝学習がイメージしづらいなら、それこそ、まさに「学習＝個人の変化」という見方の自明性による。

[8] Lave, J. 1988 *Cognition in practice: Mind, mathematics and culture in everyday life*. New York: Cambridge University Press.（レイヴ／無藤隆ほか（訳）1995『日常生活の認知行動――ひとは日常生活でどう計算し、実践するか』新曜社）

[9] Wertsch, J. V. 1991 *Voice of the mind: A sociocultural approach to mediated action*. Cambridge: Harvard University Press.（ワーチ／田島信元ほか（訳）1995『心の声――媒介された行為への社会文化的アプローチ』福村出版）

[10] Engeström, Y., Engeström, R., & Kerosuo, H. 2003 The discursive construction of collaborative care. *Applied Linguistics*, 24(3), 286–315.

「創造」といったキーワードをテーマにした研究であっても、関係論とは実はかなりの距離があるケースに気付くことができる（表1参照）。

関係論が本来批判し乗り越えを図ったはずの世界観に、いつの間にか回帰しては意味がない。ただし、関係論は、数量研究を否定し方法の自由を奪うものではなく、あくまで、社会調査や尺度研究といった数量研究や自然科学的志向も一つの社会的実践であり、客観的真実を映すものではなく、数や数式や統計という文化的人工物を動員して可視化された一つのリアリティ（「俯瞰する」という文化的実践の一種）として相対化して、その諸制約を自覚する。そのうえで、その有効性を認め活用もする。[12]

表1　関係論と個体主義・客観主義的学習論との混同の例

客観主義への囚われ	個体主義への囚われ	官僚主義への囚われ
例：活動理論に依拠することを表明しながら、尺度研究や実験研究など、俯瞰的な数量分析に終始し、具体的でローカルな現場の活動の分析にはほとんど意識が向いていないケース。	例：相互行為研究やフィールド研究をうたうが、結局、個人の変化が、それら外的環境から影響を受ける従属変数として扱われ、文脈を自ら（再）構成しながら相互反映的に変化していく主体として分析されていなかったり、相互行為そのもの、あるいは集団全体の変化＝学習という見方が採用されていない場合。 例：個体主義の象徴たる概念「学習転移（知識移送のメタファ）」［6参照］を無批判に継承しているケース。	例：アクティブラーニング[11]に基づくグループワークの相互行為研究といいつつ、結局、そこで行われる伝統的な正誤テストによる個人成績が研究の軸になってしまっているケース。つまり、能動性を、「権力者が定めた知識を自ら身に着けていくこと」と暗黙的に位置づける形で官僚主義の枠のなかに追いやることで、ともすれば「能動性とは権力に受動的になること」だというパラドックスを抱える。

[11] ただし、そもそも、アクティブラーニング＝関係論というわけではない。従来の知識注入型の受動的学習からの脱却を意味する緩やかな総称として使われることが多い概念である。

[12] この筋でいえば、数量研究を、客観的事実が把握可能な方法と位置づけるのではなく、「俯瞰的実践」にたけた方法の一つと主張する方が適切である。なお、杉万俊夫（編著）2006『コミュニティのグループダイナミックス』（京都大学学術出版会）では、アクションリサーチとは、数量研究のように、気付かざる前提のうえでの現場の状況の把握である一次モードと、気付かざる前提が相対化され、質的な変化が訪れる二次モードとの連続的交替関係から成ることを論じる。

■**関係論のさまざま**

関係論と一言でいっても、それぞれ力点が異なり、提唱する概念にも多様性がある。簡潔に概観すれば、第一に、ワーチは、独立した精神をもつ存在としての人間という人間観から、道具に媒介された行為をする人間という考えへと転換させ[9]、レイヴらは、あらゆる知識が、文化歴史的状況ないし共同体に埋め込まれていることを示し[1]、学習科学の発展に大きな影響を与えた。第二に、エンゲストロームは、共同体ないし集合的活動システムを参加者らが持続的に変革させていくことを学習活動と位置づけ拡張した[2]。そこでは、矛盾や歴史性、集合的変革といった史的唯物論のキータームがふんだんに盛り込まれた。また、研究者と現場の間の、従来の距離をおいた関係性（観察者 - 非観察者の関係）が問い直され、介入する研究者が現場の人びとと共同で試みる知識創造のプロセス（に伴う集合体の変革過程）がトレースされた。さらに、昨今は、分散型行為主体性や流動的で突発的な野火的活動の議論に踏み込んだ[13]。そして、第三に、ホルツマンは演劇やパフォーマンスの実践および概念を拡張させて、「であること（being）／なりつつあること（becoming）」の弁証法を確立した[14]。そこでは、知識のみならず、それと不可分な情動的な発達（および集団の発達）の重要性を示し、従来の診断や治療による問題解決とは異なる意味での新たなセラピー的実践（ソーシャルセラピー）の可能性を示した。一方、カロンらのアクターネットワーク論では、活動理論を人間中心主義と批判して、むしろ人間－非人間を区別せず、それ

[13] Engeström, Y. 2008 *From team to knots: Activity-Theoretical studies of collaboration and learning at work*. Cambridge: Cambridge University Press（エンゲストローム／山住勝広・山住勝利・蓮見二郎（訳）2013『ノットワークする活動理論――チームから結び目へ』新曜社）

[14] Holzman, L. 2009 *Vygotsky at work and play*. London & New York: Routledge.（ホルツマン／茂呂雄二（訳）2014『遊ぶヴィゴツキー――生成の心理学へ』新曜社）

らハイブリッドな関係性がどう動員されて、人間－非人間のエージェンシー（行為主体性）が発揮されていくか分析する方向を示した。[3]

■ポスト関係論――次の展開（転回）

こうした関係論の諸成果の詳細は、茂呂ら[15]にてまとめられているが、しかしその一方で、その序にて茂呂は、この成果を第一のランドマークとし、マルクスが描いた次の夢があると手短に触れている。では、関係論の次なる転回《ターン》とは何か。

これまでの研究はあくまで、マルクス哲学でいえば、上部構造の議論であって、その土台たる経済的下部構造（の変動）への焦点化に欠けていた。つまり、一言でいえば、資本制社会の次の社会の議論こそ、次の転回たりうる。こういうと、かつての共産主義 対 資本主義の抗争が想起されるが、それとは異なる新しいマルクス解釈が哲学の業界で起こっており[16]、ジャーナリズムや経済学などのさまざまな領域でもポスト資本主義に関する活発な議論が始まっている。[17]そして、学術業界だけでなく実社会でも、従来の資本制のなかで生きながらも、その常識を乗り越えるような新しい活動の息吹が、活発に発生している。まさに新たな社会構造の創造という大きな波に対し、あらゆるジャンルの総動員や融合の兆しが見られるのである。

資本制社会が生活の利便性を大幅に向上させた一方で、経済的格差、環境破壊、紛争・戦争リスクの増大、互助関係の破壊、そして過度な官僚主義や集権的管理などを

[15] 茂呂雄二・有元典文・青山征彦・伊藤崇・香川秀太・岡部大介（編著）2012『状況と活動の心理学――コンセプト・方法・実践』新曜社

[16] 柄谷行人 2006『世界共和国へ――資本＝ネーション＝国家を超えて』岩波新書／Hardt, M. & Negri, A. 2004 *Multitude: war and democracy in the age of empire*. New York: Penguin Press.（ネグリ＆ハート／幾島幸子（訳）／水嶋一憲・市田良彦（監修）2005『マルチチュード（上・下）――〈帝国〉時代の戦争と民主主義』NHKブックス）

[17] Rifkin, J. 2015 *The zero marginal cost society: The internet of things, the collaborative commons, and the eclipse of capitalism*. Griffin.（リフキン／柴田裕之（訳）2015『限界費用ゼロ社会――モノのインターネットと共有型経済の台頭』NHK出版）／水野和夫 2014『資本主義の終焉と歴史の危機』集英社新書

もたらし、地球全体が危機的状況に追い込まれつつあるなか、従来の対症療法を乗り越えて、目的化した貨幣経済を、自然・社会環境の発達への手段へと転換すること、それは激しい闘争的変革ではなく、特異な生物・人・モノ・集団・地域・国家が緩やかにつながり活動を愉しく創造すること、そして、その具体的実践の開発とメカニズムの解明が、次のポスト関係論という新しいステージでの演技となる。そこでは、関係論的発想は、かつてのように、ある種、関係論者（研究者）に特権化されたものではなく、むしろ、社会構造の土台として浸透し、「関係性が生む個体主義的社会」から、「（関係性が生む）関係論的社会」へと徐々に転換していくことを意味する。それは、質的研究、あるいは関係論の歴史のある意味での終焉《コンプリート》でもある。[18]

（香川秀太）

[18] 事例も含めて詳しくは、以下を参照されたい。香川秀太 2019「所有、贈与、創造的交歓――関係論の解散へ」香川秀太・有元典文・茂呂雄二（編）『パフォーマンス心理学入門――共生と発達のアート』新曜社／香川秀太 2019「『未来の社会構造』とアソシエーション、マルチチュード、活動理論――贈与から創造的交歓へ」実験社会心理学研究 58(2), 171-187

6-5

合議制質的研究法(consensual qualitative research)

質的研究において、複数の研究者がともに分析を行う方法が展開しつつある。その動きの一つとして、**合議制質的研究法**がある。

■合議制質的研究法とは

合議制質的研究法は、臨床心理学における**プロセス研究**の先駆者の一人であるヒル(Clara E. Hill)と彼女の共同研究者によって考案された。プロセス研究とは、セラピストとクライエントのやりとりを中心に、援助過程を研究するものである。プロセス研究には、グラウンデッド・セオリー・アプローチのような従来からある方法を用いる研究もある一方で、合議制質的研究法を含めた、新たな方法も考案されている[1]。

心理援助のプロセスを詳細に検討する際には、援助にかかわるクライエントとセラピストの主観的側面が重要となる。また、量的研究ではすくい上げることが困難な時間の流れや、やりとりの機微などもある。それらの課題に応えるため、**論理実証主**

[1] プロセス研究の詳細については、以下を参照されたい。岩壁茂 2008『プロセス研究の方法』新曜社

義的な研究を行ってきたヒルらは、**構築主義**などの異なる哲学的背景の影響も受けているグラウンデッド・セオリー・アプローチなどの質的研究法を援用した。そして、心理援助における重要なプロセスについて研究を行った。ヒルらは、これらの経験を基に、複数の研究者が合議を経ながら行う質的研究法を体系化させ、合議制質的研究法を提唱した。その後、合議制質的研究法は、プロセス研究以外の領域にも受け入れられ、広く用いられるようになった。また、方法そのものも精緻化されていった[2]。

■合議制質的研究法の三つの特徴[3]

合議制質的研究法の一つめの特徴は、依拠する哲学的背景のバランスが良い点にある。先述のように、合議制質的研究法は、論理実証主義をベースとしながらも、構築主義的要素も組み込んでいる。したがって、実証的な側面を重視しつつも多面的現実も尊重している方法だといえる。

二つめの特徴は、分析手順がシンプルであることに加え、対象にできる研究テーマが広い点があげられる。合議制質的研究法の分析手順は、図1の手順1から手順4にまとめられる。これらの手順は、さまざまな質的研究法に通底する作業をわかりやすく体系化させたものであるため、幅広い関心に応えうる可能性をもっているといえる。

三つめの特徴は、上記の分析手順の過程を通して適宜行われる**合議のプロセス**にある。合議制質的研究法は、合議を行う工夫として、共同研究者を、①データの収集

[2] 合議制質的研究法の原典はヒルら（1997）となる。その後の精緻化については、ヒル（2012）を参照されたい。Hill, C. E., Thompson, B. J., & Williams, E. N. 1997 A guide to conducting consensual qualitative research. *Counseling Psychologist, 25*(4), 517–572. / Hill, C. E. (Ed.). 2012 *Consensual qualitative research A practical resource for investigating social science phenomena*. Washington, DC: American Psychological Association.

[3] 本節は、藤岡（2016）を基にしている。詳細については、この文献を参照されたい。藤岡勲 2016「合議のプロセスを用いた質的研究——質的研究と心理臨床における専門家間の対話を活かした方法」福島哲夫（編）『臨床現場で役立つ質的研究法——臨床心理学の卒論・修論から投稿論文まで』(pp.71–84) 新曜社

と分析を中心的に行う**主要メンバー**（primary team）と、②主要メンバーが導き出した知見を確認する**監査**（auditor）とに分けている。そして、図2のように、主要メンバーは〈**個々人での作業**〉を行う一方で、〈**主要メンバーでの合議**〉を行い、そのうえで〈**監査との合議**〉を行うという三つのプロセスが循環的に展開する。

■合議のプロセスを軸とした方法の発展

狭義の合議制質的研究法は、インタビューなどのデータに対して、合議のプロセスを行いながら、図1にある手順1から手順4に則った分析を行うものである。しかし、多くの研究者にとって魅力的に映るのは、分析手順よりも、合議のプロセスの方であろう。実際、合議制質的研究法は、合議のプロセスを軸として、形を変えながら発展している。

ヒルら自身も、合議のプロセスと合議制質的研究法という名称は保ちつつも、図1の分析手順を改変した方法を提唱している。その一つに、**CQR-M**（Consensual Qualitative Research-Modified）がある。CQR-Mは、自由回答のような短い質的データに対して、簡略化した

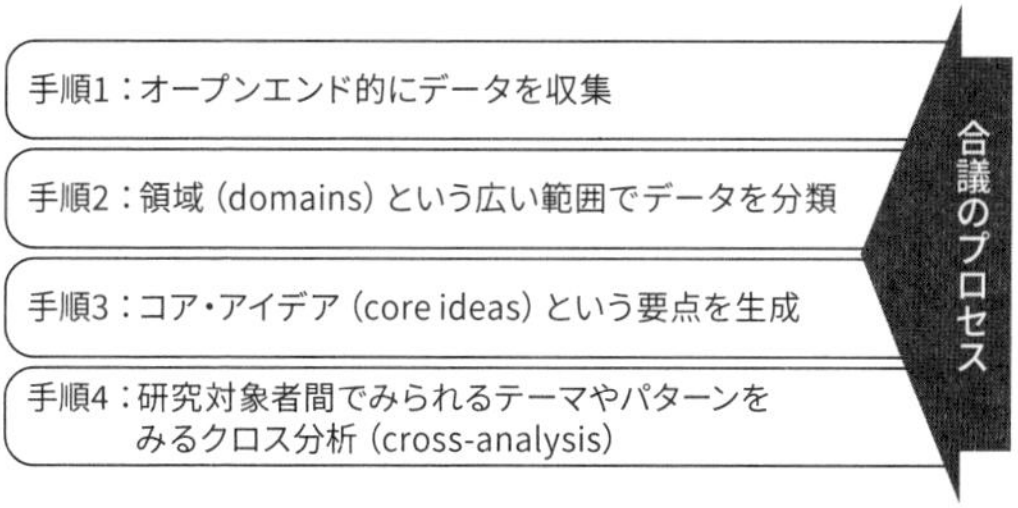

図1　合議性質的研究法における分析の概要

合議のプロセスは分析手順の過程を通して適宜行われる。
（藤岡, 2013, p.357[5]を一部改変）

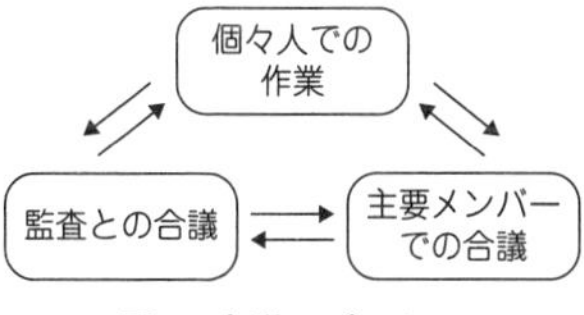

図2　合議のプロセス

（藤岡, 2013, p.357[5]より）

分析と合議のプロセスを行うものであり、援助技法についての講義の感想文をデータとした研究などがある。また、ヒルらは、合議制質的研究法を事例研究に応用させた**CQR-C**（Consensual Qualitative Research-Cases）も提唱している。CQR-Cは、リサーチクエスチョンに答えるエビデンスを事例の記録から探すという分析を行う。この方法では、心理援助における夢の治療的扱い、クライエントとセラピストの相互作用における即時性（immediacy）、そして、神経性無食欲症をかかえるクライエントの対人関係の修正体験などが扱われてきた[4]。

このように分析手順を改変できることは、**図1**にある合議制質的研究法の分析において、分析手順と合議のプロセスを分けて考え、合議制質的研究法以外の質的研究法に合議のプロセスを組み込める可能性を示している。そして、その可能性を具現化したものとして、**合議のプロセスを用いた質的研究**という方法が提唱されている。そこでは、たとえば、プロセス研究の領域で考案された課題分析（task analysis）という方法に合議のプロセスを組み込んだ研究がなされている[5]。

■合議のプロセスの意義[3]

このように、合議制質的研究法の枠を超えて合議のプロセスを軸とした方法の発展がみられるのは、合議のプロセスを用いた質的研究に次のような六つの利点があるからだと考えられる。

[4] この段落の内容についての詳細は、以下を参照されたい。Hill, C. E. 2015 Consensual qualitative research (CQR): Methods for conducting psychotherapy research. In O. C. G. Gelo, A. Pritz & B. Rieken (Eds.), *Psychotherapy research* (pp.485–499). Vienna: Springer.

[5] 合議のプロセスを用いた質的研究については、藤岡勲 2013「質的研究の新たな発展――合議のプロセスを用いた質的研究」『臨床心理学』13(3), 356–359. および、前掲[3]を参照されたい。

①質的研究の異なる分析段階に合議のプロセスを組み込むことは、**効率性の向上**につながる。つまり、分析初期において、複数のメンバーが同様の作業を〈個々人での作業〉として行うことにより、短期間のうちに多様な視点からデータを検討することが可能となる。そして、分析中期において、個々人が導き出した多様な知見を基に〈主要メンバーでの合議〉を行うことによって、比較を通した知見間のつながりが見出しやすくなる。さらに、分析後期において、主要メンバーが見出した知見間のつながりに対して〈監査との合議〉を行うことにより、知見の体系化と精緻化が容易となる。

②研究過程に合議のプロセスを組み込むことは、**バイアスへの対応**にもつながる。質的データの分析には解釈という要素が入るため、特定の観点や方法に縛られやすい面がある。それに対して、他者の視点に積極的にふれる合議のプロセスを組み込むことは、バイアスの是正にもつながる。

③合議のプロセスは**社会・文化的側面の考慮**をしやすくさせる。質的研究において、社会・文化的側面を考慮することは、データの文脈などを理解するために重要である。合議のプロセスは、異なる背景を持つ分析者同士が対話を行うことから、直接／間接的に社会・文化的要因を考慮した知見が導き出しやすくなるであろう。

④合議のプロセスは、**個性の活用**を容易にさせる。分析過程には、さまざまなスキルや能力が求められるが、個々人が得意とするものは異なるであろう。そういった中、複数のメンバーが互いの違いを尊重しつつ共同作業を行うことにより、各自の持ち味を活かした研究が行いやすくなるであろう。

⑤合議のプロセスを用いることにより、研究の**質の担保**がなされやすくなる。一人で行う質的研究に対しては、論理実証主義的立場に立つ研究者から研究の信頼性を問われることは少なくないであろう。しかし、合議のプロセスを用いることで、〈主要メンバーでの合議〉と〈監査との合議〉という二段階のチェック体制が取られるため、分析の信頼性の向上につながる。

⑥他の研究者と共同作業を行うことは**技能の向上**にもつながる。質的研究の実際は、分析の柔軟性をはじめ、その特性ゆえに職人芸的な「技《アート》」の要素もある。したがって、文献を読むだけでは方法の実際が充分に想像できない面もある。しかし、合議のプロセスを通して、他の研究者の分析のあり方にふれることは、新たな気づきや学びの機会にもつながるであろう。

これらの利点があることから、合議のプロセスを用いた質的研究が多く展開し、さらなる発展を遂げることが求められる。

〔藤岡 勲〕

おわりに

■量的研究者からみた質的研究

近代の心理学は科学であろうとして発展してきた。人の内側にある目に見えない「心」を科学するために、外部に現れ出てきた「行動」を観察することで人の心理を研究対象としてきた。また手法を標準化し、条件を統制し、主観を排除することを心掛けることで、誰が調査を行っても同じ結果が得られる、再現性の高い研究を志してきた。私自身も、これまでの研究の中で量的研究ばかりを用いてきた。しかし量的研究によって明らかにされる結果に価値を感じながらも、人間の心理とはこれだけではないという葛藤と量的研究の限界も感じていた。

ところが、量的研究法は科学足りえるものだという主張を支えてきた「再現性が担保されている」という前提が、揺らぐことになった。二〇一五年のことである。三九パーセントほどしか再現が認められなかったという追試研究[1]によって、この問題は心理学界隈に大きな衝撃を与えると同時に、心理学の学問としての在り方について、多くの心理学者が再考する契機となった。そもそも、論文の末尾に潜在変数の存在やサ

[1] Open Science Collaboration 2015 Estimating the reproducibility of psychological science. *Science, 349*, aac4716.

ンプルの種類・サイズの問題について「本研究の課題」として言及するように心理学者たちはしつけられてきた。[2] われわれは論文に記された結果がすべてではなく、また、同じ結果にならない可能性を常に明記してきたのである。データや結果にねつ造があるなど、方法論的問題が明らかな研究を除いたとしても、再現を妨げる要因を完全に取り除くことはできていなかった。

ここで言いたいことは、再現性の低い研究の批判ではなく、人の心を研究対象とするうえで、再現性の高さにこだわることは必ずしも本質的ではないのではないかということである。渡邊[3]は、データの再現性は研究対象とする現象を正しくとらえているかを判断する指標にすぎないものであり、再現性の追求を心理学研究の目的とすることに警鐘を鳴らしている。人の営みには数多くの要因がかかわっており、非実験系の研究では特に言えることだが、潜在変数を完全に統制しようとしても限界がある。また研究によっては、現実に生起する確率が低い事象を捉えることもある。その場合は、再現性が低いことこそが正しく現実を表しているともいえる。方法論的に正しくデータを収集し、分析することはこれまでと同様今後も引き続き重要であるし、研究対象とする事象の再現性がどの程度ならば妥当なのかということは問わなければならないが、再現性が低いことは必ずしも研究を無価値なものにするわけではない。

とはいえ、この視点に立つと、量的研究法の立場から質的研究法に対してなされてきた、信頼性が低いことや研究者や協力者の主観が混じることなどへの批判の説得力

[2] しつけは英語で discipline, つまり学範。

[3] 渡邊芳之 2016「心理学のデータと再現性」『心理学評論』59, 98–107.

も揺らいでくるのではないか。再現性というフィルターを外すと、質的研究法によって見いだされる豊富な情報の輪郭が見えてくる。質的研究では、インタビューによって引き出される研究協力者その人のナラティブや、参与観察によって得られる集団のダイナミックな活動などについて、深く詳細な情報を得ることができる。その人が何をどのように経験し、それがどのような意味を持つのかについて、独立変数と従属変数を設定して測定する量的研究では得ることが難しい、豊かな情報を提示することができるのである。こうした「厚い記述」によって描かれる構造やプロセスは、時として研究者自身さえも含み、相互作用によって作り上げられていた。これらは、量的研究が時には切り捨ててきた、しかし人間理解には重要な意味を持つ情報であった。

質的研究と量的研究は、時に対立的、時に相補的な関係のものとしても語られる。近年では、混合研究法という新しい研究の形も提唱され、国内外で学会が設立され、さまざまな研究が発表されている。本書の企画者の一人サトウタツヤは、混合研究法などという語がない時代に、KJ法の結果を利用して相関研究を行った世代の研究者である。そしてその教え子である春日・神崎の編者二人は、マイクロエスノグラフィーという質的研究法によってデータを収集しながらテキストマイニングによる量的分析を行い[4]、質的研究法と密接な関係にある文化心理学的な視点を持ちながら相関研究に取り組み[5]、博士論文を執筆した。これらを質と量が混沌としているとみなすか、それとも統合されているとみなすかは、読者の判断にお任せしたい。

[4] 神崎真実 2017「不登校経験者受け入れ校のマイクロ・エスノグラフィー ―― 生徒全体を支える組織的支援モデルの生成」2017年度立命館大学大学院文学研究科博士論文

[5] 春日秀朗 2019「親からの期待に対する青年の適応についての研究 ―― 感情と動機から見る適応モデルの提案」2019年度立命館大学大学院文学研究科博士論文

■心理学教育と研究法

私が大学生のころは、質的研究法について学ぶ機会は非常に限られていた。しかしこの十余年で質的研究法を扱う講義や教員数は格段に増え、質的手法を用いて質の高い論文を書き上げる学生を多く見てきた。一方で、鋭い問題意識を持ちながら研究方法の吟味をおろそかにして、ときには「楽ができそうだから」と質的研究を選択する学生もいまだに少なくない。その結果、データをとってから頭を抱えている学生も多く見てきた（量的研究の選択も同じかもしれないが）。そもそも、研究法自体に対する学生の関心は決して高くないのだと感じることも多い。

本書では著者の先生方に、限られたページ数の中で、それぞれの研究法がどのように行われ、何がわかるのかについて明瞭簡潔にまとめていただき、さらに勉強したい人のための文献も紹介していただいた。私自身、質的研究法や心理学の魅力をあらためて感じることができた。本書が読まれ、教育に活用されることで、質的研究法に関心を持ち実践しようとする人が増えたならば、編者として最上の喜びである。

二〇一九年八月

編者を代表して　春日秀朗

人名索引

■ま行

■や行

■ら行

■わ行

事 項 索 引

■さ行

香曽我部　琢（こうそかべ たく） 宮城教育大学家庭科教育講座 准教授［2–3］

日高友郎（ひだか ともお） 福島県立医科大学医学部衛生学・予防医学講座 講師［2–4］

川島理恵（かわしま みちえ） 京都産業大学国際関係学部 准教授［2–5］

内藤哲雄（ないとう てつお） 信州大学 名誉教授／明治学院大学国際平和研究所 研究員［2–6］

無藤　隆（むとう たかし） 白梅学園大学 名誉教授［2–7］

戈木クレイグヒル滋子（さいきくれいぐひる しげこ） 慶應義塾大学 名誉教授［3–1］

山崎浩司（やまざき ひろし） 静岡社会健康医学大学院大学社会健康医学研究科 教授［3–2］

野中哲士（のなか てつし） 神戸大学大学院人間発達環境学研究科 教授［3–3］

細馬宏通（ほそま ひろみち） 早稲田大学文学学術院 教授［3–4］

柴山真琴（しばやま まこと） 大妻女子大学家政学部 教授［3–5］

やまだようこ（山田洋子） 京都大学 名誉教授／立命館大学 OIC 総合研究機構 上席研究員［3–6］

得丸智子（さと子）（とくまる さとこ） 開智国際大学国際教養学部 教授［3–7］

沖潮（原田）満里子（おきしお はらだ まりこ） 青山学院大学教育人間科学部 准教授［3–8］

能智正博（のうち まさひろ） 東京大学大学院教育学研究科臨床心理学コース 教授［4–1］

鈴木聡志（すずき さとし） 東京農業大学教職・学術情報課程 准教授［4–2］

岡田光弘（おかだ みつひろ） 成城大学他 非常勤講師［4–3］

樫田美雄（かしだ よしお） 摂南大学現代社会学部教授［4–3］

桜井　厚（さくらい あつし） 社団法人 日本ライフストーリー研究所 代表理事［4–4］

西村ユミ（にしむら ゆみ） 東京都立大学健康福祉学部看護学科 教授［4–5］

徳田治子（とくだ はるこ） 高千穂大学人間科学部 教授［5–2］

谷口明子（たにぐち あきこ） 東洋大学文学部 教授［5–3］

廣瀬翔平（ひろせ しょうへい） 児童発達支援事業所あるこ 児童指導員［5–4］

抱井尚子（かかい ひさこ） 青山学院大学国際政治経済学部 教授［6–1］

八ッ塚一郎（やつづか いちろう） 熊本大学大学院教育学研究科 教授［6–2］

斎藤清二（さいとう せいじ） 富山大学 名誉教授［6–3］

香川秀太（かがわ しゅうた） 青山学院大学社会情報学部 教授［6–4］

藤岡　勲（ふじおか いさお） 佛教大学教育学部臨床心理学科 准教授［6–5］

編者・執筆者一覧

編者

サトウタツヤ（佐藤達哉） 立命館大学総合心理学部長／立命館災害復興支援室副室長（2025年3月まで）、2025年4月から学校法人立命館 副総長 ［**序章**］
専門は応用社会心理学、文化心理学、心理学史。博士（文学）。著書に『臨床心理学史』（単著、東京大学出版会、2021年）、共編著に“*Making of the future: The Trajectory Equifinality Approach in cultural psychology*”（2016年，Information Age Publishing）、『質的心理学辞典』（新曜社、2018年）、『文化心理学』（ちとせプレス、2019年）、『ワードマップ 心理検査マッピング』（新曜社、2022年）、『ワードマップ 学習マッピング』（新曜社、2024年）など多数。

春日秀朗（かすが ひであき） 福島県立医科大学医学部衛生学・予防医学講座 助教（2025年3月まで）、2025年4月から東海学園大学心理学部 准教授 ［5–5］
青年期の子どもが親の養育態度をどのように意味づけ、影響を受けてきたのかについて研究している。博士（文学）。著書に『文化心理学』（ちとせプレス、2019年、分担執筆）、『親の期待に対する大学生の適応について』（ナカニシヤ出版、2022年、単著）など。

神崎真実（かんざき まみ） 追手門学院大学心理学部心理学科 講師（2025年3月まで）、2025年4月から京都教育大学教育学部教育学専攻 講師 ［5–1］
通信制高校や単位制高校をフィールドとして、学校における居場所のデザインを検討している。博士（文学）。著書に“*Educating adolescents around the globe: Becoming who you are in a world full of expectations*”（Springer、2020年、分担執筆）、『不登校経験者受け入れ高校のエスノグラフィー』（ナカニシヤ出版、2021年、単著）など。

執筆者（執筆順）

麻生　武（あさお たけし） 奈良女子大学 名誉教授 ［1–1］

安田裕子（やすだ ゆうこ） 立命館大学総合心理学部 教授 ［1–2］

木戸彩恵（きど あやえ） 関西大学文学部 教授 ［1–3］

川島大輔（かわしま だいすけ） 中京大学心理学部 教授 ［1–4］

福田茉莉（ふくだ まり） 岡山大学大学院医歯薬学総合研究科 助教 ［1–5］

野村信威（のむら のぶたけ） 明治学院大学心理学部心理学科 教授 ［1–6］

田垣正晋（たがき まさくに） 大阪公立大学大学院現代システム科学研究科 教授 ［2–1］

若林宏輔（わかばやし こうすけ） 立命館大学総合心理学部 准教授 ［2–2］

ワードマップ
質的研究法マッピング
特徴をつかみ、活用するために

初版第1刷発行　2019年9月17日
初版第9刷発行　2025年3月27日

編　者　サトウタツヤ・春日秀朗・神崎真実

発行者　堀江利香

発行所　株式会社　新曜社
101-0051　東京都千代田区神田神保町3－9
電話（03)3264-4973（代）・FAX（03)3239-2958
e-mail : info@shin-yo-sha.co.jp
URL : https://www.shin-yo-sha.co.jp

組版所　Katzen House

印　刷　星野精版印刷

製　本　積信堂

ISBN978-4-7885-1647-2 C1011